河南省教育厅哲学社会科学基础研究重大项目《媒介融合背景下移动视频媒体发展与区域文化支撑研究》结项成果

｜光明社科文库｜

后视频时代
移动视频媒体与区域文化发展

王春枝◎著

光明日报出版社

图书在版编目（CIP）数据

后视频时代：移动视频媒体与区域文化发展 ／ 王春
枝著 . -- 北京：光明日报出版社，2019.4
（光明社科文库）
ISBN 978 - 7 - 5194 - 5250 - 6

Ⅰ . ①后… Ⅱ . ①王… Ⅲ . ①视频—传播媒介—关系
—区域文化—研究 Ⅳ . ①G206.2②G0

中国版本图书馆 CIP 数据核字（2019）第 072176 号

后视频时代：移动视频媒体与区域文化发展
HOU SHIPIN SHIDAI：YIDONG SHIPIN MEITI YU QUYU WENHUA FAZHAN

著　　者：王春枝

责任编辑：曹美娜　黄　莺　　　　　　责任校对：赵鸣鸣
封面设计：中联学林　　　　　　　　　责任印制：曹　净

出版发行：光明日报出版社
地　　址：北京市西城区永安路 106 号，100050
电　　话：010 - 67078251（咨询），63131930（邮购）
传　　真：010 - 67078227，67078255
网　　址：http：//book. gmw. cn
E - mail：caomeina@ gmw. cn
法律顾问：北京德恒律师事务所龚柳方律师

印　　刷：三河市华东印刷有限公司
装　　订：三河市华东印刷有限公司
本书如有破损、缺页、装订错误，请与本社联系调换，电话：010 - 67019571

开　　本：170mm × 240mm
字　　数：205 千字　　　　　　　　　印　　张：17
版　　次：2019 年 4 月第 1 版　　　　印　　次：2019 年 4 月第 1 次印刷
书　　号：ISBN 978 - 7 - 5194 - 5250 - 6
定　　价：89. 00 元

序

随着技术的发展，媒体环境急速变化，媒体之间的竞争日趋激烈。移动终端在改变人们接收信息习惯的同时，也逐渐改变了信息的传播方式，对传统的传媒产业格局形成了巨大的冲击。长期以来自上而下式的传播方式被互联网所颠覆，信源逐渐泛化，传统媒体的生存发展空间受到严重挤压。随着由数字网络技术所推动的媒介融合时代的到来，视听成为人们日常生活中能够轻易实现的鲜活媒介，媒介正变得视听化。移动视频随着智能手机的普及和移动互联网的快速发展而崛起，成为当前信息传播的重要发展趋势之一。

从媒介进化的视角考察，移动视频在当下的迅速发展彰显了人类对媒介的主动选择，呈现出鲜明的人性化媒介特性。移动视频提供实时的、动态的、场景化的视频信息，以即时的视听参与和互动为基础，弱化了现实时空基于血缘关系、身份地位等社会符号限制，体现出用户对自主传播权的充分掌控和个性化使用。内容生产已经不是媒体的专利，受众一跃成为用户，其媒介使用在很大程度上影响着内容生产及传播。取得媒体言说的话语权、创造内容分享观点，成为人们普遍的媒介消费需求，视频生产与随时分享成为人们当下深度使用媒介的共识，受众主动参与创作的后视频时代已然到来。

与此相呼应，UGC大行其道。受众在自身参与生产的媒介愿望驱动下积极行动，释放出长久以来积聚的内在创造力，文化创意能力得以展现与发挥。基于互联精神的众包和众筹得以彰显，受众的媒介素养在深度媒介参与中日益提升，视频内容丰富而多元，呈现出一派随时随地、随心所欲进行媒介活动的自由状态。

移动视频的蓬勃发展，给广大受众带来了媒介使用的便利，使人人能够用视听手段即时表达自我。自主权的扩大极大地激发了受众的创造潜能，欲望驱动下的声色犬马等乱象也随之而来。对眼球经济的考量使诸多媒体以用户趣味为导向，受众肆意释放媒介狂欢的热情，对意义的追寻则很少被提及，在充分享受媒介自由的时候，体味着普遍的价值虚无感。商业欲望的释放带来众声喧哗的浮躁，如果不加限制，一味地满足感官需求追求"娱乐至死"，其结果必然是感性欲望的泛滥。只有警惕媒介的商品化，避免把吸引用户作为媒介文化生产努力的唯一方向，充分考量媒介自身的担当价值，突出人本价值以及文化对现实的观照，使文化的诸种功能得到释放，合理引导受众的情绪与需求，促进多元共存的文化格局，才能够在媒介使用普泛化的语境下，打造富有高尚审美观和正确价值观的媒介文化。

以移动视频为介质进行有效的区域文化传播，能够创新区域文化的表现形式，建构其直观而丰富的媒介形象，能够避免移动视频媒体野蛮生长期的单一商业化偏向。基于移动视频媒体的发展和后视频时代的普遍媒介参与，对移动视频媒体发展和区域文化传播进行关联性互文性的考察有其现实意义。

一直以来，区域文化在政府的引领下按部就班地发展，但长期积聚的民间传播潜力并没有得到充分的重视和发掘。新的媒介环境下，原有以宣传部门和传统媒体为传播主体的自上而下的文化传播逐渐演变为传统媒体和新媒体联合作战、即时互动、多形态、多样貌的文化传播。关注移动视频并以此为介质进行有效文化传播，是当下媒介环境下文化传播的顺势而为，是对当下受众接受习惯的充分重视，是区域文化发展的新契机。

这是一个最坏的时代？这是一个最好的时代。媒体蓬勃发展，机遇和挑战并存。积聚力量，拥抱变革，驱逐寒冷瑟缩的失望之冬，终将迎来欣欣向荣的希望之春。

是为序。

目　录
CONTENTS

第一章　绪　论 ·· 1

　第一节　研究缘起与意义 ······················· 1

　　一、文化的视觉化转向 ······················· 1

　　二、媒介融合的蓬勃发展 ····················· 4

　　三、视频的移动传播成为新趋势 ··········· 8

　　四、研究意义 ································· 13

　第二节　概念梳理与界定 ····················· 18

　　一、移动视频媒体 ··························· 18

　　二、后视频时代 ····························· 20

　　三、区域文化软实力 ························· 23

　第三节　研究内容、研究重点与方法 ········· 26

　　一、研究内容 ······························· 26

　　二、研究重点与方法 ························· 32

第二章　移动视频媒体考察的两个向度：后视频时代与媒介

　　　　融合 ··· **34**

　第一节　受众革命：后视频时代的影像狂欢 ············· 34

　　一、视频革命：后视频时代的到来 ······················ 36

　　二、下行视频：移动视频媒体的激烈争夺 ············ 38

　　三、上行视频：成熟用户的自主选择 ··················· 41

　　四、多任务并行：后视频时代的多向性发展 ········· 43

　　五、UGC 发展的两大趋向 ································· 46

　第二节　媒介融合：移动视频媒体成长的媒介背景 ····· 48

　　一、媒介融合：大时代的背景声 ······················· 48

　　二、媒介融合：移动视频媒体和区域文化发展共生的

　　　　新契机 ··· 60

第三章　移动视频媒体的媒介特性及其发展现状 ··············· **67**

　第一节　移动视频媒体的媒介特性 ······················· 67

　　一、多维性 ··· 69

　　二、广在性 ··· 71

　　三、个性化 ··· 74

　第二节　移动视频媒体的发展现状 ······················· 77

　　一、发展迅速，全面布局 ································· 78

　　二、传统媒体持续发力 ··································· 81

　　三、娱乐为主流，直播成为风口 ······················ 83

　　四、政治类视频大放异彩 ································· 86

　第三节　移动视频媒体典型案例分析 ····················· 90

一、一条 …………………………………………………… 90

二、陈翔六点半 …………………………………………… 94

三、Papi 酱 ………………………………………………… 98

四、即刻视频 ……………………………………………… 100

五、冬呱视频 ……………………………………………… 103

第四章　移动视频媒体的生产模式与文本类型 ………… 107

第一节　移动视频媒体的生产模式 ……………………… 107

一、用户自主生产模式 …………………………………… 107

二、专业化生产模式 ……………………………………… 114

三、专业用户生产模式 …………………………………… 120

第二节　移动视频媒体的文本类型 ……………………… 126

一、泛娱乐类 ……………………………………………… 126

二、垂直类 ………………………………………………… 129

三、生活方式类 …………………………………………… 132

第三节　案例分析：中国政治宣传片的平民化倾向 …… 134

一、媒体策略：从单一到多元 …………………………… 136

二、内容建构：从精英到平民 …………………………… 139

三、呈现形式：从高大上到接地气 ……………………… 143

第五章　移动视频媒体的媒介文化功能 ………………… 146

第一节　民众媒介狂欢的恣意释放 ……………………… 148

一、全民参与的媒介娱乐 ………………………………… 148

二、碎片化的日常仪式 …………………………………… 151

三、即时传播的媒介奇观 ……………………………………… 152

第二节 自我展示与个性表达 ……………………………… 154

一、个体表现与诉说的媒介满足 ……………………… 154

二、媒介社交的视频达成 ……………………………… 156

第三节 个人身份的建构与公共空间的营造 ………… 159

一、个人身份的媒介建构 ……………………………… 159

二、公共空间的大众营造 ……………………………… 160

第四节 中国故事的另类讲述 ……………………………… 163

一、移动视频媒体：青年群体文化创新的得力载体 ……… 164

二、高校移动短视频：青年亚文化与主流文化的成功

接轨 ……………………………………………………… 166

第五节 移动视频媒体媒介文化功能的反思 ………… 169

一、从受众到用户：自主权扩大的反思 …………… 170

二、市场与艺术：媒介文化生产的两难 …………… 171

第六节 案例分析：网络直播热潮与参与式文化 …… 173

一、全民参与的入口效应 ……………………………… 174

二、深度融入的共同在场 ……………………………… 176

三、影像符号的视听狂欢 ……………………………… 177

四、身份认同的心理归属 ……………………………… 179

第六章 移动视频媒体发展瞻望 ……………………… **181**

第一节 平台内容升级：垂直化、组织化 …………… 181

一、垂直化 ……………………………………………… 182

二、组织化 ……………………………………………… 184

第二节　互联网发展趋势：社交化、本地化、智能化 ……… 186

　　一、社交化 ………………………………………… 186

　　二、本地化 ………………………………………… 190

　　三、智能化 ………………………………………… 193

第三节　移动视频媒体的商业出口：版权化、原生广告、衍生

　　　　品开发 ……………………………………… 197

　　一、版权与付费 …………………………………… 198

　　二、原生＋视频 …………………………………… 200

　　三、衍生品的开发 ………………………………… 204

第四节　案例分析：微纪录片的内容营销 ……………… 206

　　一、微纪录片内容营销的几种形式 ……………… 207

　　二、微纪录片与内容营销的契合点 ……………… 210

　　三、商业定制微纪录片的发展思考 ……………… 212

第七章　移动视频媒体对区域文化发展的支撑策略 ………… **215**

第一节　区域文化传播的媒体建构 …………………… 216

　　一、凝练区域文化发展的新内涵 ………………… 216

　　二、区域文化核心价值的发掘 …………………… 218

　　三、区域特征鲜明的移动视频媒体介入 ………… 219

第二节　区域文化传播的内容建构 …………………… 221

　　一、短视频生产：PGC、UGC 并重 ……………… 221

　　二、借助视频游戏进行拟态传播 ………………… 222

第三节　区域文化的多向度传播 ……………………… 224

　　一、线上线下资源互换 …………………………… 224

二、设置区域文化的具体传播场景 …………………… 227

三、打造多层面的区域文化品牌的移动互联传播 ………… 229

四、发展高校移动视频 …………………………… 231

第四节　区域文化传播的受众参与 …………………… 234

一、参与式文化：区域文化的共建共享 …………… 234

二、众包：区域文化传播的基本形式 ……………… 236

三、文化反哺：区域文化传播的代际分享 ………… 238

四、游戏化思维：区域文化传播的介入点 ………… 241

第五节　寻找文化传播与文化产业的结合点 ………… 243

一、挖掘移动视频用户的文化创意能力 …………… 243

二、开发区域文化IP ……………………………… 244

三、构建区域文化传播、文化产业的共享平台 …………… 245

参考文献 ……………………………………………… 248

第一章

绪　论

第一节　研究缘起与意义

随着文化的视觉化转向，图像成为人们解读现实世界的重要方式，当代文化呈现出广泛视觉化的趋势。与此相呼应，传媒业开始进入翻天覆地的变革洪流，新兴媒体影响、改造甚至颠覆着传统媒体，媒介融合蓬勃发展。在此背景下，视频的移动传播成为一个新的趋势，移动用户参与移动视频的生产成为生活的常态。因此，基于媒介融合背景下移动视频媒体的发展和后视频时代的普遍媒介参与，对移动视频媒体进行深入系统的研究，对移动视频媒体发展和区域文化传播进行关联性互文性的考察有其现实意义。

一、文化的视觉化转向

从哲学上看，文化的视觉化转向源于 19 世纪末彰显语言在社会生活中重要作用的语言学转向，随着 20 世纪 60 年代多种转向的涌现，视觉文化的转向逐渐取而代之。早在 20 世纪 30 年代，德国哲学家海德格尔（Martin Heidegger）就明确指出，在当代文化中，人们越来越依赖于通过图像来解读世界："世界图像并非意指一幅关于世界的图像，而是指世界被把握为图像了。"① 本雅明（Walter Benjamin）则慨叹机械复制时代的艺术已经取代了传统社会讲故事的世代延续："复制技术把所复制的东西从传统领域中解脱出来……两方面的进程导致了传统的大动荡——作为人性的现代危机和革新的对立面的传统的大动荡，它们都与现代社会的群众运动密切相连，其最大的代理人就是电影。"② 以电影为代表的视觉文化以影像传递信息并解释世界，其生产、传播和接受已变得越来越普泛化，并成为社会文化的主流，世界不再只是一个写下的文本，"世界图像时代"诞生。

长久以来，人们以文字语言作为解读现实世界的主要工具，如今，图像甚至成为一个更为重要的方式。新的视觉形式和视觉技术不断涌现，深刻影响着人们对世界的认知方式，人们关于世界的解读更加丰富多彩。

米尔佐夫（Nicholas Mirzoeff）说："视觉文化并不依赖于图像本身，而是依赖于将存在图像化或视觉化的现代发展趋向。这种视觉化使得现时代全然有别于古代和中世纪社会，这样的视觉化在整个现代时期显而易见，而它现在差不多已经变为强迫性的了。"③ 这一

---

① 孙周兴. 海德格尔选集：下卷［M］. 上海：上海三联书店，1996：899.
② 〔德〕瓦尔特·本雅明. 机械复制时代的艺术作品［M］. 王才勇，译. 杭州：浙江摄影出版社，1993：7.
③ Nicholas Mirzoeff. *An In troduction to Visual Culture*［M］. London：Routledge，1999：6.

强有力的视觉化的现代发展趋向，正是詹姆逊（Fredric R. Jameson）所指出的"仿像社会"的文化逻辑：电影、电视、摄影等媒介的机械性复制以及商品化的大规模生产，构筑了一个"仿像社会"，而消费社会的巨大背景将视觉形象推至文化的前台，并因其契合了视觉快感的要求而起着越来越重要的作用，人们用以表征、理解和解释世界的方式越来越呈现出感性图像化的特征。① 米歇尔（W. J. T. Mitchell）则认为："从最为高深精致的哲学思考到大众媒介最为粗俗浅薄的生产制作无一幸免……一套全球化的视觉文化似乎在所难免。"②

视觉化悄然侵入非视觉化领域，实在世界逐渐被图像把握，当代文化呈现出广泛视觉化的趋势。在这一趋势下，视觉文化与直观的、感性的、快感的文化迅速勾连，影像的动感愉悦迅速铺展，影视产业日益发达，文化的视觉化转向发展到一个新的阶段。

随着技术的发展，视觉文化越来越深入人们的日常生活，视觉符号的生产、传播、接受的诸环节变得与每个人息息相关。2017 年 11 月 30 日，以"新使命、新视界、新动能"为主题的第五届中国网络视听大会在成都召开，新华网董事长田舒斌发表了题为《构建视听新媒体发展的新华模式》的主题演讲，他认为："关于视听新媒体，我们认为，它正在成为新时代主流的内容形态……尤其手机这样的工具，使得看视频的门槛已经大大降低，网速提升、资费下降，

---

① 〔美〕弗雷德里克·詹姆逊. 晚期资本主义的文化逻辑［M］. 陈清侨，译. 北京：生活·读书·新知三联书店，1997：453.
② W. J. T. 米歇尔. 图像转向［M］. 文化研究：第 3 辑. 范敬晔，译. 天津：天津社会科学院出版社，2002：17.

让大家消费视频显得方便一点了，即将到来的5G时代会进一步催生这种变化，越来越多的视频呈现在我们的面前。某种意义上讲，我们现在是拥抱视频的时代，特别是移动融视频的时代。这个时代是黄金时代，产业链条的重塑可能就在这个时代。"①

二、媒介融合的蓬勃发展

与此相呼应，传媒业开始进入翻天覆地的变革洪流，新兴媒体影响、改造甚至颠覆着传统媒体。在新兴媒体的不断冲击下，传统媒体的生存发展空间受到严重挤压，舆论引导能力被消解，新闻传播主要平台和话语渠道的作用日益被侵蚀。传统的自上而下式的媒体传播方式已经被互联网所颠覆，信源逐渐泛化，民主化、扁平化、去中心化的信息传播已裂变式呈现，媒体转型融合已成为发展的趋势。传统媒体适应新的发展形势，主动拥抱这一变化和融合，已经刻不容缓。

电视新闻频道在全媒体时代已经成为典型的传统媒体，借助以互联网和移动通信为代表的新兴媒体技术，重视与用户互动，通过技术和产品创新，设法与用户建立连接，巩固自身在媒体竞争中的有利地位，成为当务之急。2005年4月，BBC首次试水建立一个UGC（User Generated Content）小组。在7月的伦敦地铁爆炸案中，BBC在新闻播报中剪辑了人们通过地下通道逃离现场时抓拍的照片，这是BBC第一次使用UGC镜头。此后，UGC团队成为其固定的标配并迅速扩容。

---

① 田舒斌：主流媒体面对范式改变问题 需要处理好三对特殊关系 [EB/OL]. 电科技，2017 – 11 – 30.

同样，面对新的媒介环境，CNN 选择的是积极顺应时代变化、自觉转型。自 20 世纪 90 年代，CNN 就开始推出新媒体计划。CNN.com 成为美国第一个电视新闻与网络结合的新兴媒体。此后，CNN 又相继推出了网络电视、移动媒体、手机电视等更多、更尖端的新媒体技术。CNN.com 成立于 1995 年 8 月 30 日，一周七天，全天 24 小时报道新闻，内容无所不包。它依托互联网传送信息，全球网民都可以进行查阅与浏览。CNN 网站发展到今天，在各重大国际事件中都占有一席之地，在美国电视媒体网站中成绩显著。CNN 移动新媒体最初的产品服务 CNN Mobile 于 1992 年 2 月创立，专门通过移动设备向全世界提供新闻和信息，也是第一个基于无线应用协议（WAP）的世界范围增值业务。

此外，CNN 还重视与新兴媒体机构的合作。2006 年，CNN 的 iReport 上线，在很大程度上改变了媒体单向传播的传统模式，使受众真正有机会实时参与，打破媒介内容的传统传播过程，大大提升了 CNN 在互联网时代的粘合力。随后，CNN 在其客户端上也嵌入了 iReport 频道，用户注册后，可以参与 CNN 的话题征集，分享自己拍摄的视频。iReport 成为 CNN 聚合用户的平台，聚合新闻逐渐成为 CNN 重大突发新闻报道的核心方式之一。

2007 年 7 月，CNN 与视频网站 YouTube 联手对美国总统大选候选人辩论实况进行全球直播。这次联手首次将提问权全部交给选民，是一种在政界选举中全新的直播方式。由于 YouTube 的参与，这次直播成了 2007 年度拥有最高成年观众收视率的总统大选辩论。2009 年在美国总统就职典礼上，CNN 又与社交网站 Facebook 一起推出奥巴马就职网页报道。

2013 年，NBC 收购了新闻视频直击网站 Stringwire。Stringwire 的主要功能是搜索 Twitter 用户的地理位置信息，发现在新闻事件现场的当事人，通过当事人用手机拍摄的新闻现场，把大量的现场视频无缝嵌入 NBC 新闻控制台。通过与社交媒体平台或电信运营商的合作，建立基于位置信息和关键词的搜索机制，达到及时发现潜在曝料人的目的。

相比之下，国内在媒介融合方面的探索起步较晚，但近年来突飞猛进。2014 年 8 月，中央出台了《关于推动传统媒体和新兴媒体融合发展的指导意见》，中国至此正式开启媒介融合的洪流。而早在 2013 年，原解放日报报业集团和文汇新民联合报业集团就已整合重组成立了上海报业集团。上海报业集团的发展战略为"三新一高"：新技术的运用、新媒体的发展、新领域的拓展以及高水平服务保障。自 2014 年 1 月以来，该集团逐步推出了三个新媒体项目：上海观察、澎湃新闻、界面新闻。2016 年，界面新闻上线微视频品牌"箭厂"，主推人物特写纪录片；南方周末联手灿星成立"南瓜视业"，推出名人访谈微视频、文化脱口秀等节目；新京报联手腾讯推出"我们"，以直播、短视频、长片三种形式打造新闻纪实视频……

央视新闻从 2012 年正式启动新媒体业务，在起步时期，采取了借船出海、借力发展的策略，微博与新浪合作，微信与腾讯合作，客户端与搜狐合作。经过 3 年发展，完成了"三微一端"的产品布局。在经历了"借船出海、自主品牌、持续创新"三个发展阶段之后，2017 年 2 月 19 日，作为贯彻落实习近平总书记"2·19"重要讲话精神、推进新型主流媒体建设的战略举措，央视新闻正式发布上线了移动融媒体新闻平台——央视新闻移动网，VGC 专业记者视频回传系统与央视全新开发的新闻云平台一体化融合，实现海量微视频和移动直播呈现。同时，平台为入驻账号开通矩阵号系统，打造电视新闻机构移动融媒体强势传播平台。无论移动用户还是央视遍布全球的记者，都可以通过央视新闻移动网 App 来完成现场的采集（拍摄）、编码、传输等。通过 UGC 的引爆，央视专业报道队伍、技术制作人员的快速跟进，以及央视新闻"中央厨房"的一次处理与多平台分发，进一步发挥了央视的优势。央视新闻新媒体以央视新闻移动网为拳头阵地，以海量微视频、大量移动直播为两大拳头产品，牢牢把握网络宣传的舆论方向，以创新的节目形态和传播方式搭建了崭新的融媒体舆论场。

2014 年 4 月，湖南卫视正式创立"芒果 TV"，作为其唯一互联网视频平台。"芒果 TV"是湖南卫视探索传统电视媒体与新兴媒体融合的产物，它以强大的湖南卫视为后盾，独家提供湖南卫视旗下所有栏目的视频直播点播，并为用户提供电影、电视剧、综艺节目、音乐等各类热门视听内容。2014 年 9 月 9 日，芒果 TV App 4.0 正式上线，芒果 TV 移动端业务发展迅猛，不到 3 个月的时间，移动端的流量已超过 PC 端的流量。芒果 TV 专注做强视频平台和新媒体业务，探索电视媒体全方位的数字化转型，在互联网版权上一律不分销，全部由芒果 TV 自己播放。芒果 TV 的独播战略以独有的优质视频内容为核心，依靠立体传播体系来实现。2016 年，芒果 TV 继续加快"多屏合一"传播体系的探索，进一步规范各端视频及节目、剧集 ID，保证各端内容及信息的一致性，先后成功开发出七大传播方式下的十多种产品或品牌集群，建立了一个以芒果 TV 为核心品牌的视频终端及内容生态圈的一云多屏立体传播体系。

在媒介融合趋势的推动下，传统媒体的从业者纷纷转向新媒体，积极主动地投身媒介变革的时代洪流之中。中央电视台第一财经频道原总策划、知名主持人罗振宇创办互联网社群品牌"罗辑思维"；《中国企业家》原总编辑何伊凡启动移动视频媒体"盒饭秀"；蓝狮子财经图书原总编辑王留全创建"即刻视频"；《三联生活周刊》原副主编苗炜投身"刻画"；《外滩画报》原总编辑徐沪生打造"一条"，澎湃新闻原CEO邱兵投入"梨视频"创业项目；中央电视台财经频道原副总监韩青组建"闻视频"……传统媒体人携多年的媒体经验融入新媒体项目，在各自拓展的特色地盘跑马圈地，做得风生水起。

媒介融合引发了媒体的变革，促进了传统媒体人的新生，也为新兴媒体的发展拓宽了道路。传统媒体和新媒体相互融合发展，使媒体综合竞争力发生了本质性变化，使媒体的产业链条加长、产品的选择性增多，同时整合优化了资源，扩大了媒体影响力。

三、视频的移动传播成为新趋势

媒介融合的蓬勃发展，对影像制作及传播产生了深刻的影响，在此背景下，视频的移动传播成为一个新的趋势。传统的"魔弹论"在网络媒介的冲击下已成为明日黄花，人们的自组织行为和非线性传播方式，使网络信息自我强化，由此产生了大众的聚合效应和信息的聚合效应。正如喻国明所言，对于个人为基本社会传播单位的赋权与激活是互联网对于社会的最大改变。[①] 取得媒体言说的话语

---

① 喻国明. 互联网是高维媒介：一种社会传播构造的全新范式——关于现阶段传媒发展若干理论与实践问题的辩正 [J]. 编辑学刊, 2015 (4).

权、创造内容分享观点，成为人们普遍的媒介消费需求。同时，数字摄录设备的普及使视频制作进一步进入"全民时代"，移动终端便利的摄录功能更使人们从文字和图像的书写进一步升级为视频影像的随时记录，视频生产与随时分享成为人们当下深度使用媒介的共识，受众主动参与创作的后视频时代已然到来。

据中国互联网络信息中心（CNNIC）发布的中国互联网络发展状况统计报告显示：2012 年上半年，通过手机等移动终端接入互联网的网民数量达到 3.88 亿，相比 PC 端的 3.80 亿，手机已经取代传统 PC 成为我国网民的第一大上网终端。① 截至 2016 年 12 月，国内移动视频用户规模接近 5 亿，移动视频使用率达 71.9%，用户在移动端的使用时长超过 PC 端使用时长的两倍，移动端成为视频传播的主阵地；② 2017 年，网络视频移动化发展趋势相比 2016 年更加明显。从终端设备的使用情况来看，随着大屏手机的普及，手机与电脑、电视、平板电脑等设备收看视频的体验差距明显减小，同时由于手机在私人化、碎片化等方面存在明显优势，使得用户越发倾向使用手机收看网络视频。③ 移动视频的时长一般在 20 分钟之内，大部分时长在 5 分钟以内，适宜在社交媒体平台分享。相比传统长视频，移动视频的信息密度更大、观看成本更低、传播速度更快。几十秒到几分钟的视频内容填补了用户的碎片化时间，契合了用户单

---

① 中国互联网络信息中心. 第 30 次中国互联网络发展状况统计报告：网民规模 [R/OL]. 中国互联网络信息中心，2018 – 07 – 19.

② 中国互联网络信息中心分析师. 视频网站自制剧风生水起 视频消费全民化 [EB/OL]. 199IT，2017 – 02 – 04.

③ 中国互联网络信息中心. 2018 年第 41 次中国互联网络发展状况统计报告：网络视频 [R/OL]. 199IT，2018 – 01 – 31.

位时间获取内容信息密度更高的诉求。移动视频随着智能手机的普及和移动互联网的快速发展而崛起，已经成为当前信息传播的重要发展趋势，被业界认为是互联网领域的风口，人才、资金等正大规模进入。

2016 年 4 月，Papi 酱广告拍出了 2200 万元的天价，创下了人类历史上单条视频广告价格的最高纪录；2016 年 7 月，视频 App 月度用户数突破 8 亿，涵盖了中国一、二、三线城市绝大多数价值用户，已经成为继社交之后最大的流量入口。① 这意味着，中国一、二、三线城市绝大部分的潜在用户都已经被吸引进视频市场。按照思科发布的《2014—2019 年全球移动互联网发展趋势报告》，2019 年移动设备将达到 115 亿台，移动流量中有 72% 来自视频服务；2014—2019 年亚太地区移动终端流量平均增长速率将是 67%。② 在英国，已有越来越多的用户在使用新媒体时偏向于收看视频，这一现象在年轻人群体中尤为突出，特别是 2000 年以后出生的年轻用户，他们大部分不喜欢文字阅读，而是偏向于视听的视频产品，为此，英国报业协会为满足用户的这一需求，已把视频产品的生产和制作作为未来的发展重点。③ 智能手机和平板电脑等移动设备的高速增长，正逐渐改变用户观看视频的习惯，移动终端已经成为一种极具吸引力的重要媒体，越来越多的用户已习惯通过移动终端观看视频以填补碎片时间。

————————————

① QuestMobile. 在线视频 MAU 突破 8 亿 [R/OL]. QuestMolile, 2016 - 09 - 06.
② 思科. 2014 - 2019 年全球移动互联网发展趋势报告解读 [EB/OL]. 199IT, 2015 - 02 - 25.
③ 周俊. 从英国媒体转型谈地市党报的融合发展 [J]. 新闻战线, 2016 (20).

随着移动互联网的崛起，国内视频网站竞相布局移动端市场，强力推荐移动视频客户端。优酷土豆集团提出 2013 年是"移动视频营销元年"，为突出移动化战略，优酷土豆集团实行"全民移动"：公司没有专属移动团队的概念，员工全体投入移动战略之中。产品上顺应用户使用习惯和需求，整合核心功能，建立全方位跨屏系统，实现多屏互动；营销上为客户提供有效的移动视频营销平台和服务。搜狐视频自制剧《屌丝男士第三季》上线后，推出了热门视频移动端抢先看：最新的剧集只能通过搜狐视频手机客户端进行观看，而PC 端则需要等到第二天以后才能观看，以移动端和 PC 端的明显差异化处理推动移动端的增量。爱奇艺则借助地图工具，通过附近的人观看的视频来选择视频浏览喜好，完美地呈现了移动端便利的定位功能。搜狐视频移动客户端实现了新浪、腾讯、人人网、百度、淘宝等第三方账号登录及互动分享的功能。在移动互联网带宽提速、智能手机以及平板电脑普及的背景下，移动视频发展加快，视频流量、客户端装机量和营收均呈现加速增长态势，并开始商业化运营。此外，腾讯重启微视，领投快手；阿里文娱布局土豆，致力打造短视频社区；百度上线好看视频；360 创立快视频；今日头条孵化的火山小视频和抖音用户规模飞速增长，移动视频市场发展极其迅猛。

同时，通信运营商正处于从话费收入为主的盈利模式转变为以流量收入为主的盈利模式，而移动视频正是能为通信运营商带来巨大流量的杀手级产品，因此，通信运营商将会大力支持和推广移动视频业务，这也必将为移动视频的突破式发展提供巨大的动力。随着技术的发展，5G 移动通信将会带来一次质的飞跃，5G 移动通信具有更好的通信质量、更快的网络速度以及更安全的网络环境，在

5G移动通信技术提供的优良网络环境下，移动视频将会进入飞速增长期，聚焦更多的注意力，吸引更多的用户。

媒介变革带来了文化的变革。随着科技的发展，移动互联媒体已渗透到社会生活的各个方面，传统的传播格局发生了巨大改变，被动接受信息的受众不复存在。随着移动网络的普及，影像的传播日益移动化与碎片化，传播场景趋向日常化和多元化，移动视频悄然成为人们不可或缺的视觉文化生活内容。从整体上看，以青年为主的移动视频用户已经形成一个承载思想传承的文化群体：在制作并分享视频的同时，迅速成长为影响思想文化的社会主体。同时，文化的视觉转向和移动视频媒体的发展也为区域文化的发展带来了新的契机与途径。

区域文化的传播和政治经济的发展息息相关，和商业活动、人口迁徙、文化教育等具体人类活动同时并进。在当代，由于交通通信技术手段的发达，文化传播的媒介增多，但长期以来，区域文化传播的途径虽多元，但主要以自上而下的传播为主，作为文化主体的个人在区域文化传播中处于被动地位，其文化传播的主观能动性的发挥甚为微弱。移动视频媒体的发展，使得区域文化从居高临下的公益传播逐渐向后视频时代强大的自传播转向。一方面，使区域文化传播所包含的隐性的政治意味更为隐蔽，从而化解区域文化传播中的接受阻力；另一方面，民间主动传播力量的引入，可以最大限度地发掘区域内部的传统文化的特质，从而在多媒介并行的规模传播中，有效规避区域文化同质化的风险。发掘长期积聚的民间传播潜力，由政府的引领下按部就班的发展向综合本地功能的社区化移动视频媒介路向演进：以视频分享应用为主，兼以图片与文字标签，打造本区域的文化名片，使区域文化传播成为一种时尚标记。

四、研究意义

和蓬勃发展的移动视频业务相比，对移动视频的相关研究不足且集中于技术应用研究。相关的传播学经典著作如沃尔特·李普曼的《公众舆论》、施拉姆的《大众传播媒介与社会发展》、哈罗德·拉斯韦尔的《社会传播的结构与功能》、霍夫兰的《传播与劝服》、麦克卢汉《理解媒介：论人的延伸》等为移动视频媒体发展及区域文化传播的研究提供了基础理论。尤其是保罗·莱文森的系列著作《人类历程回放：媒介进化论》《新媒介》《手机挡不住的呼唤》等，其"人性化媒介"的观点，从媒介演化的历史视角阐述了技术发展与媒介进化的辩证关系，并透过技术进化和社会生活的多维视野，深入剖析了使用手机这一社会现象，对本书的研究框架与逻辑思路有深刻影响。《手机挡不住的呼唤》之外，相关论著大多是关于手机动画、手机联通社会、移动技术应用等方面的书籍，缺少和移动视频媒体直接相关的著作。整体来看，国外相关论文多是从技术层面和交互界面设计上对移动视频进行研究，对移动视频媒体的媒介研究多从社会化角度切入，以 Kyle Conway 的 "*Digital Video，Microcinema，and the Rhetoric of Media Democratization*" 为代表，研究技术进步、移动视频发展和社会政治的关系，是麦克卢汉"媒介即讯息"传播观念在政治文化领域的进一步延伸和具体化。

国内论著方面，关于移动视频媒体的研究主要散见于对手机媒体的研究著作之中，如田青毅和张小琴的《手机：个人移动多媒体》、刘滢的《手机：个性化的大众媒体》、匡文波的《手机媒体：

新媒体中的新革命》和《手机媒体概论》，这些著作以手机作为媒介研究的对象，对移动视频媒体的论述部分大多一掠而过。雷建军的《视频互动媒介》在回顾媒介演进历史的基础上，从纷繁复杂的数字媒介景象中，归纳出了以视频互动为主要特点的一类媒介——视频互动媒介，并以此作为研究对象，回答了视频互动类媒介的媒介形态是什么，信息在此类媒介中如何呈现、如何运动，信息运动过程中的人、界面、机器是如何存在的，以及它们的相互关系是怎样的等基本问题。这本出版于 2007 年的专著虽然距今已有十多年之久，但其从媒介演进角度分析视频互动媒介形态，对本书关于移动视频媒体的互动性仍然有很大启发。刘琼的《网络大众的影像书写：中国网络微视频生产研究》以网络微视频为研究对象，从其定义入手，系统地分析了网络微视频的发展壮大过程以及存在的问题，并对网络微视频今后的发展提出了自己的意见。作者主要基于 PC 端对网络微视频进行研究，与移动视频媒体虽有交叉重叠的部分，但基本媒介特征已大为不同。张斌的《新媒体微视频》从新媒体微视频的概论、产业分析、内容特点、受众分析、广告分析、技术发展、创意创作以及投资管理等八个方面对新媒体微视频进行了剖析，其所强调的"商业化""专业化""故事性"把新媒体微视频框定在一个较小的范围内，与本书从参与性、公益性视角的考察可为互补。景义新的《传统媒体与新媒体融合下的人性化媒介研究：以移动互联网终端 ipad 为例》立足于移动互联网时代，着眼于传统媒体和新兴媒体融合发展，深入探讨移动互联网终端 iPad 这一典型个案，既有媒介进化论和人性化理论的深层观照，又与主流媒体和网络媒体的移动互联网实践紧密结合。随着技术的发展，iPad 的使用率正在下降，但其"移动化""人性化""媒介进化"等角度仍然具有参考价值。钟大年、王晓红、付晓光等编著的《中国网络视频年度案例研究》遴选了具代表性的国内网络视频案例进行深入分析，在总结其创新经验的同时，对年度热点进行了全面梳理，对行业的未来发展趋势进行了权威、有效的预测，对移动视频的梳理虽少但不乏真知灼见。

国内论文对移动视频媒体的研究多为商业路向探讨，对视频媒体从 PC 端到移动端的平移以及平移之后的商业模式及盈利途径进行分析。其他研究有些侧重于移动社交，如《国内移动社交产品的用户体验设计研究》《移动社交网络的传播学研究》《移动短视频社交应用的发展研究》《面向大学生的移动 SNS 传播模式研究》。有些涉及媒介与社会属性，如《基于互联网的社交网络研究———一种技术与社会互动的视角》《移动社交：惊喜不断的双刃剑》《本期话题：微视频，下一个社交媒体高地?》。有些则涉及媒介与技术的发展，如《从微信认识移动互联网媒体传播平台模式》《"微"产品正火热》《浅析微时代背景下短视频分享应用对自媒体发展的助推作用》等。有些以案例分析讨论移动短视频的发展，如夏陈娟、谢天池的《浅析移动短视频发展现状》以一下科技有限公司为例，以其三款短视频明星产品秒拍、小咖秀、一直播的发展分析移动短视频的生态矩阵布局；王晓红、包圆圆、吕强的《移动短视频的发展现状及趋势观察》通过对国内外 5 款市场占有率靠前的移动短视频应用的分析，从发展现状、功能对比、传播特性、问题和趋势四个方面探讨移动短视频应用在我国未来发展的路径。案例分析具体明晰，但整体性稍弱，而且，以"移动短视频"为关键词的论文往往着重于视频本身，对其媒体特性较少涉及。还有一部分研究以具体应用为主，一般以某一角度的移动视频媒体特性为出发点，进而阐述其应用价值。如周笑的《移动视频新媒体的消费偏好研究》对用户的消费行为偏好进行了实证分析，论述了伴随性和网络社区的重要价值；湖南大学金微的硕士论文《用户生成内容的移动视频交互研究与设计》研究移动视频 UGC，并将其应用于优酷拍客的设计实践；张梓轩、王海、徐丹 2014 年的《"移动短视频社交应用"的兴起及趋势》则从社交应用的角度阐述移动视频的新闻报道功能。关于移动视频与文化的关系，在吴炜华的《移动新闻的电视实践与文化视野》和刘新业的《新媒体传播对提升区域文化软实力的思考》中略有提及，但前者侧重新闻与文化，后者则是新媒体与区域文化的泛谈。

此外，社会科学文献出版社出版发行的《中国新媒体发展报告》、中国广播影视出版社出版发行的《中国视听新媒体发展报告》等"蓝皮书系列"、CNNIC（中国互联网络信息中心）的《中国互联网络发展状况统计报告》、艾瑞咨询的《中国短视频行业发展研究报告》等对移动视频媒体有较为全面的分析，对本书有重要的参考价值，但其从宏观出发，主要以简洁的文字以及数据、图表进行白描式的轮廓勾勒，缺少更加细致的本体研究。综上，目前对移动视频媒体的本体研究较为匮乏，对移动视频媒体的文化意蕴缺少专门的研究，对移动视频媒体和社会文化的互动鲜有关注。

目前，移动视频媒体影响日益广泛，已经成为人们生活中不可或缺的一部分，越来越多的移动用户参与移动视频的生产环节，并把这种媒介使用演化为生活的常态。鉴于此，笔者认为，基于媒介融合背景下移动视频媒体的发展和后视频时代的普遍媒介参与，对移动视频媒体进行深入系统的研究，对移动视频媒体发展和区域文化传播进行关联性互文性的考察有其现实意义。

当今时代，文化越来越成为民族凝聚力和创造力的重要源泉，成为综合国力竞争的重要因素，同时也是衡量社会文明程度和人民生活质量的重要标尺。党的十七大提出，必须"提高国家文化软实力"。区域作为国家整体的组成部分，其文化构成与国家文化整体密不可分，其文化软实力是国家文化软实力的有机组成部分和重要体现。提升区域文化软实力意义重大，不仅可以推进区域文化大发展大繁荣，促进区域经济社会全面转型，不断开创科学发展、兴盛富民的新局面，而且有助于提升国家文化软实力、增强国家的综合实力和核心竞争力。本书试图跳出以移动视频媒体某一特性为出发点阐述其应用价值的既有框架，以后视频时代移动视频媒体发展为切入点，探讨移动视频的文化价值，探讨媒介融合背景下媒体发展与区域文化软实力的互动关系，研究媒介文化与区域文化互促共生的新生态。媒体的发展和社会文化的发展密不可分，把媒体发展和社会需求、文化发展相关联，移动视频媒体才能走出浅表与碎片的认识误区，才能从深层摆脱娱乐至上的发展理念，建立媒体与文化联动的良性发展机制。同时，把媒介融合背景下青年群体喜闻乐见、主动参与创作和传播的移动视频文化和区域文化发展相结合，是青年对文化传承的深层媒介参与，其有利于形成区域文化"自传播"的良好发展态势，能够促进青年亚文化社群对长者的文化反哺，从而有效助推区域文化传播的代际分享与自然流动。

第二节　概念梳理与界定

一、移动视频媒体

作为技术推动下的新事物，移动视频媒体在国内外均处于探索发展期。美国率先成立开放移动视频联盟（OMVC：The Open Mobile Video Coalition），致力于提供广播电视媒体的移动视频服务；在国内，各家视频巨头持续延伸下游产业，重点发展移动端，争取实现多屏多终端覆盖，倾力打造全产业链视频生态系统。根据 Ooyala 发布的 2015 Q3 视频指数，"移动视频收视自 2012 年第三季度增长616%，目前占全球视频收视的45%，某些地区甚至超过半数；第三季度和去年同期相比移动视频收视份额增长50%。"[①] 而到了 2017年，"经过22个季度的快速增长（两位数增长率），从整体来看，移动视频收视量增长停滞不前。但是在亚太地区则达到历史新高，72%的收视是移动设备贡献的。"[②]

移动视频业务的飞速发展引起了学界的关注，但整体来说，移动视频媒体的概念较为模糊，目前尚无清晰的界定。提及移动视频媒体的论文均以直接陈述的方式表述其存在性，如"在主张效率和利益最优化的商业机制下，在打破了网络互联、信息容量、卫星通讯等一系列技术壁垒后，各类移动视频媒体很快渗透到人们的日常

---

① Ooyala. 2015 年 Q3 全球视频收视调查 ［R/OL］. 199IT. 2015 -- 12 – 28
② Ooyala. 2017 年 Q2 全球视频指数报告 ［R/OL］. 199IT，2017 – 10 – 18.

生活中，成为亲密的数字伴侣"①，又如"作为一种商品，移动视频媒体的价值，以及移动视频媒体广告的价值都需要进行评估，既要考虑移动视频媒体作为传播媒介的使用价值，也应考虑在市场交换中由供需关系产生的稀缺性价值"②。和移动视频媒体相关的概念有移动电视、移动流媒体、手机电视、手机视频等。移动电视多指在公共交通工具上播放的电视，手机电视指的是在手机上播放的电视，手机视频则泛指在手机上播放的各种视频，而移动流媒体则侧重从移动视频的技术传输方式来描述，按照百度百科"移动流媒体"词条给出的释义："在移动设备上实现的视频播放功能……所谓流媒体是指采用流式传输的方式在网络上传输的媒体格式。流媒体在播放前并不下载整个文件，只将开始部分内容存入内存，在计算机中对数据包进行缓存并使媒体数据被正确地输出。流媒体的数据流被随时传送、随时播放。"

以上概念各有交叉又各有侧重，显示了相关概念的历史发展及更新迭代，随着移动互联技术的发展和人们对视频需求的旺盛，移动视频媒体迫切需要明晰的概念界定。从移动、视频和媒体三方面定义移动视频媒体。移动指传播载体的可移动性，从狭义的角度指基于个人便携式移动设备的视频传播，如当下的主要介质智能手机、平板电脑等，还有不久的未来可实现的可穿戴设备等；从广义的角度可涵盖基于交通工具的车载视频等，如传统公共交通的公交电视、铁路电视，以及未来无人驾驶实现的车载视频等。视频则指其传播内容为视频，指基于内置模块接收信号传播的电视节目平移，也指

---

① 周笑．移动视频新媒体的消费偏好研究［J］．电视研究，2010（9）．
② 钟书平．移动视频媒体所具有的十大广告价值［J］．视听，2015（3）．

基于流量实现的视频流。媒体则界定移动视频的媒体属性，无目的、无规模的移动视频不被划归移动视频媒体之列，只有具有清晰的目的意识和传播规划的移动视频才归属于移动视频媒体。在本书中，从狭义的角度理解移动视频媒体，即基于个人便携式移动设备，通过流量实现的、具有清晰的目的意识和传播规划的储存、呈现、处理、传递视频信息的实体。

二、后视频时代

随着视频传播及其应用的崛起，学界出现了"新视频时代""大视频时代"的概念，前者用以指称网络视频的兴起，用来区分以电视视频观看为主的"旧视频时代"，具体表现为 2006 年播客及视频分享网站的发展达到的"井喷"状态。"在新视频时代，视频内容的制作和传播已不再是电视媒体的专利，尤其是播客和视频分享网站的兴起，造就了一道令人目眩的视频传播新景观。"① "宽带和 3G 的发展、流媒体和 P2P 技术的应用、视频摄制设备的普及、Web2.0 概念的形成，以及播客和视频分享网站的兴起等，造就了网络视频迅猛发展的新景象……有人把网络音视频（Webcasting）的快速发展称作'新视频时代的来临'，以区别传统电视一统天下的视频时代。"②

大视频时代的提出者多从"大"的角度切入界定视频时代。姚

---

① 闵大洪. 新视频时代来临——传统电视媒体的挑战与机遇 [J]. 电视研究，2007（3）.
② 孙宝传. "新视频时代"向我们走来？——CES 的观察和思考 [J]. 中国传媒科技，2007（2）.

林认为，大视频时代之大在于"融合"，"大视频时代的发展从进程和概念上讲，有这样三个词：第一个是'多屏'，第二个是'跨屏'，第三个是'融合'"。视频的传播从电视屏转向多屏，而各种屏幕对内容跨界传输，最终形成视频的融合。① 张海潮、郑维东等则从媒体生态的角度进行考察，对"大视频时代"进行了阐述，他们认为，大视频时代之大体现在内容生产体量要"大"，品质要高，要以"大"为契机来突出"内容为王"的重要性。大视频时代从TV 演化为 Video，电视产业已经变成了 Video 视频产业，从电视平台上的视频媒体变成了跨平台、多终端的全视频媒体，所以它的"大"在于外延的扩展，在于内涵的丰富。这个"大"不是简单的量的叠加，更多的是指电视业发生了化学反应，形成了一个新生态。②

新视频时代和大视频时代概念的提出均基于网络视频的涌现，新和大的视频时代特点在梳理以往视频发展的基础上得出。电视视频可视的、连续画面的特点以及声、画、图、文并行的媒介形式使之呈现出令人沉迷的魅力，形成空前的受众接触与认知，并在此基础上产生了巨大的社会影响力，客厅电视成为普通家庭的一员，看电视成为人们日常生活的底色和背景。随着网络视频的涌现，人们的视频观念被时代刷新，视频观看自然被视频应用所取代。"客观地说，视频应用还仅仅是开始，但是个令人兴奋的开始。由于美国比其他国家发展快，视频应用的影响力首先显现，且这种影响还在快速蔓延。随着技术的进步，随着视频应用的继续快速成长，这种现

---

① 姚林. 多屏融合的大视频时代 [J]. 电视研究，2014（12）.
② 郑维东. 大视频时代的五个关键词 [J]. 电视研究，2014（12）.

象将会出现在世界的每个地方。我们期待很久的杀手型应用终于出现了！"① 网络视频分享网站 YouTube 作为最早出现的"杀手型应用"之一，发展极其迅猛，其于 2005 年 2 月注册，2006 年 11 月即被 Google 公司以 16.5 亿美元的市值收购。从注册伊始到跃入全球流量排名前十，仅用了不到一年时间。十几年后的今天，前人所担忧的视频传输带宽及流量费用问题已基本消弭，回顾新视频时代和大视频时代的概念，二者在概念内涵上均强调：视频接收的多终端，观众接收的自主选择性，视频内容及制作的多元化，互动与分享的即时性。在以上几点中，受众的特性变化是其核心要素。而从概念命名与内涵的关联来看，无论是已有的新视频时代还是大视频时代，对此核心要素的强调均不够明晰。相比之下，强调受众参与的"后视频时代"更能够凸显当下视频时代的核心力量。

"前时代"与"后时代"是辩证的对立统一关系，没有"前时代"则无"后时代"，但"后时代"也是对"前时代"的否定、扬弃。② 随着技术的进步，后视频时代逐渐清晰地出现在我们面前，而那个电视一屏独霸天下、受众被动等待观看的前时代，正被滚滚向前的媒介大潮卷入历史的书册之中。囿于技术的局限与媒介观念的落后，前时代处于相对失衡的单轨状态。由于技术与设备的封闭性，以制作方为主的生产者居高临下，单向输出视频节目，受众以冰冷的收视率出现，在抽象而具体的数字中被动等待视频节目的革新。而在后视频时代，传者与受者双轨行进并随时互换身份，二者

---

① 许浚. 美国电信产业的复苏与视频时代的来临：下 [J]. 通信企业管理, 2007 (11).
② 王毅. "后时代"的形成及其特征 [J]. 国际问题研究, 2012 (4).

的边界变得模糊。"在上述移动传播技术背景下，传播与反馈的界限被逐渐模糊化，传者和受众的差异被逐步同一化，人内传播、人际传播、组织传播与大众传播交叉组合为一体。"① 同时，受众摇身一变成为用户，其主动性及参与度发生了颠覆性的改变。

技术的变革带来了视频生产和传播的革命。科技的进步满足了人们全方位记录生活的愿望，使得视频制作从少数人的特权到多数人可以尝试到人人皆有可能，人人参与深度媒介使用，实现随时随地生产视频并发布分享，视频生产力得以解放和充分发挥。同时，人们的思维模式和社会行为悄然改变，时代媒体观进入新生，自主地创造内容分享文化、把握媒体言说的话语权成为普遍的媒介需求。原本高高在上的影像艺术与日常生活充分相融，视频制作与传输的便利、艺术与日常边界的消弭充分满足了受众自我实现的媒介需求。

综上，后视频时代指基于视频用户深度媒介参与的视频时代，在后视频时代，以视频用户为核心力量，视频用户的主观能动性得以最大限度地释放，视频用户积极参与内容制作之中。在平台展现形态方面，即时的互动与分享成为常态，与此相呼应，视频内容呈现多元化趋势。

三、区域文化软实力

文化软实力的概念相对较为成熟，最早用于政治学领域，由约瑟夫·奈于 1990 年提出，其在国外的研究较为系统。国内赵大朋在《中国语境下的文化软实力研究：概念、进展与展望》中对此有整体

① 何其聪，喻国明.移动互联用户的媒介接触——行为特征及研究范式［J］.新闻记者，2014（12）.

的梳理："对我国而言，文化软实力的发展已不仅仅局限于在对外交往中扩展国家影响力的需要，也包括国内对于文化发展和进一步全面推进改革开放的现实需要。它对内形成这个国家的民族凝聚力和社会的整合力，对外形成对世界他国的吸引力和在世界体系中的主导力。总体来说，文化软实力就是指一个国家或地区基于文化、价值观、意识形态以及发展模式而产生的吸引力、感召力和影响力。"①

严格来说，区域是一个相对的概念，着眼于全球，国家也只是其中的一个区域；以国家相参照，各省、市、县可看作一个区域。本书研究的区域概念以狭义区域为基点，即在国家整体下的某一区域。区域文化软实力的概念，一般是以软实力、文化软实力概念分析为基础，结合区域发展的特性来界定的，从国家文化软实力到区域文化软实力，概念的基本内涵不变，其外延则发生了多层次的延展。

王小拥在论文中阐述了区域文化软实力概念的形成背景："如果说国家文化软实力概念的提出多少还带有美国学术思想的影响印迹的话，那么，区域文化软实力的概念则完全是在中国语境中产生的。区域文化软实力既是在我国地方政府纷纷实施文化强省战略的过程中提出的，又是在我国学术界对软实力问题深入研究的过程中提出来的。"②任远远从区域本身切入解读了区域文化软实力的具体内涵：

①　赵大朋. 中国语境下的文化软实力研究：概念、进展与展望 [J]. 武汉科技大学学报（社会科学版），2010（12）.

②　王小拥. 试论区域文化软实力概念的提出背景 [J]. 河南工业大学学报（社会科学版），2010（2）.

"区域文化软实力，指对一个区域的文化资源及其柔性运用过程中所产生的维护区域利益、实现区域战略目标的能力，是区域整体软实力的重要组成部分，通常体现为一个区域文化的吸引力、同化力和凝聚力等。"① 沈昕、凌宏彬则从整体上对区域文化软实力进行了考察，他们认为，应从更高站位、更广视野进行考察，特别是应把其还原为一种力量，要揭示其作为"力"的本质特性，揭示这种"力"对区域本身、相关区域、相关领域乃至整个国家的作用。从隶属关系来看，区域文化软实力同时是国家文化软实力和区域软实力的组成部分；从概念分野来看，区域文化软实力是国家文化软实力的衍生概念和区域软实力的子概念；从文化功能来看，其既在区域综合实力和核心竞争力中具有统领和支撑功能，又体现着国家文化软实力的主流、方向和要求，负有提升国家文化软实力、增强国家综合实力和核心竞争力的责任。"所谓区域文化软实力，应当是这样一种'力'，它依托区域文化资源和文化自身的发展而产生，以无形和有形的态势，成为推动区域文化创新发展的持续动力，成为促进区域综合实力和核心竞争力提升的一种持续的辐射力和支撑力，并由此与更多的区域一起形成力的集合，成为提升国家文化软实力的重要源泉和推动力量。"② 这一概念以区域文化为生发核心，并兼顾了国家、区域关系和区域综合实力和文化实力的关系，对区域文化软实力的内涵和外延均有较为清晰的界定，本书的区域文化软实力

① 任远远. 地方政府提升区域文化软实力的对策研究——以安徽省亳州市为例 [D]. 合肥：安徽大学，2010.
② 沈昕，凌宏彬. 提升区域文化软实力研究：概念、构成、路径 [J]. 理论建设，2012（4）.

将基于这一概念进行论述。

第三节　研究内容、研究重点与方法

一、研究内容

本书主要从狭义的角度，挖掘媒介融合背景下区域文化软实力提升的视频文化要素，从移动视频媒体发展和区域文化软实力的互动关系的角度切入研究。全书共分七部分，每部分的主要内容如下。

第一章主要阐明研究的缘起与意义，梳理界定本书的核心概念，并对本书研究内容与方法进行概述。当下，视觉文化与直观的、感性的、快感的文化迅速勾连，影像的动感愉悦迅速铺展，影视产业日益发达，文化的视觉化转向发展到一个新的阶段。随着技术的发展，视觉文化越来越深入人们的日常生活，视觉符号的生产、传播、接受的诸环节变得与每个人息息相关。与此相呼应，传媒业开始进入翻天覆地的变革洪流。传统的自上而下式的媒体传播方式已经被互联网所颠覆，媒体转型融合已成为发展的趋势。媒介融合的蓬勃发展，对影像制作及传播带来了深刻的影响，在此背景下，视频的移动传播成为一个新的趋势。媒介变革同时带来文化的变革。随着移动网络的普及，影像的传播日益移动化与碎片化，传播场景日常化和多元化，移动视频悄然成为人们不可或缺的视觉文化生活内容。越来越多的移动用户参与移动视频的生产环节，并把这种媒介使用演化为生活的常态。

鉴于此，基于媒介融合背景下移动视频媒体的发展和后视频时代的普遍媒介参与，对移动视频媒体进行深入、系统的研究，对移动视频媒体发展和区域文化传播进行关联性互文性的考察有其现实意义。本书试图跳出以移动视频媒体某一特性为出发点阐述其应用价值的既有框架，以后视频时代移动视频媒体发展为切入点，探讨移动视频的文化价值，探讨媒介融合背景下媒体发展与区域文化软实力的互动关系，研究媒介文化与区域文化互促共生的新生态。

第二章从后视频时代与媒介融合两个角度分析移动视频媒体发展的语境。移动智能媒介终端的普及，使人们能够广泛参与创造视频信息的深层媒介使用，受众积极参与创作的"后视频时代"悄然来临，同时，视频应用呈现出明显的社交化趋势，虚拟社区与现实社区交织连接，创作使用与传播接受一体，人人卷入视频应用的媒介热流并乐在其中，后视频时代呈现出前所未有的影像狂欢。这一视频革命颠覆了之前因技术与观念原因而只能被动接受的视频时代，受众跃升为用户，其媒介使用的主动性大大提升，移动视频成为人们日常生活不可分割的一部分。后视频时代的受众革命为移动视频媒体发展所需的广泛媒介参与奠定了人力资源基础，媒介融合则为移动视频媒体发展提供了直接的媒介动力。随着由数字网络技术推动的媒介融合时代的到来，视听成为人们日常生活中能够轻易实现的鲜活媒介，媒介正变得视听化。作为伴随性的媒介终端，移动端体现出其他终端难以比拟的人性化，其节目形态也将迎合人们视听兼具的内容需求，以融合文字、图片的视听节目为主体。移动视听能够体现人们的主动性、选择性、参与性、互动性，在媒介融合的趋势下，移动视听智能化、人性化的特质将促使其成为自由接收和传递信息的媒介使用方式的首选。

随着媒介融合上升为国家战略，移动视频媒体获得前所未有的发展良机，传统媒体与新兴媒体的融合迅速升级为大规模、高级别的自觉行动，移动视频成为传统媒体志在必得的转型之作。依托微信、微博等移动互联平台发布、创始之初即自带新媒体基因的移动视频内容创作发展繁盛，融合了图文视频等多种媒介形态，为移动用户提供了丰富的媒介内容。各大短视频应用为移动互联网用户开启了全新的互联网社交平台和超级入口，成为集视频创作、分发、互动、社交为一体的短视频融合平台，为用户提供一站式的服务场景。移动视频媒体的繁盛发展能够及时满足人民群众对精神文化的需求，为移动视频媒体构建区域文化提供了良好的媒介环境。移动终端便捷的摄录功能使人们的语言从文字升级为视频，人们的视频需求从单向的被动接收演变为主动制作视频并上传分享，移动视频媒体构建区域文化的媒介使用习惯基本形成。关注移动视频并以此为介质进行有效文化传播，是当前媒介环境下文化传播的顺势而为，是对当下受众接受习惯的充分重视，是区域文化发展的新契机。

第三章首先从媒介进化的视角对移动视频媒体的媒介特性进行考察。移动视频在当下的迅速发展彰显了人类对媒介的主动选择，呈现出鲜明的人性化媒介特性：多维性、广在性和个性化。移动视频融合了之前媒介的特点，实现了人类行走和视听信息传达的平衡，整合了语言文字、图片视频等多种媒介形式的功能，具有明显的多维性。移动视频以移动通信媒体为物理平台，具有低门槛、全覆盖的广在性，使人们的媒介应用进入不受时空限制的日常状态，并在此基础上，从大众媒介向公用媒介更迭，从而在更高层次上达成其广在性。移动视频提供实时的、动态的、场景化的视频信息，以即时的视听参与和互动为基础，弱化了现实时空基于血缘关系、身份地位等社会符号的限制，体现出用户对自主传播权的充分掌控和个性化使用。

在此基础上，本章对移动视频媒体的发展现状进行了梳理。从整体来看，国外移动视频发展较早，移动短视频应用的涌现加快了移动视频发展布局的步伐。国内移动视频的发展相对较晚，但发展迅速，已开始全面布局。进入 2017 年，移动视频快速崛起，迅速抢占了年轻人的手机屏幕；2018 年，国内移动视频的发展已经构成生产传播完整链条，相关产业已从资本追逐、野蛮生长的爆发期逐步进入精耕细作的发展阶段。从题材和体裁的区分，以及质的可取性进行选择，以"一条""陈翔六点半""即刻视频""papi 酱""冬呱视频"作为典型案例进行分析，探究其对媒介与社会的深层文化互动及移动视频文化价值传播途径的现实意义。

第四章分析移动视频媒体的生产模式与文本类型。移动视频媒体的生产模式从 PC 时代发展而来，大致分为用户自主生产模式、专业化生产模式、专业用户生产模式三种，即 UGC、PGC 和 PUGC。这三种生产模式随着视频媒体的发展而发展变化，有各自的技术支撑和其政治、历史、经济背景，整体呈现螺旋式上升趋势，体现出媒介演进的历史规律。移动视频媒体的文本类型整体呈现出随移动视频媒体的发展而由泛娱乐化类文本向垂直类文本演化的态势，而生活方式类文本则由于人们对生活品质要求的逐渐提升而大放异彩。

随着媒体的发展和政治传播理念的更新，政治宣传片作为一种特殊的视频类型，日渐贴近平民大众。政治宣传的声音得以综合运用多种媒体形式，实现多渠道、多角度传递；以平民视点切入，注重个人化叙事与情感诉求，以平等的姿态呈现出鲜明的平民化倾向。同时，以注重画面感染力的视觉元素和强调受众代入感的听觉元素从高大上的视觉风格中跳脱出来，以接地气的呈现形式传递政治理念。

第五章阐述移动视频媒体的媒介文化功能。媒介是人类社会活动的创造物，人们创造媒介并使用媒介必然产生与其相关联相适应的文化。移动视频媒体的出现使得人们的日常生活图景在移动网络瞬间传播，日常生活的媒介化使媒介仪式无时无处不在，移动视频媒体以高频次的仪式化体验方式介入生活，成为人们的文化日常。

社会的发展与其文化体系和文化秩序密切相关。移动视频的蓬勃发展给广大受众带来了媒介使用的便利，使人人能够用视听手段即时表达自我，移动视频媒体以其视听一体的伴随性为民众媒介狂欢的恣意释放提供了出口，促成了人们自我展示与个性张扬的视频达成，使个人身份的媒介建构与公共空间的大众营造空前统一、并行不悖，凸显了青年群体在移动互联媒介环境下的视听偏好和文化成长，成为青年亚文化讲述中国故事的另类视角。同时，媒介自主权扩大使受众在媒介使用中占据着主动地位，但这种自由往往成为刻意引导与纵容的假象，媒介文化活动常常沦为功利化、商品化的商业活动。充分考量媒介自身的担当价值，突出人本价值以及文化对现实的观照，促进多元共存的文化格局，才能打造富有高尚审美观和正确价值观的媒介文化。

第六章对移动视频媒体的未来发展进行瞻望。经过初期的野蛮生长，移动视频媒体由粗放走向精细化发展，移动视频用户对优质内容的需求与日俱增。培养和强化媒体平台的差异化竞争力，通过产品和运营等各种手段鼓励优质内容的创作及长尾内容的衍生，垂直化、组织化是平台内容升级的大势所趋。SoLoMo 被一致认为是互联网未来的发展趋势，对于移动视频媒体来说，移动化是其最基本的特征，作为日常化的伴随性视听媒体，移动视频媒体的社交意义与日俱增，移动视频社交正成为新的社交时尚。本地化贴合了移动视频媒体的伴随特征，本地功能的强化使之能够更好地进行线上线下的连接，并进一步实现社交化。而随着科技的发展，智能化的新技术不断融入视频行业，有望为移动视频媒体带来创新性的改变，在智能化内容创作与剪辑、智能视频分发、优化用户体验等方面提供更多便利。

从商业创新的角度看，版权化、原生广告、衍生品的开发有望成为移动视频商业探索的未来出口。随着视频化的内容生产和需求场景越来越多元，只有为市场建立规则，净化移动视频版权环境，保护创作者的合法权益，才能促进移动视频行业的持续健康发展。增加用户黏性，以数据挖掘和技术驱动为基础，进行内容深度聚合，实现目标视频用户与传播内容、营销效果的科学匹配，能够最大化地展现视频原生广告的优势。衍生品的开发则能够达到对 IP 内容的多维度的消化、多层次的消费，增加内容变现方式，提高内容整体效益，形成良性循环和健康模式。

第七章从媒体和文化发展的关系阐述移动视频媒体对区域文化发展的支撑策略。区域文化传播需要结合时代需求凝练区域文化发展的新内涵，充分发掘区域文化的核心价值，在此基础上，区域特征鲜明的移动视频媒体积极介入，形成区域文化服务连接和社交强化，有效组织区域文化的媒介转化与传播。区域文化的视频化要 PGC、UGC 并重，并借助视频游戏进行拟态传播。同时，通过设置区域文化的具体传播场景、打造多层面的区域文化品牌的移动互联传播、发展高校移动视频等方法展开区域文化的多向度传播。

区域文化传播要注重广泛的受众参与，以众包作为区域文化传播的基本形式，以文化反哺形成区域文化传播的代际分享，以游戏化思维作为区域文化传播的介入点，以更加开放的心态展现其核心价值。通过挖掘移动视频用户的文化创意能力、开发区域文化 IP、构建区域文化传播和文化产业的共享平台，寻找文化传播与文化产业的结合点，推动文化的产业化，在有效促进区域文化传播的同时，实现文化的经济价值。

二、研究重点与方法

本书从移动视频媒体发展与区域文化契合的角度寻找移动视频媒体的长效发展机制，对媒介融合背景下日渐勃兴的移动视频媒体的区域文化建构能力进行研究，使媒体和社会形成紧密结合的良性互动，在为青年群体搭建文化平台的同时，培育区域文化传承的生力军；同时，从青年群体身上发掘文化传导的原动力，使文化多元和一元共生，从而为区域文化软实力的提升找到新的生长点和有效的支撑策略。因此，本书的研究重点在于寻找移动视频媒体与区域文化传承的结合点。对尚处于发展前期的移动视频媒体来说，其对自身市场走向的关注可能远超对区域文化的关注，如何避免短视的单向商业发展，把商业和文化结合以获得双赢的本土化具体化策略便成为重中之重。

本书主要运用了文献分析法、案例研究法等研究方法。

在对本书主要概念的梳理界定及移动视频媒体的发展章节中，运用了文献分析法，通过收集国内外相关文献资料，对该部分内容进行深入分析论述。本书收集了大量关于新媒体、移动视频媒体、新媒体与传统媒体的跨界融合、区域文化传播的文献资料和学术成果，并着重以移动视频媒体的发展现状、生产模式等为研究对象加以分析研究，阐述了移动视频媒体的媒介特性、媒介文化功能和发展前景，并在此基础上提出移动视频媒体对区域文化发展的支撑策略。

在文献分析中，本书将数据解析与影视学、传播学、心理学、社会学、管理学等多学科知识相结合，进行跨学科研究，对众多文本进行解读分析，提出以媒体发展及区域文化建设为基点，实现视频文化场和社会文化场的积极互动和良性循环。

本书第一章阐明了研究的基本思路和框架，第二章从后视频时代与媒介融合两个角度分析移动视频媒体发展的语境，第七章从媒体和文化发展的关系阐述移动视频媒体对区域文化发展的支撑策略。此外的第三至第六章均在章节的最后以案例研究法对该章的某一特定个体对象进行具体分析解读，力求弄清其特点及形成过程，总结出其中的规律。在案例选择上，既充分考虑外部媒介环境的发展变化对移动视频媒体的影响，又顾及案例本身的典型文本特征，宏观把握与微观分析相结合，保证文献分析的覆盖面并兼顾个案分析的代表性和独特性。

第二章

移动视频媒体考察的两个向度：
后视频时代与媒介融合

后视频时代与媒介融合是移动视频媒体发展的媒介语境，前者为移动视频媒体提供了能够实现深度媒介参与的成熟受众，后者则为移动视频媒体提供了直接的媒介动力，二者的交融共同促进了移动视频媒体的蓬勃发展，移动视频成为人们日常生活不可分割的一部分。以移动视频为介质进行有效的区域文化传播，能够创新区域文化的表现形式，建构其直观而丰富的媒介形象，能够避免移动视频媒体野蛮生长期的单一商业化偏向，移动视频媒体和区域文化发展共生具有现实可行性。

第一节　受众革命：后视频时代的影像狂欢

随着科技的进步，人们的媒介使用越来越向移动端转移。据CNNIC《2018 年第 41 次中国互联网络发展状况统计报告》统计，2017 年，光缆、互联网接入端口、移动电话基站和互联网数据中心等基础设施建设稳步推进。在此基础上，网站、网页、移动互联网接入流量与 App 数量等应用发展迅速，均在 2017 年实现显著增长，尤其是移动互联网接入流量自 2014 年以来连续三年实现翻番增长。截至 2017 年 12 月，我国网民规模达 7.72 亿，普及率达到 55.8%，超过全球平均水平（51.7%）4.1 个百分点，超过亚洲平均水平（46.7%）9.1 个百分点。其中手机网民规模达 7.53 亿，网民中使用手机上网人群的占比由 2016 年的 95.1% 提升至 97.5%。网民手机上网比例继续攀升。①

移动通信技术的发展和移动媒介终端的普及，不仅带来了便捷的即时通信，也催生了新的视频革命，人们观看视频，使用视频，更生产、分享视频。人们广泛参与创造视频信息的深层媒介使用，受众积极参与创作的"后视频时代"悄然来临。在这个后视频时代，移动视频媒体激烈争夺用户，手机电视在政策的庇佑下优势成长，网络视频展开 App 大战。成熟的视频用户通过 PC 端上传视频，更通过移动客户端制作并分享视频。在移动视频应用充分发展的后视频时代，受分享心理驱动与礼物经济的影响，视频应用呈现出明显的社交化趋势，多任务并行成为用户处理信息的常态。UGC 成为后视频时代的典型生产方式，或趋向于日常化，或趋向于专业化。人人卷入视频应用的媒介热流并乐在其中，后视频时代呈现出前所未有的影像狂欢。

---

① 中国互联网络信息中心. 2018 年第 41 次中国互联网络发展状况统计报告：网民规模［R/OL］. 199IT，2018 - 12 - 28.

一、视频革命：后视频时代的到来

1. 科技进步引领视频革命

科技的进步对视频的生产和传播影响深远。从 1895 年卢米埃尔兄弟拍摄第一部短片以来，技术的革新使视频的发展日新月异：伟大的哑巴开口说话，实现声音和视像的双重记录；电影从黑白变为彩色，还原真实世界的色彩；视频进入客厅，电视成为平常人家的一员；电影超越平面银幕，得到深度维度的拓展，3D 立体感进一步实现视频拟真的追求。在科技的引领下，视频的表意系统日渐丰满。

另外，科技的进步也使得视频制作从少数人的特权到多数人可以尝试到人人皆有可能：DV 的风行使人们能够拥有家庭视频相册，移动终端的摄录功能使得受众的表达有了便捷的视频出口，现场记录的拍客行动使受众参与创造信息的深层媒介使用中。人人得以方便地观看视频的电视模式使人类生活进入了视频时代，人人得以方便地制作并传播视频的移动模式则是人们期盼已久的后视频时代。如今，技术的进步使视频生产和流通成本大大降低。移动互联网技术的发展革新了网络受众的媒体接触行为和使用方式，移动网络的普及使移动终端与互联网进行快速连接成为现实，并使视频的大规模传播成为可能。

2013 年 12 月，工业和信息化部正式发放 4G 牌照，宣告我国通信行业进入 4G 时代。4G 技术带来了移动通信业的数字技术革命。视频以数字形式在手机终端上实现，人们使用视频不再受时间、地点的约束，手机终端满足了人们在"移动"中的视频应用需求，并根据用户的特点实现了个性化定制。

受众在传播中的地位变化给传播方式带来了革命性的改变，尤其是在突发事件的报道中，现场民众摄录的微视频甚至一度成为媒体发布的唯一影像资料。技术的革新满足了人们全方位记录生活的愿望，视频生产力得以解放和充分发挥，随时随地生产视频并发布分享，掀起了人人参与深度媒介使用的视频革命，受众积极参与创作的后视频时代悄然来临。

2. 媒体观的新生推进视频革命的新篇章

麦克卢汉（Marshall McLuhan）认为，人类只有在引入了某种媒介技术之后，才有可能从事与之相适应的传播和其他社会活动。① 不同技术水平的传播媒介影响着不同传播活动的传播特征和人们的媒体观念。技术的变革不仅带来了视频生产和传播的革命，而且改变了人们的思维模式和社会行为。视频革命缘起于技术，落脚于时代媒体观的新生。传者导向的媒介模式下，受众被动接收信息的传输，同时，作为不断抗争的积极主体，通过解码参与文本意义的生产。网络媒介的出现彻底击溃了传统的"魔弹论"，新一代消费群体的媒体观被重构：不被媒体控制，而要自主地创造内容分享文化，把握媒体言说的话语权。受众的主动性被提升到前所未有的高度，移动终端便利的摄录功能更使文字和图像的互动进一步更迭为视频影像的狂欢。

从结绳记事起，人类从记录自己的路上一路走来，经文字书写到视频记录，人类对自己的记录趋于直观和全面。个人视频制作的出现使人类开始了对自己随时随地全方位的记录。同时，网络的虚

---

① 〔加〕马歇尔·麦克卢汉. 理解媒介——论人的延伸〔M〕. 何道宽，译. 北京：商务印书馆，2000：35.

拟性和传播权的普及为人们的自我话语提供了空前的便利，当代社会个性张扬的自由表达与人们使用视频的自主选择自然合流，用视频的形式记录生活和自我言说成为人际传播的时尚。正如尼古拉斯·米尔佐夫（Nicholas Mirzoeff）所言："在这个图像的漩涡里，观看远胜于相信。这绝非日常生活的一部分，而正是日常生活本身。"① 原本高高在上的影像艺术与日常生活充分相融，视频制作与传输的便利、艺术与日常边界的消弭充分满足了受众自我实现的媒介需求。人类通过影像的自我表达与分享，综合人际传播、群体传播和大众传播，进入了一个人人影像书写的后视频时代。

二、下行视频：移动视频媒体的激烈争夺

1. 手机电视的发展

手机电视是融合了手机和电视两大媒体功能的新媒体业务，是传统广电媒体对移动终端的进军。我国手机电视起步较早，2003 年，前国家广电总局已正式立项启动 CMMB 技术研究工作。但受制于手机终端硬件技术及流量资费的限制，手机电视高清流畅播放的软硬件均不充分。随着智能手机的普及和 4G 牌照的颁发，手机电视进入了激烈的争夺战。

我国手机电视以两种模式运营：一种是采用具有自主知识产权的 CMMB 标准的服务，即广电内容＋专用网络模式；一种是通过移动通信网络将视听节目传输到手机终端的服务，即广电内容＋移动网络模式。

---

① Nicholas Mirzoeff. *An Introduction to Visual Culture* ［M］. London：Routledge，1999：1.

我国自主研发的 CMMB 标准采用 STiMi 信道传输技术，由卫星网络和地面增补网络相结合完成视听节目的下行传输，由移动通信网络实现用户反馈信息的上行传输。2011 年以后，CMMB 网络建设的力度不断增强，大中小功率发射站点和直放站点结合，网络覆盖范围不断扩大。此外，CMMB 运营商积极与其他企业合作。一方面与华为、中兴等知名品牌合作，推出 TD – CMMB 手机，即 CMMB 双向终端产品；另一方面，与奔驰、宝马、一汽、上汽等汽车公司合作，推出配备 CMMB 单向接收装置的车型，积极拓展移动接收终端。

广电内容＋移动网络模式则以流媒体视频的形式将手机电视节目传输给移动终端。4G 背景下，流量资费的忧虑逐渐淡出人们的视野，传统广电媒体与手机媒介的优势互补，一体化发展势在必行。2014 年 12 月 24 日，中央电视台与中国移动签署了战略合作框架协议，合作建设 4G 视频传播中心，全面开展 4G 业务合作。央视负责建设 4G 手机、电视内容聚合和集成播控平台，移动负责建设 4G 手机电视分发平台及运营支撑。① 这次融合发展战略是广电和电信首次开展的重大战略合作，对于手机电视的快速发展有着里程碑意义。

但整体看来，手机电视内容的组织仍以频道为基础，尚未摆脱传统广电媒体的内容组织形式，这与移动终端用户对内容碎片化和互动实时化的需求很难匹配。广电和电信需要放下利益纷争，摈弃边界意识，进行深度融合、积极改进，只有这样才能在激烈的移动视频争夺战中占领一方阵地。

---

① 央视网．中央电视台与中国移动通信集团公司签署战略合作框架协议［EB/OL］．央视网，2014 – 12 – 24．

2. 网络视频 App 大战

据 CNNIC 2013 年发布的《中国手机网民娱乐行为报告》，"有 63.9% 的人主要通过手机软件看视频，只有 27.9% 的用户直接通过手机网页看视频"①，用户通过手机客户端来观看网络视频的情况已经十分普遍。视频网站纷纷开发、推广手机客户端，竞争呈血拼之势。"爱奇艺、优酷土豆、腾讯视频三强领跑的局面基本确立，与其他视频网站之间的差距逐渐拉开。"② 乐视借势急行，趁年度古装大戏《太子妃升职记》大热之机，二轮播出时设置了在 PC 端只能看前十分钟的限制，之后的内容要下载客户端在手机上才能继续观看，借此强力推广乐视 App。

各视频网站基于自身优势差异化发展。以优酷土豆为代表的视频分享网站以 UGC 即用户原创视频为基础，利用用户自身的上传、分享行为集聚了大量的视频资源及用户量。腾讯视频等在线视频网站利用点对点技术，实现用户对网络视频在线点播、直播观看，"不在现场一样看"，致力于提供现场感的视频观看体验。门户视频网站凤凰视频则以凤凰卫视、凤凰网优厚的内容资源为依托，以新闻资讯为主打，提供精选媒体内容服务。

在发展自身优势的基础上，各视频网站互相借鉴，积极寻求突破。搜狐视频设立了鼓励 UGC 上传的"视频空间"栏目，优酷土豆也积极购入影视剧正版版权，以丰富长视频内容资源，增加用户数

---

① 中国互联网络信息中心.2013 年中国手机网民娱乐行为报告［R/OL］.199IT，2015 - 07 - 13.

② 中国互联网络信息中心.2015 年第 37 次中国互联网络发展状况统计报告［R/OL］.199IT，2016 - 01 - 22.

量及黏性。同时，各视频网站争相打造网络自制剧以树立自己的 IP 品牌，并以此平衡购入影视剧版权的巨额费用。

此外，视频应用类 App 也加入了用户争夺。2015 年初上线的牛班 NEWBAND，以垂直和前沿的互联网视野打造中国在线音乐教育第一平台。牛班与优酷进行战略合作，联合推出了《牛班——明星音乐教室》。优酷土豆集团副总裁李黎指出，其"无论从订阅数，还是好评度都创下了纪录，极高的播放订阅比及零差评的好评度，完全体现了一个新的现象级节目的特征"①。

三、上行视频：成熟用户的自主选择

1. PC 端上传

智能手机出现之前，PC 端是上传网络视频的唯一入口。无论是个人生活片段实录、公民视频新闻，还是赛事记录、恶搞视频、剧情短片，都在 PC 端平台大放异彩。随着移动视频应用的普及，其原有的随时记录的直播功能多为移动端取代，目前，PC 端多为专业人士、准专业人士上传视频使用。一般在 PC 端上传的视频由单反相机、摄像机等专业设备制作，并经过较为复杂的后期处理。

此外，PC 端批量上传常和赛事紧密结合。随着用户视频参与意识的提升，政府、企业、媒体常以视频竞赛的形式传递声音、凝聚人气，并借此选拔有潜质的专业人才。以 2016 年北京大学生电影节为例，在大学生原创影片大赛单元，腾讯、乐视、优酷土豆均有合作。腾讯影业和优酷土豆均借此挖掘优秀青年导演，前者设立"腾

---

① 贾卉一. 牛班 NEWBAND App 上市 胡彦斌变身企业家［EB/OL］. 人民网，2015 - 01 - 19.

讯游戏 IP 改编"主题征片单元，后者成立"G 客单元"，开展"G
客＋青春"原创微电影征集。乐视视频则成为线上承载及线下落地
活动的唯一视频合作伙伴，并在乐视视频校园频道开辟专属页面。

2. 移动视频应用

移动视频应用随着移动硬件的升级应运而生，在上行视频中起步
较晚，但发展势头最为强劲。2012 年，以 Viddy、Socialcam 为代表的
国外移动视频应用开始迅猛增长。2013 年 1 月，Twitter 推出 Vine，受
到用户热捧，迅速成为移动视频应用的首选。Vine 支持用户拍摄上传
6 秒长的视频短片，并嵌入 Twitter 消息中。区别于其他移动视频应用，
Vine 可以断断续续地拍摄并进行多段视频自由拼接，这给用户提供了
拍摄中思索调整的可能，而不必拘泥于持续拍摄一镜到底的限制，同
时，Vine 还可以在不同场景间自由转换。此外，出身于 Twitter 的
Vine 更像一个视频微博：不像一般视频观看那样点击播放，而是通
过滚动屏幕自动播放，类似于文字图片的自然阅读状态。

在国内，微拍、Movie360、优酷拍客、秒拍、美拍等移动视频
应用也争相上线。其中，美拍自我定位为视频界的"美图秀秀"，强
调用户参与，将剪辑、滤镜、水印、音乐、高清画质这五大要素融
合成 MV 特效，把视频后期处理简化为一键操作，并在片尾出现
"导演"字样，以激发用户的分享欲望。同时，引导用户去拍摄内
容，让用户参与到话题活动中来。2014 年 10 月，美拍广场活动"全
民社会摇"成功创下了"最大规模的线上自创舞蹈视频集"的吉尼
斯世界纪录①。2015 年 2 月，美拍针对春节推出"大头电影"拜年

---

① 白若雪. 自创舞蹈视频集"全民社会摇"舞出吉尼斯纪录［EB/OL］. 腾讯网，
2014 - 10 - 31.

功能，在微博、微信等平台刷屏分享，呈现病毒式传播。归根结底，移动短视频的关键在于制作分享。美拍正是抓住了用户参与，才迅速成为移动应用热点。

与美拍的平民与女性定位不同，秒拍充分利用明星的影响力。"甜蜜520""TFBOYS 两周年祝福"等活动均以明星相号召，秒拍的品牌影响力也因此得到极大提升。2016 年 1 月 12 日，秒拍主办的第一届"移动视频风云盛典"在水立方开幕，众多当红明星亮相，引发用户的又一轮粉丝飙升。由秒拍推出的小咖秀主打搞怪创意内容，用户配合小咖秀提供的音频字幕像唱 KTV 一样创作搞怪视频，一时间，引发全民模仿的视频娱乐风潮。

四、多任务并行：后视频时代的多向性发展

并行处理（Parallel Processing）是计算机系统中能同时执行两个或更多个处理的一种计算方法。并行处理可同时工作于同一程序的不同方面。并行处理的主要目的是节省大型和复杂问题的解决时间。多任务并行处理在每个小的时间单元内仍然是单线处理事情，只不过在需要的时间点，自如地进行不同任务的切换。在移动视频应用充分发展的后视频时代，视频观看、评论转发、社区分享、手机游戏、即时通信等即时切换、多任务并行成为用户处理信息的常态。

1. 分享心理驱动与礼物经济

智能手机中，移动应用多以客户端的形式存在，手机成为各种移动应用融合的平台，简化了基本操作流程，极大地便利了用户在应用与应用之间进行切换，同步使用，为用户使用视频、分享应用等多任务并行处理提供了可能。从深层的角度分析，正是分享心理

驱动了这种多任务并行处理行为的发生。人们将喜欢的网络视频进行分享，其实质是在满足用户自身的内在需求。根据马斯洛需求层次理论，每个人都有对"生理、安全、爱和归属、尊重、自我实现"等五种层次的需求，并且，人们只有在低层次的需求得到满足后，才会追求更高一级层次的需求，而"分享"就是人们在得到"生理""安全"这两种层次需求的满足后，进而追求其他三种更高层次需求时所表现出的一种行为。移动智能终端的兴起，使得分享方式与分享广度都有了质的飞越，随时随地分享成为常态。但究其本源，在线分享依然是为了满足自己更高层次的需求，只是方式不同而已。"无论用户分享的心理是利他主义，抑或是获取权威、凸显个性，这些都充分反映了用户的真实需求，正是这种分享心理驱动着用户的分享行为。"①

从另一角度看，这种基于分享的多任务并行也是礼物经济在后视频时代的狂欢。在这场狂欢中，转发分享视频的实质即馈赠他人的礼物，礼物经济的参与者尽管不能直接获得经济收益，但是可以获得其他的利益来支撑礼物馈赠行为，如可以借此扩展自己的影响力，通过视频交流获得新的思想、进入新的圈子交到新的朋友等。转发分享视频并没有明确的预期回馈对象，也没有预期回馈的内容，分享的心理预期目标是尽可能获得最多的礼物债务人即其他用户的关注。虽然这是一种未明确规定的义务，但由于其他用户的礼物经济心理也在持续作用，于是自然形成争相分享互动的网络场景，而用户间的互相关注即成为礼物回馈。

---

① 张彪，张守信. 社会化分享：网络视频的着力点 [J]. 新闻战线，2013（3）.

2. 社交化趋势

与以上心理相呼应，视频应用呈现出明显的社交化趋势。网络社交间接的交往方式实现了虚拟的自由交往，消解了现实社交中直接交往的不安因素，网络化数字空间的开放属性促成了多元的思想火花碰撞和多层的文化交流沟通。和文字及图片分享相比，用户通过分享甚至制作视频拥有了更为自由的表达机会和张扬个性、自我展示的全方位舞台，激发了自我记录的原始活力和创造力。

视频网站本身往往包含社会化分享功能，具有一定的社交属性。以土豆网为例，用户注册之后即拥有属于自己的账号，可以观看、上传，还可以订阅、挖。订阅即对其他视频用户的关注，能在第一时间查看订阅对象发布的视频；挖是对所看视频的赞赏，同时还可以进行评论。

2012 年，视频网站开始了与社交媒体的直接融合，从而加快了社交化进程。2012 年 2 月 16 日，谷歌宣布旗下视频网站 YouTube 加强与社交平台 Google + 的整合，让用户可以在 YouTube 上面显示他们的 Google + 个人主页，以及来自 Facebook 和 Twitter 等其他社交网站的信息。① 国内视频网站也纷纷开始了融合之路：人人网并购 56 网、新浪微博与土豆网深化合作、酷 6 网与开心网结成战略合作伙伴……视频网站与社交网站相互支持入口转换，共享内容与用户资源：一键式分享、评论使用户可以在网络视频观看以及社交化分享之间自由切换，用户既可以通过一键分享按钮把网络视频分享至社交媒体，也可以在社交媒体平台对网络视频发表评论。这种平台互

---

① YouTube 与 Google + 加强整合 提升视频共享社交化［EB/OL］. 新浪网，2012 - 02 - 19.

通在 PC 端也能实现，但移动端操作更为便捷，更利于对碎片化时间的便利共享。用户可以一边进行 QQ、微信等即时通信交流，一边观看网络视频，并在社交平台即时分享，多任务并行成为后视频时代典型的发展方面。

五、UGC 发展的两大趋向

移动端摄录功能的完备和移动网络的发展使随时拍摄即刻上传成为可能，UGC 成为后视频时代的典型生产方式：一类趋向于日常化，现场抓拍即时记录，或配以人们喜闻乐见的音乐生成音乐主导的 MV；一类趋向于专业化，基于个人特质制作生活服务类视频，走信息获取加休闲娱乐的服务路向。

1. 日常化趋向

在众多的 UGC 中，大部分视频为制作者自娱自乐并在亲友圈中小范围传播，以各种视频应用 App 为制作契机，以社交媒体为平台，对日常生活进行视频化记录和简单转换。其中，MV 可能成为日常化个人视频的主流。当下，由影视传播公司制作的个人 MV 在私家车旅程、结婚纪念日、朋友聚会等日常生活中应用广泛，个人 MV 有着较为强大的用户习惯和存在基础。此外，音乐具有强大的感染力，对画面极具包容性，一首熟悉的旋律配以相关的画面可较为轻易地传播，而不一定对匹配画面有更高的要求。随着摄录和制作的便捷化以及个人媒介素养的进一步提升，个人制作 MV 并即时分享成为可能，它能够及时满足视频用户表达自我、展示自我的媒介需求。

而作为公民视频新闻的 UGC 部分会继续形成合力，显示真实的力量，尤其在突发事件中发挥全民记录的现场作用，用户的全程、多点直播增强了受众在新闻中的"卷入程度"。公民视频新闻使没有经过专业新闻训练的普通公众能够通过运用视频传播技术来发布新闻信息，从而延伸了专业媒体的触角，使之触及以往专业媒体不能达到的社会多个角落，在为传统媒体提供的新闻信息增加新的素材的同时也对媒体所提供的信息进行查证和检验。公民视频新闻改变了新闻的信源结构，打破了传统媒体在新闻传播中的垄断和特权，受众获得了空前的媒介话语权。移动视频用户的主动参与改变了传统新闻的生产流程，UGC虽然专业性不足，但其原生性带来了更大的开放性和现场感。

2. 专业化趋向

在日常化视频之外，UGC逐渐形成分流，部分视频制作趋向专业化。一方面，相关专业的学生借助移动视频，形成个人及团队作品展示交流平台，并关联社交媒体，为走向专业化制作积聚力量；另一方面，媒体、企业及有视频需求的部门也会借助移动视频平台，寻觅气质契合的视频制作者，为品牌合作注入新鲜的血液，奖励后进者，提升品牌美誉度。

同时，生活服务类短视频有望逐步繁盛，成为UGC发展的重要路向。随着生活水平的提高，人们对生活服务的相关需求随之提升，以个体经验为基点的生活服务类短视频将以其丰富性及鲜明的个性形成对专业媒体生活服务类节目的有益补充，其中主题轻松、具有娱乐性的短视频更易为人们所接受。在视频渐增的基础上，专门的UGC生活服务类视频网站有望出现，并结合社交网站、搜索引擎，成为移动视频新的增长点。

第二节　媒介融合：移动视频媒体成长的媒介背景

　　媒介融合的思想在 20 世纪中叶萌芽，在 21 世纪初开始蓬勃发展。作为一个历史性的进程，媒介融合的实践仍然在进行之中，其概念至今没有一个公认的准确定义，但这并不妨碍它成为大时代的背景声。媒介融合为移动视频媒体的发展提供了直接的媒介动力，移动端以融合文字、图片的视听节目为主体，在满足人们视听兼具的内容需求之外，还为区域文化的发展带来了新的发展契机。

一、媒介融合：大时代的背景声

1. 历史梳理

　　有关"媒介融合"的思想可以追溯至 20 世纪 60 年代麦克卢汉的媒介观——"媒介即信息"，其已经蕴含了"媒介融合"思想的基点。麦克卢汉认为，没有一种媒介能够独立存在，任何媒介的内容都是另一种媒介：文字的内容是言语，印刷的内容是文字，电报的内容是印刷。1978 年，美国未来学家尼古拉斯·尼葛洛庞帝（NicolasNegroponte）提出了不同工业正在走向融合的命题，他以三个圆环代表计算机工作、出版印刷业和广播电影工业，以图例的形式生动地演示了三个相互交叉的圆环趋于重叠的聚合过程，十多年后，更以充满未来预言的著作《数字化生存》影响世界。"媒介融合"真正作为一个学理概念，则是由麻省理工学院教授伊契尔·索勒·浦尔（IthielDe Sola Pool）首先提出的。1983 年，在《自由的科技》一书中，伊契尔·索勒·浦尔提出了"传播形态融合"（the convergence of modes）的概念，指出数码电子科技的发展是导致历来泾渭分明的传播形态聚合的原因，并率先对媒介融合的内涵做出界定，认为媒介融合是"媒介间界线日渐模糊"的进程。1994 年，圣荷赛水星报与美国在线共同推出电子报，《纽约时报》报道时用了"一次媒体融合"的小标题，"融合"开始真正付诸实践。2000 年 1 月 10 日，美国在线和时代华纳宣布合并，Convergence 成为信息传播的常用语。世纪之交，多家美国媒体公司进行了融合实验，如以芝加哥论坛报和佛罗里达奥兰多哨兵报为基地的论坛公司，以佛罗里达的坦帕先驱报为基地的媒介综合集团，对传媒业经营模式、新闻传播活动、新闻人才需求等方面产生了重大影响，学界的理论研究基于新闻媒体的综合实践，逐渐成为研究热点。

2004～2005 年，蔡雯在美国进行富布莱特项目研究时发文把"媒介融合"概念介绍到国内，引发了国内媒介融合研究的热潮。蔡雯、章于炎、宋昭勋等学者主要从应用新闻学角度对"融合新闻"（Convergence Journalism）进行探索，对新闻业务综合运作的创新维度进行研究，对"媒介融合"语境下新闻传播方式和流程的变革、新闻资源开发、新闻报道策划以及新闻人才技能的更新等问题进行了探讨，其研究将媒介融合限定在具体的传播领域。与此同时，一些研究者也开始尝试以一种相对宏观的视角，探讨"媒介融合"对传媒产业和社会可能带来的变革与影响，研究视角逐渐出现微观、具体视角和宏观、思辨视角并重的局面，媒介融合的整体研究呈现出泛化的趋势。

2014 年 8 月 18 日，中央全面深化改革领导小组第四次会议审议通过了《关于推动传统媒体和新兴媒体融合发展的指导意见》，媒体融合发展战略正式上升至国家层面。2014 年被称为"中国媒体融合发展元年"，不少媒体在融合发展方面取得了可观的成绩，积累了宝贵的经验。应时而动，人民日报社组织撰写了《融合元年——中国媒体融合发展年度报告（2014）》，通过媒体调研、案例分析、专题探讨等方式，结合大量具有代表性的案例和最新行业数据，深入解析中国媒体融合的现状和问题，并探讨未来发展的趋向和路径，多维度、多视角解析媒体融合元年的创新盛况，力图为未来融合发展的政策决策、实践探索和理论研究提供有价值的参考。2017 年 1 月 4 日，刘奇葆同志在《加快推动传统媒体和新兴媒体融合发展》一文中提出"确立移动媒体优先发展战略"。由此，面向移动端进行内容创新成为媒体融合的重要方向。

2. 媒介融合：一个模糊的概念

媒介融合 Media Convergence，又译作媒体融合，是继"信息社会""第三次浪潮""后工业社会"之后的又一热点。一些先行研究者围绕"媒介融合"的概念内涵、研究范围和层次等问题进行了较为深入而系统的整理，初步搭建起该课题的理论架构。

蔡雯较早地对媒介融合的相关研究进行了梳理，她认为，根据研究的立足点和研究旨趣可归纳为四种类型：从微观层面出发，强调媒介融合的技术基础作用和驱动作用，最初提出"融合"概念的学者，以及有更多技术背景的学者往往表现出这种类型的特点；从中观层面出发，研究范围主要涵盖传媒技术融合、传媒产品形态融合、传媒运作系统融合和传媒组织机构的融合等方面；从宏观层面出发，概念不仅包括上述两类定义的内容，而且强调社会监管和规则的融合，受众的参与以及媒介融合的经济学、社会学后果；从大传媒业角度出发，内容涵盖传媒业、电信产业、IT 产业、电子产业等所有参与媒介融合中的产业。①

其中代表性的观点有：安德鲁·纳齐森认为，媒介融合是印刷的、音频的、互动性数字媒体组织之间的战略的、操作的、文化的联盟；伊契尔·索勒·浦尔提出，媒介融合是各种媒介呈现出多功能一体化的趋势；布莱恩·布鲁克斯提出，媒介融合是一个新闻学上的假设；道尔认为，媒介融合是电子通讯技术、计算机技术和媒体的融合；熊澄宇认为，媒介融合是所有的媒介都向电子化和数字化这一种形式靠拢，这个趋势是由数字技术驱动的，并在网络技术的推动下变得可能；蔡雯进行了总结性的界定，认为媒介融合是指在以数字技术、网络技术和电子通信技术为核心的科学技术的推动下，组成大媒体业的各产业组织在经济利益和社会需求的驱动下，通过合作、并购和整合等手段，实现不同媒介形态的内容融合、传播渠道融合和媒介终端融合的过程。

此外，彭兰的三部曲说和丁柏铨的三层面说也产生了较大的影响。彭兰从历史发展的角度提出了媒介融合的三部曲：圈地运动、产品革命、支点设置。她认为，"2009 年，一些主流媒体陆续开始大规模跨媒体业务拓展，更是反映了整个中国媒体对媒介融合这个方向的一种共识。从质疑、犹豫，到开始行动，中国媒体迈出了媒介融合进程中的实质性一步。但是这只是媒介融合时代的第一阶段，也可以看作'圈地运动'阶段，而下一步，则要以传媒与用户关系

① 蔡雯，王学文. 角度·视野·轨迹——试析有关"媒介融合"的研究［J］. 国际新闻界，2009（11）.

再造为目标，来实现媒体的'产品革命'，以获得全新的市场空间。进一步，媒体需要认识到信息终端技术带来的变革，通过对信息终端的选择与运用，来找到媒介融合时代新的产业杠杆上的支点。这个三部曲，是媒介融合日益深化的三个阶段。"① 丁柏铨则提出了媒介融合的三层面：物质层面、操作层面、理念层面。其中，"物质（工具）层面的融合，这是媒介融合的基础，也是媒介融合中的一项相当重要的实质性内容"。操作层面的融合"要求新闻从业者，掌握为不同媒介做报道所必须掌握的、与以往为单一媒介和特定媒体供稿时有所不同的操作技能……媒体在进行经营时，要在机构设置、资本运营、具体操作等方面，按媒介融合的要求而有所整合、进行联动，而不是像以往那样各自独立运营"。理念层面"体现出两种融合：中国原有媒介发展理论观点中依然具有生命力的部分与新的媒介发展理论观点的融合，中国媒介理论观点与西方媒介理论观点的融合。"②

媒介本身是一个清晰的概念，但融合一词却有着丰富的内涵和外延。作为一个概念，媒介融合已提出数十年之久，媒介融合作为一个历史性的进程正在发生发展，其实践迄今仍然在轰轰烈烈地进行之中，不仅在开疆扩土，同时也在野蛮生长。媒介融合概念本身尚无清晰的界定，也远未达成共识。

3. 几点思考

诚然，媒介融合的概念至今没有一个公认的准确定义，但综观

① 彭兰. 圈地运动－产品革命－支点设置：媒介融合三步曲解析［J］. 新闻与写作，2010（2）.
② 丁柏铨. 媒介融合：概念、动因及利弊［J］. 南京社会科学，2011（11）.

对媒介融合的相关研究，仍能带来很多思考。

首先，媒介融合研究正在进一步泛化，但我们应清醒地认识到，媒介融合不是无限制的融合，也不等同于全媒体化。

彭兰认为，"纵观业界的实践，多数还是将注意力重心放在新形态的产品开发上，很多媒体把媒介融合等同于'全媒体化'。为了全媒体化的目标，它们不断进行着产品的扩张，似乎有了足够多种类的产品，将自己的'腿'伸到了所有媒体平台、所有生产环节，融合也就实现了。而事实上，对于大多数媒体来说，这样的全媒体化，可能造成资源的分散，在新的领域很难形成自己的影响力，甚至可能拖累自己原有的优势产品。尽管媒介融合意味着媒体需要在一个全媒体的市场里考虑自己新的定位与新的发展方向，但是，简单地把媒介融合等同于全媒体化，可能会产生方向上的错误。"①

媒介融合强调媒介间的共生与共融，对新兴媒体而言，媒介融合既有对新技术、新趋势的快速响应与自我迭代，亦有对传统媒体内容优势的借鉴融通。对于传统媒体来说，媒介融合的过程就是其新媒体化的过程。世界范围的媒介融合均无一例外地起于传统媒体，可以说，媒介融合是传统媒体的自救与自新，也是大时代背景下媒体发展的必然趋势。媒介融合促使传统媒体走上创新之路，也催生了新的媒介形态，网络与电视的结合形成网络视频，手机作为图文影音的媒介终端成为移动媒体……媒介形态较之以往更趋丰富，由传统四大媒介一统天下的局面不复存在，媒体之间激烈的市场竞争引发了新一轮的革新与挑战，丰富的媒介内容生产与当今绚丽多彩

---

① 彭兰. 社会化媒体：媒介融合的深层影响力量 [J]. 江淮论坛，2015（1）.

的社会生活相适应，与受众的多元文化需求和现代生活方式相匹配。媒介融合暗合了人们在社会生活中表现出来的深层次心理需求，有利于多彩的社会生活的真实表达。正基于此，媒介融合虽然强调媒介间的共生与共融，但并不意味着媒介的边界就此消融、不同媒介的特质就此消解，无限制的融合必然导致媒介大而无当的扁平化内容生产。

正如南长森所言："媒介融合是美国新闻竞争时期一种新的新闻生产方式，这种方式在美国也仅仅是'坦帕模式'向外延展的一种雏形，是传播主体为最大化地获取利润和满足受众需求而寻求全方位覆盖受众的良好愿望和理论假设。这是它的内涵所在和本质属性。其表现形态是一种跨媒体的传播聚合，媒介融合不是一种媒介替代另一种媒介，而是在当下复杂的媒介生态中集网络平台于一身，各就其位，共同发展……在当前媒介融合的话语中，媒介融合是有一定的时空条件的，不是所有媒介不分地域、国界、民族无限制的融合。"①

2009 年 12 月 10 日，美国在线和时代华纳正式开始分拆交易，结束了近 10 年的联姻，通过旗下拥有的杂志、有线电视及其电影，美国在线和时代华纳以每月数十亿接触受众频次影响着世人生活的伟大构想宣布破产。这其中，强势企业结合面临企业文化的冲突和新旧企业的代沟以及双方均不甘成为对方附庸的执念固然是十年联姻离散的重要因素，大而化之的媒介融合也是其绕不过的原因。

在《媒介融合趋势下如何实现内容重整与报道创新》中，蔡雯

---

① 南长森，石义彬. 媒介融合的中国释义及其本土化致思与评骘 [J]. 陕西师范大学学报（哲学社会科学版），2012（5）.

指出："对于传媒而言，基于不同终端载体的介质和特点，进行一体化的内容框架设计，并且使其相互之间建立联系，既能使资源得到充分共享，又实现了内容产品的差异性和优势互补，可以有效地架构产品链，形成'长尾'效应，对于扩大媒介的市场份额、增强竞争力无疑具有重要意义。而对于社会而言，内容重整实际上是以更强大的内容生产平台完成了新闻采集'融合'，同时又以多种终端载体实现了内容产品的'分流'，为受众提供更多的选择，从而更好地满足社会对信息与服务的需求，同时也减少了媒介的重复生产与资源浪费。"① 在媒介融合实践与研究均成为热潮的当下，内容产品的分流与细化实应引人警思。融合与分流不应被割裂，走向分庭抗礼，而应该作为同一问题的两面共同发展。

同时，媒介融合对媒体从业者提出了更高的要求，身拥单一媒介技能走遍天下的局面不复存在。一时之间，全媒体人才的需求旺盛，同时掌握多种媒介技能的人成为业界普遍需求，媒体从业者面临更大的挑战，其潜在能力也得以更大程度地发挥。但毕竟人的精力有限，术业有专攻仍然是一个无法超越的现实。作为媒体从业者，粗略了解多种媒介技能是必须的，但同时达到精通则很难实现。全能记者、全媒体人才仍然应建立在各有专长的基础之上，不然，术无专攻的全能必然导致媒体从业者的千人一面，而这种个性特点的弱化乃至消泯必然导致媒体内容的肤浅、平面和雷同。因此，提倡和鼓励一专多能是可行的，但要求十八般武艺样样精通则是不现实的，在博采众长的全媒体人才的基础上，对适合自己潜能的某一技

---

① 蔡雯. 媒介融合趋势下如何实现内容重整与报道创新——再论"融合新闻"及其实施策略［J］. 新闻战线，2007（08）.

能深入研究达到业务精专仍然是媒介融合大环境下的首选。

其次，从受众的角色转型来考察，传播者与受众的融合乃是媒介融合绕不开的显性特征。亨利·詹金斯（Henry Jenkins）指出，融合文化典型地体现了新媒体和旧媒体的冲突、草根的创造性与媒体业的碰撞。新的传播关系反映了新旧媒介碰撞、草根媒介与机构媒介交汇、媒介消费者与媒介生产者之间的权力互动关系，它创新了受众参与媒介生产的方式。"如果原来的消费者被认为是被动型的，那么新的消费者属于积极型的；如果原来的消费者是一个个孤立的个体，那么新型的消费者则倾向于通过社交联系起来；如果以前消费者的行为是默然无声和不显山露水，那么新型的消费者则相对较为喧闹嘈杂和开放公开。"①

在媒介融合背景下，传播者与受众的关系不再是传统意义上单方向的传受模式，传者和受者出现了不同程度的融合。由于传播技术的革新与传播观念的发展，受众正越来越多地分享媒介生产的权力，受众的生产力得到充分的解放，他们参与到媒体内容的创作与生产之中，其主动性得到前所未有的发展，传受的界限开始变得模糊。在陈昌凤看来，媒介融合本质上体现了传播关系的转型："传统媒体的传播关系，是将媒体世界划分为生产者和消费者两大阵营，表现在点对面、一对多的大众共享型传播关系。但在互联网时代，媒介生产过程融入了媒介消费者的参与。媒介生产的权力不仅仅掌握在媒介机构手中，同时也存在于用户的自我赋权行为中。用户成了新闻和其他信息的共同生产者，传统的信息生产模式正在发生重

---

① 〔美〕亨利·詹金斯. 融合文化：新媒体和旧媒体的冲突地带［M］. 杜永明，译，北京：商务印书馆，2015：51.

大改变，媒体原有的组织化的新闻生产，逐渐被社会化的新闻生产所取代。因此共享型传播将转型为分享型传播，变成了点对点、多对多的传播。只有转型到分享型传播，才会有真正意义上的媒介融合……融合媒体时代传媒与用户的分享关系，不仅仅表现在用户分享传媒的内容并对其做出反馈与评论，还表现在用户分享了生产的权力，他们的参与行为建立了一种媒介生产者与消费者之间的文化融合关系。"①

　　新的传播关系模式下，参与式文化的精髓得以最大限度地体现。参与式文化这一概念最早由美国学者亨利·詹金斯提出，其主要特点是："艺术表达和公民参与的门槛相对较低；强烈支持与他人一起创作和分享作品；在这种文化中，经验丰富人士将他们的经验通过一些非正式的方式传递给初学者；在这种文化中，个体认为自己的贡献是有价值的；个体建立起与他人的社会联系，比较在意别人对自己创作内容的看法和评价。"② 新的传播关系模式使受众从一个被动的享受者和接纳者变为主动的参与者与推动者，受众自身参与内容生产的诉求成为媒介融合的重要推动力。"在新的传播模式中，受众角色变得融合化、复合化。受众集媒介的参与者、内容的创造者和提供者及服务的使用者（用户）于一身，演化为一种新型变体'产消者'（Prosumer，这一词汇的构成本身就展示了这一变体的生成过程）。用户的高度参与，拓展和重塑了媒介生产与创新的空

---

① 陈昌凤. 媒体融合的核心：传播关系转型［J］. 中国记者，2014（3）.

② Henry Jenkins. *Confronting the Challenges of Participatory Culture：Media Education for the 21st Century*［M］. Boston：MIT Press，2009：5.

间。"① 不同于自上而下的媒体议程设置，受众在自身参与生产的媒介愿望驱动下积极行动，释放出长久以来积聚的内在创造力，自下而上地作用于媒介融合的洪流，从而为之奠定了基础性的融合原动力。传者和受者的融合使得二者的互动不止步于一方对另一方的反馈与品评，传统的收视率指标甚至被二者的角色互换所取代。在此基础上，基于互联精神的众包和众筹才得以彰显，受者的媒介素养在深度的媒介参与中日益提升，最终成长为能够与传统的媒体内容生产者相互媲美、相互映照的真正生产力量。

再次，媒介融合的趋势下，传统的媒介生态格局渐趋改变，媒介结构发生革命性变革，新的媒介生态系统逐渐形成。开放、平等、协作、分享的互联网精神，在更趋发达的网络连接中走得更远，从基础网络到移动网络，再到物联网，未来的传播方式基于网络节点实现更加自由的飞跃。媒介融合逐渐促成多介质的融合，同时各有侧重，各有专长。媒介终端也趋向于多终端、多平台，同时，移动端由于其伴随性成为更加自由的媒介终端，也必将成为更多人在更多场景下的主动选择。

媒介研究大师麦克卢汉认为，媒介是人的延伸，媒介的最大价值即在于帮助人类摆脱自身束缚、满足信息、知识、情感等自由平等交流的需求。媒介的发展在物质层面依靠技术的进步，在精神层面则有赖传播观念的更新。如今，移动终端的技术支持已经实现，人人参与的传受关系的颠覆同时使得人类的主动性媒介需求被前所未有地释放。从技术发展和社会进步对人类需求满足的角度看，媒

---

① 庞井君 . 媒介融合背景下的视听转型 [J]. 东岳论丛，2012（10）.

介融合不仅在于各种媒介的融合和多终端、多平台的自由连接与转换，更在于随时随地超越时空的人媒合一状态，心随意转地实现无障碍沟通和交流，按照自己的意志和方式满足媒介使用的需求，媒介这一人的延伸才真正实现其自由价值。从这一意义而言，移动互联无疑是符合人类内在需求的媒体发展方向，是能够使得人类得心应手的人性化媒介。

当下，内容生产已经不是媒体的专利，受众一跃成为用户，其媒介使用在很大程度上影响着内容生产及传播。媒介内容的社会化生产及社交媒体的多节点人际传播加剧着用户对新媒体市场的影响力，媒体自身产品的竞争力和用户媒介使用产生的媒介空间并驾齐驱，难分伯仲。随着由数字网络技术所推动的媒介融合时代的到来，视听成为人们日常生活中能够轻易实现的鲜活媒介，媒介正变得视听化。作为伴随性的媒介终端，移动端体现出其他终端难以比拟的人性化，其节目形态也将迎合人们视听兼具的内容需求，以融合文字、图片的视听节目为主体。同时，传播者与受众的融合使视听内容生产从专业化向社会化转型，受众的广泛参与使裂变式传播借助社交媒体大行其道，多任务并行的便利及受众媒介使用能力的提升使得受众更加自由地在多任务间切换。移动视听能够体现人们的主动性、选择性、参与性、互动性。在媒介融合的趋势下，移动视听智能化、人性化的特质将促使其成为自由接收和传递信息的媒介使用方式的首选。

二、媒介融合：移动视频媒体和区域文化发展共生的新契机

1. 媒介融合促进移动视频媒体发展

随着媒介融合上升为国家战略，移动视频媒体获得前所未有的发展良机。"推动传统媒体和新兴媒体融合发展，要遵循新闻传播规律和新兴媒体发展规律，强化互联网思维，坚持传统媒体和新兴媒体优势互补、一体发展，坚持先进技术为支撑、内容建设为根本，推动传统媒体和新兴媒体在内容、渠道、平台、经营、管理等方面的深度融合，要着力打造一批形态多样、手段先进、具有竞争力的新型主流媒体，建成几家拥有强大实力和传播力、公信力、影响力的新型媒体集团，形成立体多样、融合发展的现代传播体系。"① 传统媒体与新兴媒体的融合从之前散兵游勇式的自发行为迅速成为大规模、高级别的自觉行动，各地传统媒体和新兴媒体融合发展，大步伐迈进，传统广播电视的移动视频化向"两微一端"继续迈进，融合广播、电视、报纸、网络的微信公众号和 App 直播与点播结合，在强化传统媒体内容传播的同时，极大地提升了其占领新媒体的能力。大象融媒以全媒体平台为核心，对传统媒体和新兴媒体进行二次整合、深度融合、一体发展，真正实现信息的"一次采集、多种生成、多元传播"；芒果 TV 实现了独播和节目自制；湖北广电依托新技术，发力 VR 打造现代融媒集团；新京报与腾讯视频强强联手，合资成立独立公司，定位"中国最好的移动端视频新闻生产者"，追

---

① 李雪民.《关于推动传统媒体和新兴媒体融合发展的指导意见》审议通过引业界关注——媒体深度融合热潮将至［EB/OL］. 中国新闻出版报，2014 - 08 - 20.

求新闻的专业主义和视频的专业质量，带来了内容质量与渠道的双重保证。

在推动媒体融合的路上，《人民日报》一直走在前列。习近平访美期间，人民日报全媒体平台推出视频"*Who is Xi Dada* ？"，被刷遍朋友圈，视频通过采访 15 个国家的 24 名留学生，展示了他们眼中的习近平形象，海外浏览量近 40 万。"9 · 3 阅兵"报道中，中央厨房首次采用虚拟现实视频（VR）采集设备全程拍摄阅兵仪式。在春运时，也推出了结合 VR 视频、文字、图片等各种元素的 H5 报道。经过一年多的试运行，2016 年 2 月 19 日，人民日报全媒体平台（中央厨房）正式上线。依托集成化平台，推进媒体融合发展，实现重大报道"一体策划、一次采集、多种生成、多元传播、全天滚动、全球覆盖"。继推出"中央厨房"之后，《人民日报》推动媒体深度融合，建设了"全国党媒公共平台"。2017 年 8 月 19 日，平台在深圳正式启动。"全国党媒公共平台"是一个智能后台，可概括为"百端千室一后台"，与全国各类媒体及党政机关、企事业单位的新闻宣传部门携手合作，连通数百个客户端，并孵化上千个内容创新的工作室，在保持各类端口都有自己独立后台的前提下，打造一个共享的智能化数据后台，从而构建起内容共享、技术共享、渠道共享、人才共享、盈利模式紧密协作的公共平台，持续为平台内的党媒党端赋能。截至 2017 年 11 月 24 日，已有包括新闻机构、政务信息平台、大型企事业单位在内的 90 家单位近 200 个党端成为其成员。平台帮助各媒体在各自的领域做大做强，夺回一部分被商业互联网占有的市场份额，为党媒党端赋能，目标是实现全国媒体行业大融合。2018 年 3 月 2 日，人民网、腾讯、歌华有线启动视频战略合作，共同发力直播和短视频业务，人民视频客户端同日正式上线。该合作旨在发挥人民网的内容制作和品牌优势，整合腾讯的技术平台和流量优势以及歌华有线在北京地区的广泛终端覆盖，形成合力，生产与传播优质的资讯视频和直播内容。

　　传统媒体的新闻产品要想在新媒体上得到有效传播，必须适应新媒体特点，对新闻产品做出改造。为突出在视频方面的优势，央视新闻对独家新闻视频资源做出深度挖掘和充分利用，对时政新闻报道方式进行了探索和创新，以独家时政画面、重要议程现场、领导人活动全程等有故事、有细节的短视频报道，让受众零距离观察重大时政新闻现场，揭秘性强，时效性强，使移动视频新闻更生动好看、更易于传播，取得了良好的宣传效果，显著提升了新媒体在舆论场中的传播力和引导力。央视新闻成立了专门的微视频团队，负责资讯类微视频、央视时政新闻微视频及微视频大片制作，加强时政微视频的创作能力，围绕重大节点和宣传需求，推出优秀作品，在移动端集结用户流量，讲好中国故事。从 2014 年"V 观 APEC"开始，央视新闻微视频迅速成为新媒体领域的知名品牌。2017 年 3 月 18 日，以"不忘初心，继续前进"为主题，精心采制的时政微视频系列节目《初心》，在央视新闻移动网各大平台同步推出，迅速引发社会高度关注，得到了全民好评、全网热转，一天之内阅读量即突破 4 亿。2017 年 4 月，在航空航天系列报道中，央视新闻充分发挥独家优势，以距离发射塔架最近的距离、最特殊的视角直播揭秘"天宫二号""长征五号""天舟一号"发射过程。在直播结束后，立即制作《极限机位！不能再近感受天舟一号发射热浪》等微视频，在新媒体各平台同时分发。目前，央视新闻已成功将视频优势延伸至新媒体舆论场，"V 观"微视频已成为央视新闻的战略性产品。央视新闻客户端大胆创新，改变了传统电视新闻的样态，撷英采华，放大亮点，以微视频这支"轻骑兵"迅速抢占了新媒体阵地。

除传统媒体的移动视频化之外，依托微信、微博等移动互联平台发布，创始之初即自带新媒体基因的移动视频内容创作发展繁盛。移动视频媒体以视听传播为主要特征，融合了图文和视频等多种媒介形态，为移动用户提供丰富的媒介内容。多数移动视频媒体不仅借助已有平台播放，而且采用多平台播出的形式传播，以迅速形成席卷全网的传播风潮，在增强平台内容的同时，形成自我品牌影响力。由 PC 端发展而来的移动视频则不乏独立 App 的开发者，优酷土豆、爱奇艺、腾讯视频三者鼎立，形成江湖争霸之势。国内移动互联网领域成长最快的 App 今日头条，在取得了爆发式的增长之后，以更大的力度投入短视频平台建设，迅速攀升为国内最大的短视频平台，并积极扶持短视频创作者，支持更多中小创作者入局，促进了移动短视频创作的共同繁荣。

各大短视频应用给移动互联网用户提供集视频生产和分享于一体的功能，移动短视频行业迎来爆发，移动视频成为继文字、图片之后的另一大内容创业点，开启了全新的互联网社交平台和超级入口。在移动短视频行业占据领先地位的一下科技有限公司，抓住移动短视频的浪潮，成功打造秒拍、小咖秀、一直播三款短视频行业的明星产品，形成移动短视频生态矩阵，完成多轮融资，并创下国内移动视频行业的单轮融资金额最高纪录。一下科技的发展目标是最终将自身打造成为集视频创作、分发、互动、社交为一体的短视频融合平台，为用户提供一站式的服务场景。

2. 移动视频媒体和区域文化发展共生的可行性

党的十九大明确指出，文化是一个国家、一个民族的灵魂。文化新，国运新；文化强，民族强。移动视频媒体的繁盛发展，能够及时满足人民群众对精神文化的需求，因此，培育优质内容、弘扬主旋律、传播正能量成为移动视频媒体发展的历史重任。移动视频媒体和区域文化二者结合，能够落实党的十九大提出的中国特色社会主义追求的满足广大人民群众日益增长的美好生活需要，能够挖掘区域文化的美好传统，建立正能量的价值系统，同时推动文化传播的移动视频媒体建构，促进移动视频媒体摆脱野蛮生长期的单一商业化偏向，使移动视频媒体和区域文化发展共生具有现实可行性。

4G 技术的成熟使智能手机迅速普及，WiFi 的覆盖和升级使流量不再成为移动视频发展的瓶颈。整体网民的互联网使用行为不断向手机端转换，网络视频用户不断向手机端迁移，手机屏成为个人网络视频服务中最重要的一屏。移动媒介终端和网络的普及为移动视频媒体构建区域文化提供了良好的媒介环境。

移动互联网技术的发展革新了网络受众的媒体接触行为和使用方式。移动网络的普及使移动终端与互联网进行快速连接成为现实；智能手机时代的到来使手机从一般的通信工具进化为集上网、影音播放等功能为一体的移动终端。通过手机等移动终端突破时空限制，能够随时随地浏览视频并即时在社交网络上讨论分享，能够方便快捷地利用碎片化时间接触视频，参与视频信息的快速传播。在这一媒介环境下，移动视频的即时分享传播成为可能。当下受众既有的互动、双向等时代特点，在以移动视频为介质的文化传播中得以充分体现。移动终端的摄录功能使得受众的表达有了便捷的视频出口，现场记录的拍客行动使受众参与到创造信息的深层媒介使用中来。

此外，移动终端便捷的摄录功能使人们的话语言说从文字升级为视频，人们的视频需求不再局限于单向的被动接受，主动制作视频并上传分享逐渐成为新的视频使用习惯。被称为"短视频女王"的 papi 酱以 UGC 短视频迅速吸粉，成为 2016 第一网红。美拍、秒拍、小咖秀等视频应用软件抢夺用户，在社交平台形成分享热潮。移动视频媒体构建区域文化的媒介使用习惯基本形成。

移动视频媒体的特性与区域文化传播的需求高度贴合。长期以来，以广播影视为代表的视听媒介因其普适性已成为文化传播交流的重要载体与形式，成为一种文化通用语言。视听媒介的移动化、智能化发展，大大提升了文化传播的便利性，丰富了文化本身的表现力，增强了社会文化的传播力，同时，也进一步激发了文化创造活力，促进了多元文化的交融与发展，提升了文化的创新与变革。随着信息革命的深刻冲击和媒介融合的持续推进，区域文化的表现、传播和接受方式得到极大的改变，社会群体和个人通过移动视频媒体创造和传播文化内容，创新文化表现形式，增强文化表达，实现文化沟通，扩大文化影响，确保文化传承。移动视频媒体将成为区域文化传承表现的重要方式，成为人们参与文化建设的重要途径。

作为区域媒体的移动视频媒体，本土化是其必然路径，与区域文化传播的结合，一方面为其本土化找到有效的出口，另一方面也使其凸显出鲜明的文化特质。当下，移动视频应用呈现出明显的社交化趋势，这一趋势可为区域文化传播开拓出新的路径。一直以来，区域文化强调其公益传播的属性，对民间传播的潜力开发不足，甚至常常出现自上而下的宣传推广。区域文化和移动视频媒体的结合，可以使区域文化传播从官方立场向民间转化，通过用户视频制作上传参与区域文化的主动传播，并通过视频分享转发倍增其传播效应。

移动视频媒体以影像呈现区域文化，建构其直观而丰富的媒介形象；区域文化赋予媒体内涵和定位，打造综合本地功能的社区化移动视频媒体。移动视频媒体为区域文化传播刻印时尚标记，区域文化为移动视频媒体带来文化身份的归属，二者在共同的社交化平台上共建移动视频应用社区，实现互补与共赢。

新的媒介环境下，区域文化的发展迎来了新的契机和挑战。原有以宣传部门和传统媒体为传播主体的自上而下的文化传播逐渐演变为传统媒体和新媒体联合作战、即时互动、多形态多样貌的文化传播。同时，青年学子在文化建设中的作用日益凸显，其对移动视频媒体有天然的亲近性，因此，关注移动视频并以此为介质进行有效的文化传播，是当下媒介环境下文化传播的顺势而为，是对当下受众接受习惯的充分重视，是区域文化发展的新契机。

第三章

移动视频媒体的媒介特性及其发展现状

从媒介进化的视角考察，移动视频在当下的迅速发展彰显了人类对媒介的主动选择，呈现出鲜明的人性化媒介特性：多维性、广在性和个性化。移动视频融合了之前媒介的特点，实现了人类行走和视听信息传达的平衡，整合了语言文字、图片视频等多种媒介形式的功能，具有明显的多维性。移动视频以移动通信媒体为物理平台，具有低门槛、全覆盖的广在性，使人们的媒介应用进入不受时空限制的日常状态，并在此基础上，从大众媒介向公用媒介更迭，从而在更高层次上达成其广在性。移动视频提供实时的、动态的、场景化的视频信息，以即时的视听参与和互动为基础，弱化了现实时空基于血缘关系、身份地位等社会符号限制，体现出用户对自主传播权的充分掌控和个性化使用。

第一节　移动视频媒体的媒介特性

随着科技的发展，媒介环境随之改变，在移动互联网带宽提速、智能手机以及平板电脑普及的背景下，移动视频发展加快。2012 年上半年，网络视频用户规模继续稳步增长，其中使用手机收看视频的用户超过一亿人。①

　　随着移动互联网的崛起，商业视频网站开始大规模快速发展移动视频。优酷 CEO 古永锵、爱奇艺 CEO 龚宇将 2013 年称为"移动视频商业化元年"，加快布局视频"移动化"战略。截至 2017 年 6 月，中国网络视频用户规模达 5.65 亿，网络视频用户使用率为75.2%。其中，手机视频用户规模为 5.25 亿，手机网络视频使用率为 72.6%。手机屏成为个人网络视频服务中最重要的一屏。② 当下信息的传播呈现出移动化、社交化、视频化、碎片化的显在特征，移动视频逐渐成为人们生活中不可或缺的媒介形式。

　　从媒介进化的视角考察，移动视频具备显著的人性化媒介特征，移动视频在当下的迅速发展彰显了人类对媒介的主动选择。人性化是北美媒介环境学领军人保罗·莱文森（Paul Levinson）批判媒介技术决定论的有力武器，根据莱文森的媒介进化理论，人类有能力控制和理性选择媒介，在媒介技术进化过程中具有主体地位和能动性，媒介进化在人类理性选择作用下推进，沿着人性化的路径不断进化。③ 媒介人性化是媒介进化的内在本质，从这一本质观照，移动视频呈现出鲜明的人性化媒介特性：多维性、广在性和个性化。

---

① 新浪网. CNNIC 第 30 次调查报告：报告摘要［R/OL］. 新浪网，2012 – 07 – 19.

② CNNIC 发布最新报告 中国网民 7.51 亿占全球网民五分之一［EB/OL］. 人民网，2017 – 08 – 07.

③ 〔美〕保罗·莱文森. 莱文森精粹［M］. 何道宽，译. 北京：中国人民大学出版社，2007：282.

一、多维性

在保罗·莱文森的媒介进化理论中，原始媒介技术延伸了时空，摄影术实现了对现实的精准复制，电视媒体则对之前的媒介进行了最大限度的综合，表现出媒介的汇聚趋势，保罗·莱文森由此推论，"汇聚成单一且复杂的技术也许是合作媒介的天性，很可能是一般媒介的天性。这些合成的媒介复制真实世界的能力日益增加，最后成为统一、多面的系统。"① 互联网媒介的发展印证了保罗·莱文森的理论，移动视频更是融合了之前媒介的特点，并进行了补救和延伸，具有明显的多维性，更加符合人类的需求，是典型的补救性媒介。正如保罗·莱文森所言，新媒介往往是对前一种媒介的补救，媒介进化的过程就是一个不断向人性化发展的过程。在这个过程中，媒介的功能在不断集中整合，向着人类的功能和形态发展，越来越具有人类传播的形态。② 移动视频正是整合了语言文字、图片视频等多种媒介形式的功能，并将信息服务延伸到社会生活的方方面面，成为一种多维融合的智能媒介。

整体看来，媒介向促成人类感官平衡、兼顾时空延伸的复合媒介发展，表现出媒介功能的有机聚合，更大程度上体现了媒介的人性化发展趋向。移动视频融合了前媒介的特点和功能，跨越了重重技术屏障、渠道屏障和内容屏障，使得图文视听等多重媒介功能凸

---

① 〔美〕保罗·莱文森. 莱文森精粹［M］. 何道宽，译. 北京：中国人民大学出版社，2007：38.

② 付晓光，田维钢. 未来的媒介产品特性：放进口袋里——美国著名媒介理论家保罗·莱文森谈媒介融合［J］. 视听界，2012（1）.

显，使人类的媒介需求得到空前的满足和实现。莱文森认为，媒介进化方向呈现出更为适合人类感官生理特性的趋势，人类日益探寻那些保持和继续过去的延伸性突破，同时又可获取到曾经丢失的人类传播世界中的自然性要素的媒介。① 移动视频的多媒介性使人们不仅能够享有视听媒介的直观性和传真性，达到视听感官的和谐，符合人类在信息交流中感官平衡的需求，而且能够通过文字标签、图片强化等形式形成多媒体互补的综合效应，在视听冲击中引发情感共鸣，烙印心理记忆，并通过图文的重复强化弥补视听媒介的一过性，减少信息损耗。

多媒介融合之外，移动视频的跨时空伴随使人类从一时一地的时空局限中解放出来，实现了人类行走和视听信息传达的平衡。从某种意义上说，人类发展的历史就是人类的行走能力不断延伸的过程，而信息的传递为了满足人类自身的需要，也不断地在移动中改变。移动智能终端的普及使得移动视频媒体不仅具有视觉、听觉媒体的所有特征，而且兼顾了行走和视听，具备了随身携带、随时互动的伴随性，实现了图文视听兼具、跨时空伴随等多重媒介功能。

正如保罗·莱文森所言，人类有走路说话的需要，交流和移动的需要，这个需要使人有别于其他的动物。② 在历史发展的过程中，人类对移动多维媒介的追求从未停止过。移动视频是融合了多种媒介的新媒介，它的出现，使人类原初的媒介梦想终得完满。媒介倾

---

① 〔美〕保罗·莱文森. 软边缘：信息革命的历史与未来 [M]. 熊澄宇，译. 北京：清华大学出版社，2002：60－61.
② 〔美〕保罗·莱文森. 手机：挡不住的呼唤 [M]. 何道宽，译. 北京：中国人民大学出版社，2004：13.

向于复制前技术世界中的传播模式，移动视频实现了人在运动中综合运用身体各器官进行信息交流的自然状态，通过看、听、说等最原始、最自然的形态达到对无技术制约的前技术环境的回应，更近似于人类的小生境。

移动视频的伴随性跨越了时空分离和视听分离，使人们获得了时空、视听多维并存的自由，可以在移动状态下即时整合碎片时间，跨越时空进行不同场景的陪伴与分享。同时，移动视频的视听伴随性简化了信息获取的路径，降低了信息获取的成本，有助于固化用户的信息消费习惯。移动视频使碎片的时间与碎片的空间都有了视听信息即时到达的可能，人类与移动视频始终相伴，即时回应、一体化共在、碎片化信息传播方式成为生活的常态。

这种碎片化多维伴随符合移动视频的媒介特性，与移动端屏幕大小的设置、带宽技术的限制相关，同时也与人们对碎片化时间空间的利用需求天然契合。碎片化是移动视频的传播形态，其短、平、快的传播方式与人们碎片化的闲暇时间一拍即合，一起触发并满足人们最贴近日常的媒介需求。

二、广在性

现代技术和媒介不是以取代自然能力的方式而是以恢复和延伸自然能力的方式，使人类能够达到自然能力过去不能达到的领域，这是媒介人性化内涵的具体体现之一。[①] 从技术和人类的关系来看，人性化是指让技术和人的关系协调，即让技术的发展围绕人的需求

---

① 陈功.保罗·莱文森的人性化趋势媒介进化理论 [J]. 湖南科技大学学报（社会科学版），2016（1）.

来展开。移动视频与人类的需求息息相关，并且这一需求针对的是最广大人群的最日常生活，即对人类整体生活的覆盖，在此基础上，达成从大众媒介向公用媒介的更迭，从而在更高层次上实现其广在性。

移动视频以移动通信媒体为物理平台，承继了其集网络和信息传播功能于一体的媒介功能，具有低门槛、全覆盖的广在性。当下媒介技术的发展使广大用户覆盖成为可能，移动通信媒体不需要固定设备装机等烦琐程序，开机启用极为便捷。移动网络在大多数地方都可以实现信息联通，移动视频的用户范围广泛，较少受到地域、年龄、文化程度等条件的限制，其覆盖能力远超其他媒体。在城市，移动端设备由 PC 端发展而来，存在从 PC 端向移动端发展的渐进过程；在乡村，大多数用户则跨过了 PC 端，直接进入移动端应用。移动视频作为活跃的社会元素存在于诸多社会场景之中，人手一移动终端的伴随性使用已经成为用户的媒介共识。同时，庞大的用户基数存在强大的市场潜力，移动视频的商业价值亦不可小觑，而良好的市场前景又会促进更多的资本进入，催生视频产品内容及对用户服务的升级迭代，从而形成从广在性出发以广在性收束、用户及内容全覆盖的良性循环。

移动视频的广在性还表现在其典型的日常化、生活化气质。移动网络的普及使局限于一时一地的仪式化媒介行为退后为时代背景，人们的媒介应用进入不受时空限制的日常状态，融入生活的方方面面。在新的媒介环境下，传统的"魔弹论"黯然失色，自主创造内容掌握信息传播的主动权成为人们的普遍追求，移动终端便利的摄录功能使人们把握媒体言说的话语权从文字图像向视频转移，使用影像即时表达的自由在跨越时空的媒介环境中得以实现。移动视频使人们能够对生活随时随地进行全方位的记录和呈现，并在移动网络的便利传播中达成虚拟和现实的对接转换。原本只属于较大屏幕的影像艺术经由移动终端的小屏和日常生活充分融合，艺术与日常生活的边界变得模糊甚至走向消弭，人们的日常生活成为移动视频内容表达的重要主题。这是影像从节日仪式到日常生活的转向，也是从精英视点向平民观照的转向。在移动视频的裂变式传播中，草根大众看似平淡无奇的生活被迅速放大，在庞大的视频流中成为代表性的媒介日常。

从媒介本质来看，用户的广泛性和自主性决定了移动视频公用媒介的特质，移动视频对公属权力的探索意义使其广在性升级为公共意志的传达与覆盖。移动视频的崛起处于媒介的公共拓展与面向阶段，摆脱了大众媒介"点对面"式的垄断结构，进入到"点对点"式的网络互联"原子结构"，具有公用媒介的特质。这一特质"把'大众'从一个混沌的受众整体，化解为大量独立自主的社会个体的集合，从而把以机构媒介为主体的社会利益耦合，逐步转化为人人有份的'公共权力'。"① 移动视频拥有的庞大用户群体正是通过对移动视频的自主、自由使用，呈现生活，表达自我，把握媒体言说的话语权，并通过点对点互动传播实现个体意见的广泛表达，"使得信息传播者与使用者之间的差异性持续缩小，公众意志在更大程度上能够同化和统摄媒介资本的意志，从而产生更广泛意义上的

---

① 周笑，傅丰敏. 从大众媒介到公用媒介：媒体权力的转移与扩张［J］. 新闻与传播研究，2009（5）.

公属权力，由它来引导对人类社会共同价值取向的全面探索。"①

三、个性化

移动视频具有多维性，用户覆盖面大，面向"多"和"众"，同时也是更深入地面向个人，呈现出鲜明的个性化特征。移动视频所体现的整体与个体、共性与个性并行不悖。作为大众媒介向公共媒介的拓展，移动视频有面的引导力，同时，对个体的关注也更为深入，每个用户都是一个鲜活的点。移动视频既具有公用媒介的特质，又同时兼具个人化私用性媒介的特质，其个性化体现了媒介进化的人性化。保罗·莱文森指出："技术的人性化即自然化，尤其是传播媒介的人性化即自然化。"② 自然化不是空泛地表现为对人类媒介需求的整体呼应，而是落实在对每一个体具体需求的满足。

移动视频的个性化首先表现为其用户高度的参与性。大数据的应用使信息筛选与推送成为移动视频的常态，每个用户均可自主设置自己的移动视频界面，并对自己乐于接受的视频推送做出选择。每个用户的移动视频终端都是个人风格和喜好的体现，都是个性化平台支撑下的个人媒介。

作为最贴近的伴随性媒介，移动视频的每个用户均与移动端朝夕相伴，并通过随时随地的互动参与其中。从某种意义上说，互动式传播正是移动视频的典型传播方式，而这种传播方式以即时的视

---

① 周笑，傅丰敏．从大众媒介到公用媒介：媒体权力的转移与扩张［J］．新闻与传播研究，2009（5）．
② 〔美〕保罗·莱文森．思想无羁：技术时代的认识论［M］．何道宽，译．南京：南京大学出版社，2003：121．

听参与和互动为基础，体现出用户对自主传播权的充分掌控和个性化使用。从互动仪式链理论来看，"互动仪式"是一个能让参与者形成共同的关注焦点后，彼此感应到对方情感的过程；通过与他人的社会互动，个体在社会中逐渐呈现自己的形象。① 移动视频的互动正是通过视频参与者的共同关注与情感共鸣构建个体在网络社群的社会形象，而这一社会形象并非虚拟世界的游戏，而是与现实世界互联互通的拓展与延伸。

移动视频终端不仅仅是一个视频接受系统，它代表着一个确定的用户和由此展开的社会关系的链接平台，这一链接实现了公共领域空间与个体化需求之间的连通，从而使得移动视频具有了个人性和自主性，同时也具备了充分的个性化可能。这一个性化的平台又与社交网络密切关联，通过关系的构建达成视频内容的传播，体现人的感知和社交能力在移动互联时代的进一步延伸。

同时，移动视频的视听场景化社交为个性化提供了极大的便利。正如罗伯特·斯考伯（Robert Scoble）在《即将到来的场景时代：移动、传感、数据和未来隐私》中所言，移动设备、社交媒体、大数据、传感器和定位系统是移动互联网的"场景五力"，其所营造的内容场景将帮助每个个体获得前所未有的在场感。② 移动互联时代的场景技术使得连接越来越便捷。移动视频的可定位性使得信源确定，个性化视听信息迅速传递。媒介平台获取移动终端用户的位置信息，跟踪人们的移动轨迹，呼应人们在不同位置的需求，并把它

---

① 陈权. 互动仪式链理论在传播研究中的应用［J］. 新闻世界，2012（10）.
② 〔美〕罗伯特·斯考伯，谢尔·伊斯雷尔. 即将到来的场景时代［M］. 赵乾坤，周宝曜，译. 北京：北京联合出版公司，2014：11.

作为个性化服务的重要依据，向不同位置的人们提供不同的视频信息和服务，在地理信息系统平台的支持下，为用户推送基于位置而开发的个性化内容。

移动视频媒体提供实时的、动态的、场景化的视频信息，提升移动终端的服务质量，促进了用户的个性化信息满足。同时，根据用户需求调整平台的视频生产模式与生产流程，设计合理的平台，提升用户的参与度，促使用户群体自身完成视频内容的不断生产与更新。最符合用户个性化需求的视频内容往往产生于用户自身，这是用户个性表达深度参与的必然，也是移动视频时代媒介生产的良性循环。

从精神层面来看，跨越了时空区隔的移动社群弱化了现实时空基于血缘关系、身份地位等社会符号限制，基于个性化的兴趣爱好、审美价值等得以彰显。在 LBS 定位技术的支撑下，移动视频用户能够迅速连接与自己个性契合的社群，并通过实时在线和移动交互参与线上线下的各种活动，凸显个性的社交自由大幅提升。基于精准地理位置服务的视频标签使个性化表达变得更为便利和新鲜有趣，在尽享本地化服务的同时获得满足感与归属感。

媒介进化的最终目的是使人的欲望和需求得到满足和实现。随着技术的发展，移动视频将突破当下的屏幕制约性，屏幕逐渐扩展，变得更加丰富和多样化，每一处平面都可能成为一块随身而动的屏幕。移动视频不断与新的技术融合，如人脸识别技术的应用将实现个性化设置的便利性，虚拟现实和增强现实技术的加入将大大增强移动视频的在场感和沉浸感，技术的进步使移动视频对之前的媒介功能进行补偿和延伸，保罗·莱文森指出的媒介人性化也将在不断演进的技术迭代中更趋完善。媒介技术的每一次进步都饱含着人类渴望突破自身交流困境的努力，在媒介进化的道路上，移动视频将逐渐实现交流的自由，向人类小生境无限靠近。

第二节　移动视频媒体的发展现状

从整体来看，国外移动视频发展较早，移动短视频应用的涌现加快了移动视频发展布局的步伐。美国的 Viddy 是最早的移动短视频应用。2011 年 4 月 11 日，Viddy 正式发布了其移动短视频社交应用产品，用户能够通过 Viddy 对拍摄短片添加音效、特效美化，最终剪辑成为 30 秒的视频短片。此后 Viddy 与 Facebook、Twitter、YouTube 等社交媒体平台实时对接，使用户之间能够更加便捷地用视频交流分享。

国内移动视频的发展相对较晚。2016 年年初，移动视频 App 集中出现，最先抓住这一潮流的是快手，其用户量在 2016 年 2 月就已经突破了 3 亿人次。同年 9 月，有统计显示，人均流量消耗最高的 App 不是微信，而是短视频应用快手；10 月，新榜公布的头条号自媒体榜单 TOP20，有 13 家已经涉足短视频领域，这说明短视频已经成为自媒体大号的标配。目前，国内不少移动短视频社交应用已显示出巨大潜力，秒拍、美拍、小影、小咖秀、快手等移动短视频社交应用火爆，优酷、爱奇艺、搜狐、PPTV、PPS 等均已经完成针对移动互联网的客户端布局。

据 Analysys 易观相关数据显示，2017 年第 3 季度移动全网短视频平台根据用户渗透率分为三个梯队。第一梯队：秒拍、快手、西瓜、美拍；第二梯队：土豆、火山、抖音、凤凰；第三梯队：小影、快视频。① 从视频网站到移动视频平台，体现出年轻用户媒介使用的变迁。尤其是进入 2017 年，移动视频快速崛起，迅速抢占了年轻人的手机屏幕；2018 年，国内移动视频的发展已经构成生产传播完整链条，相关产业已从资本追逐、野蛮生长的爆发期逐步进入精耕细作的发展阶段。

一、发展迅速，全面布局

随着 4G 网络的覆盖和移动终端的普及，人人参与创作的后视频时代已然到来。在微博、微信、QQ 空间、小咖秀、秒拍、美拍、快手等平台上，移动视频海量涌现，其中 UGC 视频是主体，但由于媒介素养普遍偏低，其多为小圈子的自娱自乐，社会影响力不足，目前真正能够产生持久影响力、具有媒体性质的移动视频仍然是 PGC，而综合了 UGC 的迅速增量和 PGC 的稳定品质的 PUGC 乃是趋势所在。传统媒体人融入，新生代媒体人加盟，移动视频媒体正在开疆扩土迅速生长。

随着媒介融合的深入，移动视频业高速成长，迅速吸引了资本的介入。阿里巴巴投入 56 亿美元收购合一集团，优土完成私有化；B 站、米未传媒、即刻视频、一条完成新一轮融资；芒果 TV 完成 B 轮融资，估值 135 亿；papi 酱获得 1200 万人民币融资，估值 1.2 亿，其第一次视频贴片广告，以 2200 万成功拍卖；陈翔六点半获得 BAI

---

① 易观：2017 年 Q3 中国短视频市场季度盘点分析［EB/OL］. 199IT，2017 – 12 – 10.

（贝塔斯曼亚洲投资基金）千万级 A 轮投资……视频内容创业者正以较高的估值获得资本的青睐，内容平台、创投资本、内容创业者、推广客户共同推动移动视频行业达到前所未有的热度。2016 年 5 月下旬，东方早报社长邱兵宣布辞职，投身短视频内容创业。邱兵所在的创业团队获得了华人文化产业基金高达 5 亿元人民币的投资。

移动视频媒体大部分采用多平台播出的形式传播，以迅速形成席卷全网的传播风潮。App 作为一种需占用移动端储存空间的排他性竞争平台，多为实力雄厚、有行业积淀的视频网站投放，如爱奇艺、优酷土豆、芒果 TV、B 站等，零起点 App 因缺少较高的知名度和公信力很难完成大范围推广，如半部喜剧先是做自己的 App，后来改为多平台投放，专注做内容，逐渐积累行业吸引力，2015 年成功入选"移动视频十佳创作机构"。大多数移动视频媒体仅借助已有平台播放，在增强平台内容的同时，形成自我品牌影响力。作为国内移动互联网领域成长最快的 App——今日头条被归类于传统的移动新闻客户端，在取得了爆发式的增长之后，今日头条以更大的力度投入短视频平台建设。据今日头条大数据报告显示，短视频已经超过图文和组图，成为今日头条上最大的内容形态，每日头条视频产生 10 亿次播放量，播放时长达 2800 万小时，同时每天逾 3 万支优质视频被上传，今日头条已经成为国内最大的短视频平台。在 9 月 20 日举行的 2016 头条号创作者大会上，今日头条宣布，未来一年内将投入不少于 10 亿元扶持短视频创作者，对支持更多中小创作者入局、促进短视频创作繁荣具有重要意义。

在内容和平台的合作上，由新京报和腾讯合资成立的独立公司来制作运营的"我们视频"更为深入。平台分担成本和分享利润，这是一种更合理的合作伙伴关系。腾讯需要高质量的新闻视频内容，新京报也需要利用互联网平台进行传播；新京报有专业的新闻生产队伍，腾讯有传播平台和技术能力，二者形成互补。内容制作者减轻了经济压力，可以专心做好内容，"只做新闻，不做其他"，实践"追求新闻的专业主义和视频的专业质量"的理念，向成为中国最好的移动端视频新闻生产者的目标迈进。新京报与腾讯的强强联手，给"我们视频"带来了内容质量与渠道的双重保证。"我们视频"上线一个月在腾讯视频上的累计播放量已经超过 5000 万次。

在地域分布上，由于一线城市拥有广泛的文化资源与较多的商业机会，北上广聚集了较多的移动视频媒体，尤其是作为"帝都"的北京，更是文化产业的优先之选。而在其他区域，则显得相对稀疏和零星。如陈翔六点半在云南昆明发展，坏才刘科学执着于山东日照的本土方言，二更、梨视频等则以更为开放的心态多方合作、全面布局。经过大数据分析，二更开通城市站，把"二更"的品牌铺向全国。"更杭州""更北京""更成都""更上海"及首个行业站"更财经"陆续上线。二更致力于做中国新媒体视频领域的倡导者，以传统视频制作联合新媒体运营思路，以期成为一家专注移动端视频创作和运营的平台级公司。在这一发展思路的引导下，二更发起了全国高校导演扶持计划，建立新媒体视频联盟，面向全国高校招募、吸纳、扶持导演人才。同时，二更与全国 100 多个优秀视频制作团队紧密合作，展开"二更伙伴"计划。二更伙伴计划面向专业内容制作者和运营者，提供从内容展示到最终商业分成的强大平台支持，扶植和推动互联网时代专业出品内容的全面健康发展，以建立一个包含内容方、广告主和用户在内的可循环的完善生态。二更伙伴不局限于传统的制作雇佣关系，二更向伙伴团队提供品牌支撑和全网推广渠道，并与其交流和分享内容制作的成熟经验，与合作伙伴在商务拓展、联合运营、活动推广等更多层面进行深入合作，为各地视频制作团队提供全方位综合服务解决方案。

相比二更的品牌铺展，梨视频以配合全球拍客网络的 PUGC 布局重新对内容创业者进行了定义。经过初期"矩阵式"的资讯内容测试，梨视频搭建起了适合自己的渠道和平台，形成了全新的拍客体系，显示了众包化生产的力量。梨视频内容生产创新的核心模式是专业的编辑团队 + 全球拍客网络。全球拍客包括草根拍客、专业拍客、机构拍客与垂直拍客，保证了海量的资讯视频来源。专业的编辑团队则在真伪识别、专业加工、价值观把握上做好把关。在 2017 年中国应用新闻传播论坛上，中国新闻史学会应用新闻传播学研究会发布了"2017 中国应用新闻传播十大创新案例"，梨视频与人民日报社新媒体中心、新华网、上海发布、新京报"我们视频"等十家机构同时入选。其推荐理由是：通过短视频的众包化生产，梨视频一年来的实践不仅彰显了"算法时代"内容生产的价值回归，也探索出了 PGC 融合 UGC 向 PUGC 模式转化的新路径。转型后的梨视频专注于年轻一代的情感与生活，继续用讲故事的方式传递中国声音。[①]

二、传统媒体持续发力

媒介融合背景下，传统媒体持续发力，展开多媒介多渠道的融

---

① 对话张志安：2017 中国最懂应用传播的十佳媒体好在哪？［EB/OL］．搜狐网，2017 – 10 – 30.

合和转型，以期打造手段先进、具有竞争力的新型主流媒体。早在2014"融合元年"之前，人民日报社便以创新的姿态，率先向新媒体进军，紧盯科技前沿，瞄准关键环节，孵化核心技术，不断激发内生动力，以新技术促进报道新呈现，引领传播新业态，带来用户新体验。VR、无人机、视频直播、大数据……以新技术新应用为动力，人民日报社的"融发展"，努力适应用户阅听场景新转换，适应移动传播社交化、个性化、视频化新趋势，打造出一批让用户自发转发、自主传播的有品质、有特色、有影响的新产品。在技术驱动下，人民日报客户端已具备相对完善的移动视频直播能力。2015年"9·3"阅兵，人民日报社首次尝试运用 VR 技术，对阅兵盛况进行全景直播，网友纷纷点赞。习近平总书记访美，中央厨房推出英语短视频《谁是习大大》（*Who is Xi Dada*），以 15 个国家的留学生的视角讲述他们眼中的习主席，一时在海内外舆论中形成中国热，为出访营造了良好氛围。从 300 万订报读者到 3.5 亿全媒体覆盖用户，裂变式增长见证了人民日报社融合发展的不断突破。2016 年 8 月 22 日，在 2016 媒体融合发展论坛开幕式上，人民日报媒体技术股份有限公司联合腾讯云共同发布了我国首个媒体融合云服务平台——中国媒体融合云，意在为媒体融合发展消除技术瓶颈，媒体融合开启新纪元。

　　相比之下，地方媒体在媒介融合上取得的成绩相对逊色。纸媒大多以客户端的形式进行新媒体运营，定位是移动端的图文媒体，对移动视频尝试者寥寥。电视台多借助已有平台进行推广，如以微博微信的形式开设公号，视频本身多是电视台原有节目的分切平移，针对移动端自制视频节目的电视台较少，对符合受众移动端接受环境和接受习惯的移动视频重视不足。相比较而言，芒果 TV 是其中的佼佼者。作为湖南广播电视台旗下唯一的互联网视频供应平台，芒果 TV 由湖南快乐阳光互动娱乐传媒有限公司负责具体运营，以视听互动为核心，融网络特色与电视特色于一体，面向计算机、手机、平板电脑、电视机，实现"多屏合一"独播，凭借着湖南广电丰富优质的制作与传播资源，以"内容驱动，移动为先"为战略布局，全面推动芒果独播优势，积极开展自制内容运营。芒果视频移动端正获得越来越多年轻用户的喜爱。

除传统媒体机构本身的移动视频市场发掘之外，传统媒体人也纷纷以个人的身份加入媒介融合和转型的时代洪流。2013 年，时任青年时报社副社长的丁丰辞职，开始做"二更"；同年，《外滩画报》总编辑徐沪生离职，第二年推出"一条"；2014 年，蓝狮子出版总编辑王留全辞职，创办互联网出版公司"赞赏"，之后二次创业开始做"即刻视频"；也是在 2014 年，担任过《时尚先生》专题编辑、《独唱团》执行主编的马一木推出"短裤视频"；2015 年，《三联生活周刊》副主编苗炜离职，着手创办"拇指英雄"；2016 年 5 月，东方早报社长邱兵宣布从澎湃辞职开始做短视频创业……传媒媒体人敏锐地感知到了移动视频的发展前景，他们对移动视频的投入成为媒介融合中一道亮丽的风景。同时，相关专业的高校在校生也以准媒体人的身份加入移动视频的内容制作，其中涌现出 papi 酱、小 V 石俊飞等知名 IP。

三、娱乐为主流，直播成为风口

在题材内容上，搞笑视频占主流。SO 问题来了、半部喜剧、小

V石俊飞、坏才刘科学、陈翔六点半等均以搞笑生活视频为主打；艾克里里侧重于自毁自黑带来的笑点与反差；papi酱依托自己的专业背景，精心设置选题，以极其接地气的草根气质叙事，直接满足年轻群体对娱乐视频的需求；淮秀帮、胥渡吧等创意配音视频则以生活热点或时事为切入点，对现有视频进行重新配音剪辑，在吐槽的同时引发共鸣。一条以独特的人文气质和精美的杂志化视频，覆盖了生活、潮流、文艺等九个领域，迅速成为高端潮流生活方式的提供者和引导者。即刻定位为"基于移动端的知识类短视频"，用视频解释生活、商业、新知，其视频强调视频本身的长效品质，如《使馆主厨》系列、《真味法国》系列均以高端美食及精致生活与技能引发受众追随。相比之下，二更则以中端定位，并以平台的铺展吸纳更多的伙伴和粉丝加入。同时，垂直类视频初见起色：B站以二次元为主调；飞碟说对各种热点知识进行视频化科普解说；微在涨姿势致力于日常生活技能教学，生产各种神技能；星座不求人则从星座切入，以星座漫画MV的形式打造原创星座漫画品牌，以动漫IP、视频内容制作为核心，透过漫画内容和视频内容逐渐渗透动漫形象的人物特点和IP知名度。

在体裁类型上，依托于个人表演的脱口秀、由少数演员出演的剧情短片以及泛纪实类短片占据主要份额。对具有表演天赋的个人媒体（自媒体）来说，几无设备限制、不借助复杂剪辑、不需要太多团队配合甚至一人即能完成的脱口秀是发掘个人潜质的最好选择，但同时，也存在个人知识储备和节目资源有限、可能后继乏力的发展危机。剧情短片尤其是搞笑类剧情短片的盛行，一方面是当下巨大社会压力之下受众放松身心的刚需，能够让观看者通过碎片化的收看开心一笑；另一方面，和剧情短片对剧本要求、场景设置、人物表演、拍摄技术等方面要求均门槛较低有极大关系。泛纪实类短片则多以人物讲述或现场示范的形式切入，着力放大真实的魅力，引领受众认同某一公益理想、商品品牌或学习某种知识技能。

随着 4G 网络的便利、视频技术的升级，"随时、随地、碎片化"看直播成为可能，直播被称为移动视频发展的又一风口，成为日益重要的内容形态。2016 年被称为"中国网络直播元年"，各类移动视频直播应用发展火热。腾讯和网易等拥有丰富资源的媒体，多采取视频 + 直播的双线作战模式。2016 年 8 月，网易高调发布"天网计划"进军泛资讯直播，从自制和 PGC 两个维度发力直播，并将之升级为平台战略。腾讯新闻 App 中，直播拥有与新闻、推荐并列的一级入口，旗下个性化资讯客户端天天快报中直播则与视频并列存在。腾讯对直播投入专业团队策划了重量级内容，如《一个女孩的车站》《天宫二号发射》等节目都给人留下了深刻印象，这些节目是专业团队精心策划，且投入巨资、充分准备而创作的。

今日头条基于数据挖掘，为用户推荐有价值的、个性化的信息，提供连接人与信息的新型服务，上线以来，取得了爆发式的增长。2016 年，今日头条的流量已经超过除腾讯新闻客户端外其余新闻客户端产品的总和。7 月 27 日，"今日头条"宣布要给国内的所有媒体机构提供完整的移动视频直播解决方案，已经入驻今日头条头条号平台的 2000 余家媒体，将马上可以开启视频直播，并透过今日头条的精准分发，找到对直播感兴趣的用户。

与腾讯、网易、今日头条等提供媒体资讯的直播相比，娱乐在全民直播的风潮中占有压倒性的比重。资本热浪助力直播升温，直播品类及受众不断扩充，用户消费习惯的养成和移动支付的普及催熟了直播盈利模式，同时，由于用户需求升级换代，高互动性、强社交性的直播成为新型娱乐主流，所谓的秀场直播、游戏直播和泛娱乐直播的分类不过是娱乐风潮的三个不同的代名词。移动端手机直播行业正迅速形成"百播争鸣"之势。从早期的秀场直播、游戏直播，再到现在的泛娱乐全民直播，人们丰富的生活内容借助视频直播大量呈现出来。2016 年网络直播市场迎来了真正的爆发期，手机视频直播成为视频秀场的新兴市场，以映客直播、花椒直播为代表的移动端直播 App 迅速崛起。

四、政治类视频大放异彩

在各类视频中，政治类视频是一个独特的存在，显现了强大的政治传播能力。国外运用视频进行政治宣传与舆论引导的做法较为普遍，成功案例比比皆是。2008 年美国总统大选期间，各竞选人均以 YouTube 等视频网站作为舆论要地，除竞选人的演讲视频外，由一系列明星出镜演唱、同时糅合了奥巴马演讲画面的 *Yes We Can* 影响巨大流传广泛，它所宣扬的美国精神"Yes We Can"甚至受到了许多非美国受众的追捧。国内也有以视频推动政治传播的经典案例。2012 年北京"7·21"特大暴雨事件中涌现了许多感人事迹，随后北京网络媒体协会和新浪网共同推出了十集系列微电影《大雨》，根据大雨中发生的真实事件拍摄了十个独立的故事：面对大自然突袭而来的困境，主人公用自己的行动诠释了"北京精神"。系列微电影上线后，引发了人们的广泛关注和分享，"北京精神"以具象的形式再次在影像中温暖了人们淋湿的心。2014 年 11 月 18 日，《习大大爱着彭麻麻》被上传到腾讯视频,一周点击破亿,"生动、活泼、颠覆式的表现手法固然是其流行的必要条件,但神曲背后通过'爱'所传递的家国情怀,才是引发无数人共鸣的根本原因",显示了"当前草根的自信与理性。"① 草根式的故事讲述和普世的家国情怀结合,歌曲创作者并不刻意关注政治,却在无意中以一首"爱情歌曲"在政治传播中胜出。

在媒介融合背景下,政治视频的制作与传播由自发走向自觉,且经由移动视频媒体其影响力倍增。内蒙古电视台与人民网合作的电视理论宣讲节目《开卷有理》,第一季《马克思靠谱》的主题曲《马克思是个九零后》让马克思摇身变成了 RAP 主角,在"90 后"和"00 后"中广为传唱。中央电视台庆祝建党 95 周年制作的主题公益短片《我是谁》,在一分多钟的时间内,以温暖朴实的镜头展现了六位平凡的党员代表,其中有医生,有教师,有环卫工,也有交警。他们在平凡的岗位上兢兢业业、尽职尽责、默默奉献,表现出一个平凡党员的不平凡,传递出"我是中国共产党,我一直就在你身边"的理念。网友纷纷表示,被我党的第一次广告圈粉了。颇具神秘色彩的"复兴路上工作室",2013 年先后推出了《领导人是怎样炼成的》、中共宣传片《中国共产党与你一起在路上》等短视频。2015 年 4 月连续推出"跟着习大大走"之博鳌篇、万隆篇、巴基斯坦篇,以多元的形式和风格讲述中国故事,传播中国声音,凭借轻松、温馨的叙事,获得网友点赞。随着国家"十三五"规划的展开,2015 年 10 月,"复兴路上工作室"适时推出了《十三五之歌》,以

---

① 习大大爱着彭麻麻:"神曲"背后的家国情怀［EB/OL］. 新华网,2014 - 11 - 26.

"民谣加拼贴画"的方式唱出"十三五"，画面立体，配乐欢快，歌词浅白，被誉为"魔性神曲""年轻人的红歌"。发布 5 小时后，短片点击量已破 500 万。短短 3 分钟的片长，"十三五"唱出了 28 次之多，画面也以多种形式反复出现"13·5"字样，一次次加深受众对"十三五"的印象。作为对外宣传的政治短片，《十三五之歌》符合西方的语言和表达习惯，非常接地气，以轻松、欢快的方式呈现"十三五"，在充满亲和力的氛围中传唱，引起外界对中国"十三五"规划的关注与兴趣，形成喜闻乐见的中国 style。

2017 年"两会"期间，央视网、人民网、新华网、央广网、光明网、中国日报、人民日报等主流媒体推出的时政微视频多达数百条。新华网的《习近平关心的六件事》系列微视频，将垃圾回收等热门时政话题网络化、视听化，揉进"二次元"的"鬼畜"元素，不断进行重复、放大和插接，色调鲜明、节奏欢快，深受年轻人喜爱。《中国日报》的系列微视频《艾瑞克跑"两会"》通过外国记者之口，结合"两会"发展的历史为国外用户解释"提案与议案"等"两会"热词。《人民日报》推出《当民法总则遇上哪吒》、CGTN 推出的《三分钟让你看懂中国反腐》等微视频则别出心裁地运用 flash 等技术方式，将图片、GIF 动图、剪贴画、数据图表等进行整合，以动画形式呈现不同的视频风格，获得了较高点击量。

2017 年 3 月 18 日晚，中央电视台制作的时政微视频《初心》通过央视新闻客户端发布，并迅速在各网络平台传播开来。该视频以小切口展示大主题，由央视新闻中心以制作重大题材的规格全力投入制作，也是央视第一次将党和国家最高领导人的人物专题片首发从传统电视端移至新媒体平台。央视充分考虑到了微视频碎片化传播的新媒体属性和移动端用户的收视习惯，每集片长不超过8分钟，不加一句画外音，全部采用习近平总书记的自述和历史见证者的回忆，亲切可感，引人入胜。24小时内，该视频点击量即突破4亿，成为一部"现象级"作品。

移动视频解放了视频用户的空间限制，随着相关技术的完善，移动视频的需求呈爆发式增长，与此相呼应，移动视频媒体在吸引资本投入的同时，其自身也获得了长足的发展。传统媒体和新媒体纷纷抢占多视频平台，共同打造移动视频生态。移动视频媒体以搞笑视频为主流，逐渐向知识传播和生活技能着力。整体看来，移动视频媒体与区域文化传播的结合较为零星，尚在起步阶段，泛纪实类短视频显露出较多的对社会文化的关注，但和文化直接相关的移动视频媒体较少。如一条虽然以原生广告为主打，但同时也表现出对生活美学、餐饮文化的关注，二更的城市站从各方面展示了城市的风采，对地方文化的传播举足轻重。毕竟，从资本运营的角度看，文化内容传播变现的难度较大，大众目前的娱乐需求更为突出。出于发展的考虑，对文化传播的投入必定以经济利益为前提，这也是移动视频媒体关注区域文化甚少的根本原因之所在。文化公司对区域文化的关注往往以经济收益相考量，只有政府专项资金或社会文化资本的大量注入才可能形成二者的紧密结合；同时，高校相关专业准媒体人易于激起创作意愿，涉及人群较广且所需资金较少，其移动视频媒体实践有较多的和区域文化结合的可行性。社会文化团体发起合作＋少量政府文化基金扶助＋奖项证书等精神鼓励，基本上可以达成高校移动视频实践与区域文化合作的目标。随着移动视频媒体的成熟和用户媒介素养的提升，二者有望达成更多的共同协作。

第三节　移动视频媒体典型案例分析

整体上看，移动视频媒体近年有量的放大和增长，但质的提升仍在徘徊。选择以"一条""陈翔六点半""即刻视频""papi 酱""冬呱视频"作为典型案例进行分析，主要考虑了题材和体裁的区分，以及质的可取性。其中，一条以原生广告引入生活美学，成为高端生活方式的引领者；陈翔六点半以搞笑生活短视频为主打，输出轻松愉悦的剧情短片；即刻视频以生活、商业、新知为号召，着力知识传播，打造视频版的维基百科；papi 酱则以单枪匹马闯入，专业知识加个人秀，成为不可复制的网红传播；冬呱视频作为典型的媒介融合催生的产物，享有多数体制内融媒项目并不具备的利好政策。以上移动视频媒体均有明晰的媒体定位和传播目标，发展势头强劲，对媒介与社会的深层文化互动及移动视频文化价值传播的途径，有现实的探究意义。

一、一条

一条，2014 年 9 月 8 日开办微信公众号，同时开设优酷、土豆、搜狐视频、爱奇艺等平台的自频道，以及新浪微博、豆瓣小站。以"所有未在美中度过的日子，都是被浪费了"为口号，每天向读者推送一条原创短视频，其内容涉及生活、潮流、艺术，多以人物自述的方式展开故事。其目标受众主要为 18 至 38 岁、具有良好教育程度、注重城市生活质量的主流时尚群体。一条以其独特的人文气质成为高端潮流生活方式的提供者和引导者。

1. 吸粉神话

一条上线后，迅速发展为最有影响力的微信公众号之一，创造了上线两周订阅者即突破百万的吸粉神话。而在此之前，在微信公众号野蛮生长的黄金时期，罗辑思维尚且用了一年的时间才攀至百万粉丝。

一条创始人徐沪生原为《上海壹周》《外滩画报》总编，有较为广泛的人脉资源。一条在创立之前即已吸引了千万级的投资，广点通投放的受众扩散和意见领袖转发形成的影响力使其推广效果立竿见影，生活、潮流、文艺等九个领域的累计叠加，用户基数很大，覆盖了整个"Lifestyle"领域。2014 年 9 月初，在一条微信号正式投放之前，预告消息即吸引粉丝破千；正式上线第一天，粉丝即破一万。

除具体的运营推广之外，一条提供的优质视频内容是其冲击微信红海的核心优势。优质视频内容制作在技术、设备、资金上的高门槛使其相对稀缺，一条推送的高端生活内容使其在以图文为主的微信公众号中脱颖而出。

在信息获取极其便利的移动互联时代，信息泛滥，时间成为稀缺资源，精品信息变得尤为重要。而在社交媒体上，人们总是倾向于把自己构建为理想中的形象，一条的视频内容定位于境界和品位，暗示阅读者转发即为个人品位的传播。"一条"成为风潮，正因如此。

2. 杂志化视频

一条创始人徐沪生从传统媒体转型而来，一条也因此带有明显的传统媒体印记。在创立之初，一条在众多的流行视频中跋涉寻觅，最终确定了其最为擅长的杂志化的视频风格，也成为其区别于其他视频节目的自身特点。从某种意义上说，一条是一个视频的时尚杂志集团，旗下有女性时尚杂志、男性时尚杂志、美食杂志、旅行杂志、汽车杂志等，以周播、双周播的方式，在移动互联网上播出。

一条分为多个栏目，接近杂志的设定。每个栏目或为周播，或为双周播。虽然一条整体节奏为日播，但从栏目结构来看依然是周播节目。栏目选题来自 Lifestyle 里的各类达人，以及广告客户的创意合作业务。这些栏目由徐沪生统一掌控和微调，保持着统一的风格，这正是典型的杂志模式，在栏目把控上，徐沪生仍然是"总编"。

一条更偏向于"精品主义"和"小资情调"，选题多以中产阶级的人物为主角，表现其特定的某一类生活方式，定位高端，不做幽默的段子，也不做接地气的 UGC。徐沪生用平面媒体的思维方式来处理视频，内容上干净简洁，调性上把握文化品位。镜头缓慢移动，趋于静态，骨子里透着从容和优雅。多用特写镜头和不平衡构图，以洁净的布景与摆设做背景，在舒缓的音乐中讲述人物故事和生活美学。

一条的杂志思维，不仅仅是审美、品质，也包括流程管理、团队管理、市场和营销。一条借助传统媒体的周刊运营经验，大大提高了工作效率。21 个人的团队分成五六个小组，精心打磨，每个团队基本上要花两三天时间打磨一条 3 分钟视频。视频制作精细，剪辑的片比有时甚至高过《中国好声音》。成片为 3 分钟的《做一碗上海最鲜美的虾肉小馄饨》的拍摄素材长达 13 小时，片比高达 260∶1。一条微信的设计稿，由徐沪生和运营团队一起打造，前后修改了上百稿之多。充分利用微信不多的排版功能，力求在百万级的微信公众号里做得最漂亮。他们考虑到每一个细节，以手机屏幕的亮对细节的展示化解手机屏幕的小。以做杂志的标准自我要求，不做一次性消费的粗糙产品。他们深信在方寸之地，更需要精细设计。

3. 专注做内容

一条拥有数百万的粉丝和极好的口碑，但不做 App，不做社群，只专注于做视频内容。保持统一的风格和水准，是"一条"的核心优势。

徐沪生对视频的关注来自在《外滩画报》的工作经验：每年要采访 500 名左右的知名人士；人人都希望可以做视频，而以图文方式传播奢侈品和高端生活会被很快被淹没，视频则能以全方位的视听体验达到精致传播的要求。

在移动互联网视频中，一条专注于生活类视频。包括生活（美食、酒店、汽车、小店美物等）、潮流（女性时尚、男性时尚、美容）、文艺（建筑、摄影、艺术等）。一条致力于以精致的视频内容推动中国生活美学的升级。制作团队精心打磨每一条视频，为受众塑造一群对生活有所追求的生活美学家，呈现时尚和文化的品位。其所执着的，仍然是一直擅长的文化与时尚，只不过现在用短视频的方式来表达。

一条对内容的专注得到了普遍的认可。《做一碗上海最鲜美的虾肉小馄饨》只花了 3 天的时间，阅读量就达到了 5 万多。片中，上海淡然工作室的总监管家用极致娴熟的手法，做了一碗老少咸宜的虾肉小馄饨，让人馋涎欲滴。一碗市井的小馄饨，在精致的器皿、细腻的手法和挑剔的镜头下呈现出"五星级私人厨房"的水准。

徐沪生在传统媒体工作时在广告客户上有相当的前期累积，一条的内容多为某一品牌的软性推广。从根本上看，一条主要是一种新的广告形式，也因此，一条的视频内容本身就是一种变现。2017年4月20日，中国首个新媒体短视频奖项"金秒奖"第一季度颁奖，一条获得"最具商业价值短视频品牌"。未来，一条的主要商业模式，仍然是和高端品牌客户一起打造共有的节目而非广告，打造一个属于双方的可以长期持有的平台。例如，和一个高级越野车品牌一起打造移动互联网上最好的自驾游节目，和一个高级化妆品集团一起打造移动互联网上最好的美妆节目等等。

二、陈翔六点半

"陈翔六点半"，是以陈翔为核心主创的云南爆笑江湖文化传播有限公司打造的生活题材搞笑短视频，以每天一更的速度持续推出一分钟左右的喜剧短片。2014年在腾讯微视上线，目前，在QQ空间、小咖秀、秒拍、美拍、快手、微博、微信等42个平台上播放，全网的粉丝量已经超过2000万，每月累积播放量达十亿次，成为全网播放量最大的短视频项目。

2016年1月，在由秒拍和小咖秀主办的"移动视频风云盛典"中，"陈翔六点半"获"最佳导演"和"移动视频十佳创作机构"两项大奖。2016年6月，在由微博和荣耀联合主办的2016微博红人节上，获得"微博十大影响力视频栏目奖"。2016年7月，获得BAI

（贝塔斯曼亚洲投资基金）千万级 A 轮投资。

1. 移动视频段子手

"陈翔六点半"号召"让快乐为你加速"，倡导一种快乐至上的网络生活方式。其作品素材主要源于生活和经典段子，集中反映网络文化的戏谑精神，和受众极为贴近，因此可以瞬间戳中受众笑点，营造轻松愉悦的氛围，让受众在最短的时间内通过最方便的移动互联网平台释放生活的压力。

与传统意义上的情景喜剧不同，"陈翔六点半"没有固定演员和固定角色，场景灵活，服装简陋，场景和服装的槽点同时成为视频笑点的依托，简易背景下演员煞有介事的表演使笑点表现得淋漓尽致，有一种很强的"屌丝"文化气息。从内容上看，"陈翔六点半"着力展示小人物的百味人生，叙事多为反转模式，通过一到两个简单情节快速托出笑点，符合移动端受众碎片化的时间需求，可视为移动视频段子手。

2016 年 5 月起，"陈翔六点半"在部分剧集中加入了哲理、情感和悬疑的相关内容，希望由段子手出发逐渐构建自身的价值体系。陈翔认为让"内容产品"成为"IP"的是"价值观"，从现在零散的内容中找寻热点，可以串联成一个"有价值观的故事体系"。未来更具情节性的"陈翔六点半"会向网剧、网络大电影，甚至院线电影方向演进。同时，"陈翔六点半"将成为一个网红孵化平台，将剧中的高人气演员孵化成网红，协助他们在"陈翔六点半"之外打造独立的账号，还可能有以动漫和多类人物为主线的产品化、商业化运营。

目前，陈翔已经构建了一个由《陈翔六点半》《六点半日记》

《六点半变变》三档节目组成的六点半家族体系，视频结尾的"咻咻咻咻咻咻，duang～"成为六点团队的烙印性声音标记，这也是团队在刻意塑造、强化其品牌。

2. QQ 空间发力

"陈翔六点半"在多个视频平台播放，广受受众好评与转发，其中 QQ 空间呈现爆发式增长，单条视频浏览量过亿，三个月获取 400 万粉丝。

在内容创业多平台分发的情况下，视频内容创业者大多将注意力放在微博、微信以及各大视频门户，对于 QQ 空间关注甚少，因为 QQ 空间用户低龄化的特点容易使人忽略其强大的传播潜力。但低龄用户心智单纯、更愿分享，媒介使用习惯更适宜于兴趣内容的传播。在腾讯官方发布的 2016 年 Q1 财报中，对于 QQ 空间在智能终端月活增长的解释是，受益于照片编辑及视频浏览等功能的增强。QQ 低龄用户被称为"网生代""屏一代""网络原住民"，他们对于视频具有更高的接受度。

"陈翔六点半"的视频风格与 QQ 空间用户群天然契合。"陈翔六点半"的生活题材短视频用一分钟左右的片长讲述一个有笑点、有槽点、有剧情的小故事，贴近生活，没有理解门槛。QQ 空间低龄用户知识储备和社会经验有限，对这种具有天然亲和力的视频几乎没有抵抗力。当二者相遇，自然被激发出极强的传播能力。

3. PGC 制作

毕业于云南大学数字媒体艺术专业的陈翔具备专业功底，在校期间即组建了"六点半"视频团队，名字一直沿用至今。创业前陈翔在云南电视台工作，制作 30 分钟的栏目剧，电视节目的制作经验自然被移植到后来的创作中。虽然"陈翔六点半"是网生的小制作内容，但依然是典型的 PGC 模式。

制作方面，"陈翔六点半"形成了一套标准的制作流程。编剧组首先根据网络段子和热点进行改编创作，集中生产出一批剧本，由导演再次审核后进行集中拍摄和剪辑，经过编排后每天推送一条。一批视频的制作周期是几十天，在此过程中，编剧、导演都会不断地修改和加工创意。为了更加贴近受众需求，增加喜剧色彩，六点半团队建立了粉丝群，收集网友评论，并及时把粉丝建议反映在视频中。

六点半团队视频拍摄采用高清实景拍摄，力求把笑点和实景无缝链接。后期制作则对声音进行特殊处理以区别于传统的影视作品，形成了独特的声音设计风格，同时增加了更多的喜剧色彩。

专业的生产流程保证了内容的稳定输出，执着于内容的专业精神保证了内容的稳定质量。为了使内容制作团队能够更快地成长，陈翔在团队内部执行了"暴风计划"，由公司提供资源、资金和设备支持，让制作团队在完成日常工作之后，可以不受任何限制地自由创作。这一弹性的管理机制释放了创作者对自由创作的渴望，也为持续出产新鲜内容奠定了基础。

BAI 即是由于看好六点半团队有持续发酵能力和观众调动能力而向其投资。BAI 投资总监易多多说："这个团队能够保持持续的内容生产能力，也具备很多商业变现的空间。"

六点半团队对内容的执着追求不仅带来了粉丝的高速增长，也带来了惊人的视频打开率，"陈翔六点半"公众号的打开率在 30%左右，远高于目前业界公认 5%的平均水平。的确，对于短视频创业者来说，只有既具有持续输出优质短视频的能力，又能够在短视频中保持自己的个性，才能做到从单一平台到多平台的发展和延伸。

三、Papi 酱

papi 酱，本名姜逸磊，1987 年 2 月 17 日出生于上海，毕业于中央戏剧学院导演系。2015 年 10 月，papi 酱开始在网上上传原创短视频 。2016 年 2 月凭借变音器发布原创短视频内容而走红。2016 年 3 月，papi 酱获得真格基金、罗辑思维、光源资本和星图资本联合注资 1200 万人民币，估值 1.2 亿人民币。2016 年 4 月 21 日，罗辑思维创始人罗振宇和 papi 酱合伙人杨铭等人决定对其第一次广告进行拍卖，最终以 2200 万卖出。2016 年 1 月初，papi 酱微博粉丝突破 200 万，2 月末，微博粉丝已经有 480 多万，3 月末，其微博粉丝量超过 760 万人。

1. 专业 UGC

papi 酱快速走红，和短视频 UGC 内容井喷的时代契机暗合，但能够从海量的 UGC 视频中脱颖而出，则靠的是 papi 酱的专业水准。移动互联网的发展和智能手机的普及，为 UGC 带来了前所未有的发展良机，但多数 UGC 具备接地气的草根气息，内容却乏善可陈，大多是一己之心一时之意的肆意抒发。与其相比，papi 酱称得上是"专业 UGC"。

中央戏剧学院导演系科班出身的 papi 酱，在视频内容打造上充分显示了其专业功底，选题设计覆盖甚广，同时结合时事热点，在几分钟的短视频内设置诸多贴近年轻用户的槽点，天马行空的调侃和痛快淋漓的嘲讽直指人心，在当下有趣内容并不多见的短视频中特色鲜明。在制作上，papi 酱的短视频绝不是一挥而就的意气之作，短短几分钟视频常要花费数日拍摄、剪辑。同时，papi 酱对视频节奏的把握相当精准，能适时戳中观众笑点，让观众在笑中有泪，并引发观后的思考和回味。

papi 酱的短视频具备 UGC 常见的草根气质，背景画面为随意的生活场景，常有凌乱的家居痕迹。视频人物 papi 酱颇有颜值，但却刻意营造反差萌的大龄女青年谐星形象，各种运动衫、T 恤衫素颜出镜，个性张扬，表演浮夸，与经变音器处理非常夸张的声音极为匹配。视频内容沿袭 "TCgirls 爱吐槽" 的微博账号，有很多戳中年轻人笑点的吐槽视频，让不少网友高呼 "说出了我的心声"，也为papi 酱赢得了更高的人气。她用上海话夹杂英文针砭时弊，并自我调侃地给自己贴上 "贫穷 + 平胸" 的标签，以 "我是 papi 酱，一个集美貌与才华于一身的女子" 的口头禅给人留下崇尚真实、摒弃虚伪、吐槽一切 "装逼" 行为、倡导个体自由的媒体形象，而这也正是新一代网生文化的代表。papi 酱的视频引起了广泛共鸣，她也因此被称为 "短视频女王" "2016 第一网红"。

2. 不可复制的网红

papi 酱从一个中央戏剧学院的研究生到获得 1200 万投资的网红，只用了半年时间。成功融资和广告拍卖之后，papi 酱的名气更是一路飙升。2016 年 7 月 11 日，papi 酱在一直播、美拍、花椒、斗鱼、优酷、百度、熊猫 TV 和今日头条等 8 家平台进行同步直播首秀，8 个平台同时在线峰值达 2000 万。截至 7 月 12 日上午 8 点，累计有 7435.1 万人次观看，获得了 1.13 亿个赞。2016 年 10 月，其微博粉丝已达 2000 万。

四、即刻视频

即刻视频 2015 年 8 月创立，随即获得东方弘道领投、经纬中国跟投的 1300 万天使轮融资。2016 年 1 月 21 日正式上线，除了开设官方微信公众号——即刻 video（Jkvideo）外，还在优酷、爱奇艺、腾讯视频、乐视视频、今日头条、B 站、魔力视频等重要视频平台开设官方频道，在 Facebook、YouTube 等海外网站建立自有账号，确立了全平台发布策略。即刻发布的内容以短视频为主、以文字和音频为辅，这一集成、复合式的知识组合方式可以最大限度地满足受众不同环境下的阅读需要。

1. 以视频传播知识

即刻视频定位为"基于移动端的知识类短视频"，"即刻"的名字即为"短而可及时获取"之意。其 slogan"用视频解释生活、商业、新知"则诠释了即刻视频的思路，以生活切入受众，主打消费升级；做最擅长和最易变现的商业，切入时下圈内热点话题；以新知表达对世界的探索，共享好玩的新科技。即刻以精致的解释性视频提供生活方式、生活美学、商业思考、未知探索等相关高品质内容，兼顾话题、价值与趣味，每天推出一条 3 分钟左右的视频。这与其目标受众"受过一定教育、有汲取知识的欲望，并且注重生活品质的群体"相匹配。

即刻视频的创始人王留全原为蓝狮子出版的总编辑，之后和陈序联合创办了移动端出版平台"赞赏"。作为传统媒体人，王留全对移动视频的切入与自己的出版经历密切相关，他认为二者都是做内容传播知识，传递知识的介质随科技的发展进化为视频。不同的是，出版是把碎片的知识观念编辑成册，系统化为广为接受的传播形态，短视频则是把系统知识解构为碎片并通过短视频的形式推送给海量用户。这一理念，与融合媒介背景下受众的碎片化阅读呼应，为"屏读"一代提供了学习知识的新途径。短视频作为学习的工具性载体，其直观的视听体验符合快节奏碎片化的信息获取需求。移动互联网的普及引发了知识传播方式的新革命，知识类短视频成为一个具有爆发力和发展前景的增量市场，而即刻要成为这个增量市场的领导者。

即刻所做的短视频不注重视频内容的时效性，而强调视频本身的长效品质，超越时间的可反复观看的视频易于形成视频内容的累积，在丰富即刻视频库的同时也为其带来收益可观的长尾价值，甚至成为"视频版的维基百科"。

2. 达人孵化计划

即刻视频注重达人经济，开启了独特的达人孵化计划。即刻视频的每一集故事，主角都是"专家"或是"发烧友"。即刻视频首先挖掘出某个方面的专家达人，并强化其内容生产力，通过视频化充分释放达人们的自我价值，最后借助互联网推送给海量用户。

即刻视频成立之初，以对受众较有亲和力的美食类短视频切入。为与之前的美食类视频相区别，即刻在具体选题上注重品质，以形成高品质的视频品牌定位。即刻以大使馆的主厨为美食达人，拍摄了《使馆主厨》系列美食短视频，充分体现了即刻视频的高品质追求。高品质视频满足了受众的视觉需求，高品质内容保证了受众需要的精致生活与技能。

即刻视频立足于通过内容引领精致生活，发掘各领域的达人成为其内容品质的基本保障。同时，即刻会与达人们共同策划生产，并通过线下活动等实现多层次的推广。即刻视频的目标之一就是做众多达人的孵化平台，以放大达人们的创造力和影响力。通过即刻视频平台团队的深度运营包装，达人形象迅速确立，即刻视频从搭建线上影响力，逐步过渡到线下活动。线上内容带来原生广告收入，线下活动获得相关收益，即刻视频和达人共享商业价值。

3. 系列化

即刻视频的内容大多是以系列的形式出现的，在制作之前策划团队会在小范围内进行调研和查阅市场数据来确定拍摄选题，之后由导演团队生成拍摄脚本，并最终执行拍摄和后期处理，一个系列的生产周期大概是半个月。

即刻视频针对某一领域的知识制作一系列的短片，每个系列都会请该领域的专家达人来亲手实操或演绎传播知识。目前即刻视频已经推出《奇小脸厨房》《真味法国》《各国大使馆主厨美食》等系列专题，以及和网易创业 club 联合推出的顶级投资人采访系列。

即刻视频的系列化通过系列故事讲述丰富内容，有效弥补了移动短视频小体量容量不足的遗憾，同时，系列化视频共同展现了同一主题的全貌。每一帧画面传递的不仅是主题本身，如《真味法国》，每集讲述一道法国菜，带领受众领略法国味道，而回看全集，则会发现一幅寄托在美食中的法兰西历史画卷。

4. 从工具性载体到社区型平台

强调知识型短视频的即刻首先致力于工具性载体的打造，通过视频这一介质传递知识，引领品质生活。在此基础上，即刻视频为达人组建了社区，以增加用户黏性，在沉淀用户的同时更好变现。

在即刻的大社区中，细分了每个达人的小社区。奇小脸系列视频上线后，即刻开放了微信后台，方便用户加入互动社区和达人即时交流，并享受属于社区成员的食材和器具特惠。

即刻视频的受众大多是学历高、见识广、阅历多、有一定层级的人群，这个群体更加重视生活品质的追求和思想上的交流。这也为即刻视频社区型平台的规划提供了很好的受众基础。这样，一个系列的短视频自然成为聚集共同知识需求受众的交流社区，即刻视频也从解构知识、获取信息的工具型载体转型为社区型平台，从以解构知识传递信息为要务的视频版的维基百科自然转换为众多专业达人引领、诸多用户活跃参与的分享经验的垂直短视频内容平台。

五、冬呱视频

冬呱视频是郑州报业集团旗下的一个视听品牌，专注于短视频领域。基于自身内容优势，凭借视频温暖正能量和品质优先的原创方针，开发包括人物访谈、生活美学、商业拍摄、政府宣传及专业定制在内的短视频策划、生产、发布和资源整合等服务。冬呱视频坚持精品化、年轻化、观点化，原创内容带有品牌独特的价值观，其纪实系列以影像打造河南人文形象，见证河南的发展之路。2018年，冬呱视频获得"中国报业深度融合发展视频作品一等奖""金秒奖最佳'三村同行者'公益短片""郑州市五个一工程奖"等奖项。

1. 媒介融合催生短视频生产

作为短视频原创生产者，冬呱视频是典型的媒介融合催生的产物。

随着媒介融合上升为国家战略，移动互联媒体获得前所未有的发展良机，传统媒体与新兴媒体的融合从之前散兵游勇式的自发行为迅速成为大规模高级别的自觉行动。正是在这样的媒介形势下，郑州报业集团将党报、都市报、新闻网站、网络视频、音频、两微一端的采、编、播彻底打通，从体制机制上进行重构，努力推动省会党报集团转型发展、创新发展和融合发展，成为媒体融合的积极探索者。2017年3月2日，继界面箭厂、南方周末南瓜视业、浙报集团浙视频后，郑报集团力推的冬呱视频上线，发布了《豫见北京》的预告片，宣告其正式进军短视频领域。

依托率先完成融媒改革的郑州报业集团，冬呱视频享有多数体制内融媒项目并不具备的利好政策。郑州报业集团给了冬呱视频灵活的体制和机制，并赋予管理层持股的权限，这一突破体制的改革决策显示了集团高层对该视频品牌的看重。此外，冬呱视频的工资结构与报业集团现有体系分开，进行独立核算，整个团队的薪酬与互联网创业公司持平。在良好的政策机制与宽松的选题权限带动下，冬呱视频迅速聚集了一批高水平视频创作者，组建了一支注重优质内容生产与研发的国际化制作团队。上线以来，冬呱视频受邀于包括腾讯、新浪、今日头条等30多家主流互联网平台，建立了长期有效的合作关系，实现了MCN全网分发，拥有稳定的粉丝来源和转化率。加之自身媒体矩阵资源丰沛，分发广、传播快、公信力强，形成了100%覆盖的全媒体平台生态圈。

2. 原创精品视频暖燃人心

冬呱视频坚持温暖正能量和品质优先，内容不涉及新闻领域，不做娱乐化视频，以高品质的精英群体和习惯互动的主流年轻人为目标受众，实现视频内容的年轻化、精品化、观点化，以原创精品视频暖燃人心。

冬呱视频的纪实影像大多以河南人或在河南的外地人为记录对象，关注豫地、豫人、豫事，用好奇的眼光探索世界，发现生活中不一样的美好。"豫见北京"是冬呱视频的第一个系列片，用九集讲述了河南人在北京的故事。道德模范李高峰、名模设计师马艳丽、影视演员王斑、平民影帝李易祥、相声演员岳云鹏等，倾情加盟冬呱视频，敞开心扉向观众讲述他们的喜怒哀乐和奋斗历程，传递河南人的正能量。新颖、时尚的镜头，独特的角度，冬呱视频以大片的即视感打造河南名人的亲切与温暖，引发众多网友关注，全网播放量逾1000万。2018年10月2日，冬呱视频讲述河南"90后"坚守在无人区修铁路的短视频在中央电视台晚间新闻播出；11月13日，讲述淘宝"特云"故事的《不方便的人》一经播出即得到支付宝转发，冬呱视频与阿里的合作也随之展开。冬呱视频以温暖和品质为引领，在公益和商业上取得了双赢。

冬呱视频善于借助热点引领话题，《豫见北京》属于2017全国"两会"人物微访谈，《豫见·特别人物》则是献礼中共十九大的"这五年特别人物"系列，用影像展现爱国新力量，记录中国梦，在不忘初心、砥砺奋进的暖燃万象中，凸显河南力量和郑州模式。2018年5月12日，冬呱视频推出《十年坚守者》，讲述了在汶川坚守十年的河南志愿者董明珠的故事。片子推出之后，引起受众强烈共鸣，全网播放量迅速超过300万，河南省委宣传部和河南省网信办点名表扬，充分肯定了这种兼顾热点和公益、强化河南元素的短视频作品。

精品化要求之外，冬呱视频把新鲜的网络话语注入视频，作品网感十足，如"这里是河南"系列微纪录片，以"一亿人正在创造新精彩"讲述"了不起的家乡"，怀着发现美好的态度，记录新时代的新河南。介绍博物馆志愿者关军的短视频《跨越千年的对话》，微信号以《"你在乾隆面前打手机好吗！"地理老师花样讲解国家宝藏》为题推送，一下子就抓住了受众的心。

未来，冬呱视频将以内容为核心，从视频创作入手，多种创作方式齐头并进，形成多媒体矩阵。冬呱视频即将推出原生 App，搭建短视频平台，构建全新短视频创作、分享的视频共享社区。

第四章

移动视频媒体的生产模式与文本类型

第一节　移动视频媒体的生产模式

移动视频媒体的生产模式从 PC 时代发展而来，大致分为用户自主生产模式、专业化生产模式、专业用户生产模式三种，即 UGC、PGC 和 PUGC。这三种生产模式随着视频媒体的发展而发展变化，有各自的技术支撑和其政治、历史、经济背景，整体呈现螺旋式上升趋势，体现出媒介演进的历史规律。

一、用户自主生产模式

随着受众媒介使用意识的演进，自主地创造内容分享文化、把握媒体言说的话语权成为新一代消费群体的普遍追求。受众转变为用户，他们主动参与媒介使用，迸发出前所未有的主动性。

Web 2.0 时代的论坛、博客、Web 3.0 时代的社交平台、微博，均以提倡个性化为主要特点，用户的媒介生产潜能在此得到了深度开发。同时，电子存储设备容量不断增加而价格不断下降，存储制式趋向标准化，手机性能不断提升，能够实现和其他设备即时共享信息；移动运营商希望吸引更多的用户，开辟新的业务增长点。移动业务空前高涨，人们倾向于用手机记录真实的生活，表达自己的感受。集视听于一体的移动视频媒体与日常生活充分相融，艺术与日常边界的消弭充分满足了受众自我实现的媒介需求，用户自主生产内容成为移动视频媒体的普遍生产模式。

用户自主生产模式一般被称为 UGC，即 User – generated Content，指由用户自主生产内容，并通过互联平台进行展示或者提供给其他用户。"UGC 并不是某一种具体的业务，而是一种用户使用互联网的新方式，即由原来的以下载为主变成下载和上传并重，每个人都可以将自己 DIY 的内容通过互联网平台进行展示或者提供给其他用户。"[1] "OECD（Organization for Economic Co – operation and Development）认为用户生成内容主要包括三个特点：1. UGC 是在网络上发表的；2. UGC 内容是原创的；3. UGC 是由非专业和非职业的业余人士所创造，并且通常是无报酬期望的。"[2] 移动互联时代，在这种新的生产模式中，制作上传个性化的原创视频内容成为媒介使用的常态。

从历史发展来看，用户参与不是互联网时代的新产物，但互联网尤其是移动互联网却使得 UGC 大放异彩。2006 年，CNN 启动 iRe-

---

[1] 陈欣，朱庆华，赵宇翔. 基于 YouTube 的视频网站用户生成内容的特性分析 [J]. 图书馆杂志，2009（9）.

[2] 张博，赵一铭. 互联网环境下的 UGC 参与动机研究综述 [J]. 新闻界，2107（4）.

port 项目，让来自世界各地的人们上传突发新闻事件的照片和视频，将 UGC 新闻内容带入 CNN 的新闻流程之中。其竞争对手福克斯新闻频道马上跟进，推出 uReport。iReport 和 uReport 正是 UGC 在新闻领域的体现，都是通过用户来实现对新闻现场以及新闻事件的细节补充、素材搜集等，并经由新闻媒体核实、筛选、剪辑等环节，最终呈现出一组全面立体、接地气的新闻。这些参与新闻生产中的用户通过手机应用在移动状态上传图片和视频，实现了实时 UGC，为新闻报道添加了一个全新的层面。

在国外，UGC 已经成为互联网生活的主流。全球流量最高的 10 个网站中，UGC 占据了其中的 4 个席位：Facebook、Youtube、Wikipedia、Twitter，UGC 已经成为人们随时随地展现自我生活形态的重要载体。视频领域的 UGC 出现较早，目前全球最大的视频分享网站 YouTube 在 2005 年就全面引入了 UGC 模式。之后国内的视频网站如酷 6、优酷等开始效仿 YouTube 模式，用 UGC 来积累内容和提高人气。随着移动互联网的发展，越来越多的人不仅观看网站推送的视频，而且积极参与视频内容的制作和分享，活跃在各类视频分享社区中。UGC 内容成本低，流量吸附力强，以 UGC 视频内容起家的 Youtube 凭借先进的技术手段和利益分享的模式，发展日益明晰，其影响力一直远胜于版权采购模式的 Hulu、Netflix 等视频网站。在 2016 年年底，YouTube 全球用户每天累计观看逾 10 亿小时视频，接近美国民众每日观看电视时长。①

在 UGC 浪潮席卷而来的趋势下，各大移动运营商相继推出基于

---

①　视频网站里程碑：YouTube 用户观看时间逾 10 亿小时 有望超过电视［EB/OL］.
华尔街见闻，2017 - 03 - 01.

移动互联网的各种移动社区、移动视频共享类业务，或者直接与互联网上知名的社区网站或视频共享网站合作，借助原有互联网品牌迅速聚集人气，吸引用户，大力发展移动 UGC 业务。2005 年 10 月，和记黄埔"3"公司与 YoSpace 合作推出了移动视频共享业务——See Me TV。2007 年 2 月，Vodafone 与 YouTube 合作，推出移动社区网络和视频共享业务，用户可以在手机上选择视频节目、转发视频链接、上传和搜索视频片段。2007 年 3 月，新加坡移动运营商 M1 推出了用户制作及共享视频业务——MeTV，用户可以通过 MMS 上传视频内容，其他用户可以浏览并下载。2007 年 7 月，Verizon 无线公司与 YouTube 签订协议，用户可通过短号码"98823"向 YouTube 网站上传和下载视频片段……这些移动运营商为用户提供展示自己、了解他人的平台的同时，通过建立用户分成模式，支持用户从自己上传的内容中获取收入，从而加强移动运营平台与用户的紧密关联度，希望通过与互联网知名 UGC 品牌的合作，全面进军 UGC 领域。

移动 UGC 在韩国发展良好。SKT 于 2001 年推出了移动社区业务——赛我网。作为全球最成功的移动社区业务之一，赛我网在韩国拥有超过 1500 万用户，占韩国总人口的三分之一，且用户多为 20 岁左右的年轻人，日访问量高达 2000 万人次。随着移动互联的发展，SKT 已经把 UGC 发展重心从移动社区网络转移到视频共享领域。2006 年 11 月初，SKT 将移动多媒体服务"June"的"成人服务"按键改为"UGC 视频"，实现了与 Pandora TV、Mncast、Damo-imaura、FreechalQ、Yahoo korea Yammy 以及 Diodeo 等 6 家专业视频分享网站的互动，提供热门 UGC 内容在移动终端的播放。

同样强调用户生成内容，但由于媒体环境、文化背景等的差异，中国式 UGC 和国外的 UGC 具体表现有所不同。国外 UGC 在自由及个性方面走得更远：UGC 社群自由流动、自由分享，话题、对象等自由变换；中国人传统的内敛性格则使得大多数人不愿意表现出个性及与群体的差异，而更乐于成为追随者。因此，在中国 UGC 中，意见领袖的作用显得至关重要。意见领袖的出现会引发广泛的关注与追随，从而形成批量式的 UGC 现象。

自创始之初，优酷土豆就非常重视 UGC 生产模式，从内容激活与流通、UGC 作者成长与输送到 UGC 品牌打造等方面对 UGC 展开全力的支持，其中，最受关注的就是其视频分成项目，旨在为优质内容作者提供丰厚回报，鼓励优质原创视频的涌现，着力打造共赢社区。优酷、土豆分别推出了"优酷分享计划"和"土豆播客分成计划"，仅 2014 年 Q3 季度分给视频作者的金额就高达 1000 万。优酷土豆的分成计划孵化了众多成功案例，如"暴走漫画""李洪绸"等 UGC 创作大户，搞笑类的《Big 笑工坊》、资讯类的《90 后的秀》等优秀新生力量，在营造品牌效应的同时，吸引了更多 UGC 创作者加入。优酷土豆平台庞大的用户量和稳定的视频播放量为原创作者提供了分成保障，也吸引了大批广告主定向投放广告，进一步提升了 UGC 品牌的影响力，增加了原创作者的收入。优酷土豆严格按照广告"营收"给原创者分成，原创者可随时通过后台查询视频播放量和个人收益，同时，还开通了"视频认领"业务，帮助播客识别侵权视频，借助技术研发保护原创版权。优酷土豆以打造文化娱乐生态系统为发展目标，其中，视频的原创者也是保证其良性发展的重要一环。以原创为核心，优酷土豆以"中国人的视频中心"为目标，拥有两大支撑性活动："优酷牛人盛典"和土豆映像节推出的扶持原创影像人才的千万级"映像基金"项目，为创业团队提供全方位支持。两者虽然都支持原创鼓励自由表达，但一个鼓励的是来自草根的娱乐文化，一个扶植的是新锐的青年影像创作人才；一个将打造大众明星的娱乐风潮推向顶峰，一个成为国内互联网创意影像文化的第一品牌。"

酷6网重视用户体验，其内容分享或推荐搜索算法都更贴合中国市场的收看习惯，在海量上传的 UGC 视频中深度挖掘其中的用户原创精品作品，根据不同受众用户的浏览爱好，有选择地推荐最新 UGC 视频，形成红人传播效应，进行精准传播。自 UGC 战略施行以来，被酷6称为 VCU（创造价值的用户/机构）的个人和机构用户支撑了整个视频流。其中，机构 VCU 主打精品，个人 VCU 则注重互动，以鲜明的个人特点形成视频社交，黏性很强，粉丝忠诚度互动性很高，被视为酷6网 UGC 发展的核心竞争力。同时，酷6网注重对个人 VCU 的培育，酷6网的自制节目部分和其他网站自制节目不同，意在给个人 VCU 以示范作用。2013 年 3 月，酷6网推出"原创精英播客养成计划"，邀请了 10 名业内知名人士加盟讲师团。课程分"资讯新闻""娱乐八卦""时尚达人"等类别，紧扣 UGC 最新鲜、最具人气的视频内容，并精心制作了 10 部播客手册，辅以 10 场线下授课活动，从选题策划、拍摄技巧、剪辑上传等方面独家畅谈分享经验。随着移动互联网的深入发展，以及智能移动终端设备的普及，用户对移动端视频的需求日益提升。2013 年，酷6网发展的战略核心向移动视频领域转移，推出"短酷""酷6视频"等多款移动应用产品来加大移动端布局，在增强互动性、提升移动视频用户的参与感方面下功夫，让用户真正留在酷6网。酷6网注重个性化的用户体验，强调 UGC 视频社交路线，注册用户可以在朋友圈中建立个人主页专区，将自己喜欢的视频和红人播客相关联，同时便于个人上传视频在朋友圈迅速传播。

UGC 生产模式的风行和移动短视频应用工具低门槛、低成本及视频用户的社交化需求密切相关。从移动短视频应用工具自身来看，用户只需要一个 App 就可以实现视频的剪辑，还可以为视频添加背景音乐、滤镜、水印等进行美化。移动短视频应用工具内部都会有一键分享的功能，用户只需要在平台内部就可以实现视频的转发和分享。借助移动短视频应用工具，不需要专业的知识与技能，视频用户即刻成为专业人士，这种"拍摄＋实时编辑＋分享"的方式越加受到用户的青睐，移动视频的社交属性更加促进了其原创性的凸显。

技术的发展和媒体观的革新使用户越来越习惯于自己创作内容并与他人分享，UGC 已经成为诸多网络用户的媒介生活方式。互联网打造了一个丰富的扁平世界，让人人都有平等发言权的长尾 UGC 成为可能，移动互联则进一步放大了 UGC 的增量，以视频为代表的个人内容共享将成为主流。随着移动互联的广泛覆盖，PC 端的 UGC 用户自然过渡到移动 UGC。用户自主生产模式深入挖掘了移动视频用户的媒介使用能力，用户不仅可以和自己的亲朋好友分享自己的喜怒哀乐，还可以从自己创作的视频中获得分成，也因此开发了巨大的潜在用户群，有效提升了用户忠诚度。同时，基于 UGC 业务的新的商业模式正逐渐成熟，运营商也因移动视频的流量扩展与广告收益等获得商业利润。

媒体集团巨头垄断内容制造及传播的时代已经过去，UGC 的出现正在开启一个新的媒体时代。UGC 满足了用户的互动需求和自身表达意愿，赋予用户更多的主动权，促使生产内容飞速增长，对人类知识的积累和传播起到了极大的促进作用；用户自主生成内容，中间环节相对较少，UGC 产业链较短，新的盈利模式应运而生。这些，都使得用户自主生产模式大行其道，良性运转。

二、专业化生产模式

专业化生产模式被称为 PGC（Professionally Generated Content），指专业生产内容。随着移动互联网的发展，网上内容的创作又被细分出 PGC（Professionally‐generated Content，专业生产内容，也称 PPC，Professionally‐produced Content）和 OGC（Occupationally‐generated Content，职业生产内容），对于 PGC、OGC、UGC 三者的关系，刘振兴认为："这三者之间既有密切联系又有明显的区别。一个平台（网站）的 PGC 和 UGC 有交集，表明部分专业内容生产者，既是该平台的用户，也以专业身份（专家）贡献具有一定水平和质量的内容，如微博平台的意见领袖、科普作者和政务微博。PGC 和 OGC 也有交集，表明一部分专业内容生产者既有专业身份（资质、学识），也以提供相应内容为职业（职务），如媒体平台的记者、编辑，既有新闻的专业背景，也以写稿为职业领取报酬。因此，UGC 和 PGC 的区别，是有无专业的学识、资质，在所共享内容的领域具有一定的知识背景和工作资历。PGC 和 OGC 的区别相对容易，以是否领取相应报酬作为分界，PGC 往往是出于'爱好'，义务地贡献自己的知识，形成内容；而 OGC 是以职业为前提，其创作内容属于职务行为。"① 这一表述较为清晰地界定了三者之间的交叉关系，但尚有过度分类之嫌。从具体生产过程的发展来看，三者之间有相互转化的较大可能性，而这一交叉关系在转化之后即不复存在。基于此，本书把 UGC 单列，专指无专业背景的用户生产内容，即非专业用户生产内容；PGC 指专业内容生产，有专业背景的平台用户即属专业生产，一并归入 PGC。同时，因为无论收费与否，OGC 和 PGC 均具备专业生产属性，OGC 直接归入 PGC；而经由专业培训的 UGC 逐渐转化为 PGC，同时具备草根原创和专业性质，因而成为 UGC 和 PGC 的交叉衍生部分，则划入 PUGC。即 UGC 指无专业背景的用户生产内容，草根，海量；PGC 指专业内容生产，包括有专业背景的平台用户、职业生产内容以及视频网站自制内容（版权购买内容虽然是专业生产，但该生产与媒体平台没有合作关系，不在讨论之列）；PUGC 则指 UGC 和 PGC 的交叉衍生部分，即经由专业培训同时具备草根原创和专业性质的 UGC。三者的关系如下图所示。

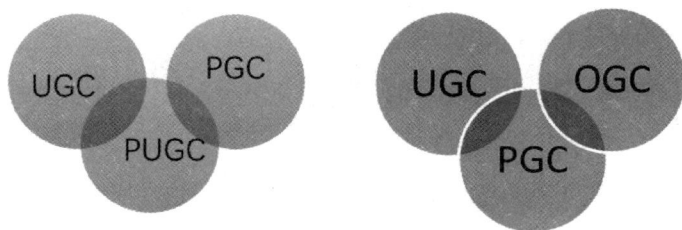

从发展历程考察，存在从 UGC 向 PGC 发展，而后 PGC 向 UGC 回归的螺旋式上升趋势。从用户自主生产内容的角度看，UGC 在媒介发展中一直占有一席之地，如电视时代因电视节目策划的需要而

---

① 刘振兴. 浅析 UGC、PGC 和 OGC［N］. 人民网研究院，2014－01.

加入的受众参与等，只不过囿于技术的落后，以零星的小规模存在，从声势及效果上均未能引起大的反响。借助技术力量的便利，UGC在 web 2.0 时代开始大放异彩。但作为"新兴事物"的 UGC 并没有取代 PGC，甚至还存在一种向 PGC 过渡的趋势。

成立于 2005 年的 YouTube 是最具代表性的 UGC 视频分享网站，其席卷世界网民的 UGC 视频对传统广播电视行业产生了颠覆性的影响。但在 YouTube 之后的发展过程中，尤其是被 google 收购之后，实际上走上的却是一条从 UGC 到 PGC 的机构化之路。YouTube 的机构化举措是在版权问题和广告营收双重压力之下的无奈之举，也代表了大多数 UGC 视频媒体在普遍困境中主动选择生产模式转型。当然，这一转型并不是抛开已有的 UGC 模式另辟蹊径，而是在保留 UGC 内容的同时，向大型媒体集团敞开怀抱，希望借助传统媒体的 PGC 内容优势，在避开版权困扰的同时帮助 YouTube 实现商业变现。这一意向和新媒体冲击下有意转型的传统媒体一拍即合：新媒体吸纳传统媒体的优质内容，传统媒体则把 YouTube 作为新的内容分发平台，并通过新媒体的海量用户参与建立更为忠诚且稳定的受众关系。2015 年，YouTube 发布新举措，将全面资助 YouTube 知名制作人，鼓励他们制作新视频节目和剧集。至此，YouTube 在 PGC 的道路上走得更深更远。

国内视频网站的发展同样经历了从 UGC 到 PGC 的转型。2008年，在一次行业会议上，时任土豆网 CEO 的王微称："灰色内容可以产生庞大流量，但却近似于工业废水，毫无价值。"之所以把 UGC视为"工业废水"，主要是因为 UGC 内容需要损耗巨大的带宽成本却很难带来商业收益，甚至还会引起版权争端。这一困境和 YouTube

极为相似。在巨大的压力下，一直以 UGC 相标榜的视频网站土豆网暂时放弃了 UGC 生产模式。2009 年，优酷首开国内视频网站"自制剧"的先例，之后其他视频网站也逐渐加入自制行列。2014 年，网络自制节目呈井喷式爆发，2014 年网剧制作集数达到 1700 集左右，相较 2013 年不足千集的产量将近翻番。2015 年，优酷土豆提出"合力成就、快乐分享"的口号，立足于分享精神，让 PGC 内容合伙人参与进来，并建立起完善的 PGC 生态系统，更关注 PGC 内容合伙人的原创品牌，充分调动资源去帮助他们打造原创品牌，持续提供良好的服务。在内容上，PGC 生态系统是从内容生产、内容推广到品牌形成、粉丝汇聚，最终内容品牌被粉丝反哺并进行自推广的整套生态闭环。在商业上，优酷让优质内容形成品牌价值，再通过价值变现让创作者更专注内容创作。[①]

2015 年，PGC 领域成为各大视频网站的争夺焦点，甚至被提升至"核心业务"的至高层面。与 UGC 模式相比，PGC 专业性更强，内容品质更有保证，更利于打造品牌效应。同时由于采用了流量、广告分成的模式，PGC 的运营成本和 UGC 持平，但是收入却远远超过 UGC。在版权争夺的资金重压下，此前推行 hulu 模式的视频网站也纷纷转战 PGC，开始抢占影视业生态链上游，渐渐倚重自制节目、第三方制作团队甚至直接签约知名导演或者投资出品影视剧，影视公司成为主流视频网站的标配，如爱奇艺的"华策爱奇艺影视公司"、优酷土豆的"合一影业"，乐视旗下的花儿影业、乐视影业等。

2015 年 6 月 24 日，第一视频新媒体宣布联合时尚集团、摩登天

---

① 周涛．优酷打造 PGC 生态系统 内容生产者最好的时代到来 [EB/OL]．环球网，2015 – 01 – 17.

空、飞碟说、郑云工作室等 500 多家内容提供商启动中国最大 PGC 平台计划，着力升级视频行业为视频产业，共同打造跨平台跨终端分发平台，建设 PGC 视频产业生态。为构建全球最大的"中文 Youtube"，第一视频制定了精细而长远的规划。第一阶段 Funding，即投资基金对 PGC 影像工作室投资扶持，让其从无到有从小变大；第二阶段 Educated，即孵化阶段，使教育和创业融为一体，让所有 PGC 持续获得理性指导与能量；第三阶段 Communication，即海内外平台传播，价值观反向输出，对 PGC 影像工作室做商业化运营，实现影响力与经济收益的良性循环。

第一视频坚持"创作者核心"战略，在短视频领域锐意进取，积极探索中国视频产业生态的发展之道。第一视频为 PGC 用户提供设备租赁、资金投入、渠道营销、广告客户、办公场地等全方位的管家式增值服务，这是一个众人投资创作者、创作者贡献内容、内容贡献流量、投资者创作者分享收益的"视频众筹"模式。同时，第一视频平台推出认证零门槛、收入高分成的服务计划，凡是认证过的 PGC 用户都可以参与高分成，没有任何附加条件。"打赏众筹"计划还为创作者提供了社群经济的可能，PGC 用户只需要用心创作自己擅长的、优良的原创内容，通过内容拓展一定数量的受众粉丝，便可以获得社群粉丝的"打赏"收入。此外，第一视频客户端 V1 圈也已全面改版上线，以"重浏览、能拍摄、强分享"为宗旨，跨终端跨平台，从 PC 和 App 两个方向抢占短视频市场。

同时，创立之初就带有移动互联基因的自媒体视频公司更是把精力投入到自制品牌的开发与打造。"陈翔六点半"致力于生产生活题材搞笑短视频，以每天一更的速度持续推出一分钟左右的喜剧短

118

片。陈翔毕业于云南大学数字媒体艺术专业，在校期间即组建了"六点半"视频团队，而云南电视台制作栏目剧的工作经验，也自然被移植到短视频的创作中。"陈翔六点半"形成了一套标准 PGC 的制作流程，编剧组首先根据网络段子和热点进行改编创作，集中生产出一批剧本，由导演再次审核后进行集中拍摄和剪辑，经过编排后每天推送一条。2016 年 1 月，"陈翔六点半"在"移动视频风云盛典"中获"最佳导演"和"移动视频十佳创作机构"两项大奖，2016 年 7 月，因六点半团队持续的内容生产能力而获得 BAI 千万级 A 轮投资，其发展步入一个新阶段。

在众多 PGC 中，"一条"选择的是一条定制化生产的道路。其创始人徐沪生原为《上海壹周》《外滩画报》总编，奠定了一条视频化杂志的基本品牌调性。得益于传统媒体工作中丰富的广告客户前期累积，一条的内容多为某一品牌的软性推广，定制化生产是其主要的 PGC 方向。一条致力于和高端品牌客户一起打造共有的节目，打造属于双方的可以长期持有的平台，其视频内容本身即已实现商业变现。因此，一条定位于以优质视频内容冲击微信红海，其视频制作精细，在技术、设备、资金上自设高门槛，形成核心优势。其着力打造的高端生活内容使其在以图文为主的微信公众号及低成本小视频中脱颖而出，以精品视频为用户构建理想形象，成为境界和品位的象征。

从 UGC 到 PGC，从早期的流量至上到随后的生态产业链一体化下的精品战略，生产内容的优质化趋势是视频发展的必然要求。当然，在这一过程中，UGC 的力量并未真正被削弱，UGC 和 PGC 分别担起了流量利器和优质内容的重任，UGC 需要 PGC 的引领，PGC 离不开 UGC 厚重基数的支撑。而这种"内容生产从 UGC 到 PGC 的走势，并非只是观念世界的语词更替戏法，而是基于机制、资本量、生产者、内容和受众等五个面向的积累和支撑，按照互联网传播和市场运作规则产生的业态演进。"①

三、专业用户生产模式

随着移动端设备的快速增长和 4G 网络的普及，人们参与视频制作更为便利，流量的成本障碍越来越低，渐渐冷却的 UGC 重新受到了重视，一同回归的，不仅是 UGC 作为流量利器拉动的庞大用户群体，而且在 UGC 和 PGC 的基础上出现了 UGC 的内容专业化，即 PUGC。PUGC 全称 Professional User – Generated Content，即"专业用户生产内容"，指以 UGC 形式，产出的相对接近 PGC 的专业视频内容，即把 UGC 和 PGC 相结合的内容生产模式。更新的技术平台并没有使 UGC 的流量变现能力发生颠覆性的变化，但在便利的媒介使用的过程中，用户的媒介素养得到普遍的提升，使 UGC 内容专业化成为可能。同时，除 PGC 内容之外，各视频媒体尚需更为丰富的视频资源库，庞大的用户群体生产的海量原创内容由平台推动其专业化和精品化能够同时解决内容积累与流量变现的双重难题。

PUGC 模式的生产建立在一种互联网众包思维的基础上。众包理念下的视频内容生产是大规模协作生产，依赖于个人自发组成的社区，用户是内容生产者，他们自愿地聚集在网络社区中生产内容，分享成果。PUGC 的要义在于综合 UGC 和 PGC 的优势，在坚持用户

---

① 徐帆. 从 UGC 到 PGC：中国视频网站内容生产的走势分析 [J]. 中国广告，2012 (2).

内容生产的基础上，增强用户黏性，同时提升用户原创内容生产的专业性和吸引力。PUGC 模式依然坚持用户生产为核心，但生产内容的主体更加细化为专业用户，这样，在内容生产上更加灵活多样，也更能满足庞大用户的不同需求。既保证了用户进行内容生产的主动性和对内容进行选择的权利，又在最大限度上降低了草根用户内容生产中所产生的无序和低效。

从平台的角度考量，对草根用户的专业化提升和打造兼顾了内容的广度和深度，在为平台稳定流量和参与度的同时，树立草根品牌，创造衍生价值。媒体平台对有潜质的用户进行筛选和专业培训，将其打造成平台自身培养的专业用户，在搭建平台和拓宽渠道的过程中引导内容生产，将 PGC 的内容价值链和移动视频媒体的平台以及渠道价值链进行整合，实现整体的增值效果。源自 UGC 的草根品牌的打造对其他用户具有示范及引领意义，在提升内容生产专业程度的同时还具备关键意见领袖的传播力，借助其可延展品牌，黏合更多的用户。

在 PUGC 生产模式下，移动视频媒体在内容生产的过程中更多起到了平台整合的作用，将众多有专业潜质的用户生产者集合在一起进行观点碰撞并产生创意的聚集。在这种模式下，媒体平台既帮助用户达成了专业的提升，完成了从 UGC 到 PGC 的转变，甚至实现了自身的品牌价值，又在最大限度上降低了制作内容的人工成本。诸多草根用户的微品牌和微创业聚集在平台上，共同打造平台大品牌，实现用户和平台的双赢。

整体看来，PGC 内容远远不能满足视频市场的缺口和受众多元化的视频需求，精品化、专业化的 UGC 成为填充市场长尾必选的快捷生产模式。国外，YouTube 积极地将业余的内容生产商变成专业或者半职业化的视频制造商，YouTube 的 Creator Hub 即意在吸引各种视频制作方面的人才成为 YouTube 的合作方。国内，优酷土豆等多家视频网站纷纷重新打磨 UGC 并推向市场，同时打通产业上下游，形成完整的视频生态链。

对新闻资讯类视频来说，UGC 向 PUGC 的转化显得尤为重要。UGC 是个巨大而高效的内容生产场，信息生产者增多使得人人可以参与信息生产传播活动，有价值的信息可以快速传达到每个网络用户，但同时，片面、错误、虚假信息也容易大肆传播。库尔特·勒温的新闻把关人理论认为，大众传播过程中由把关人对信息进行筛选，只有符合一定的规范或把关人所指定的标准的信息才能够顺畅地流动，进入传播渠道。新媒体的去中心化对传统的新闻把关模式提出了挑战。而众包新闻的出现较好地解决了这一难题。依托新媒体，通过一定的组织，由公众参与线索提供、视频资料收集等工作，同时专业记者编辑介入，完成新闻的深入调查等求证环节，并对新闻资讯进行编辑整合，必要时进行深度挖掘，形成更为专业化的系列报道。在这一过程中，视频用户与专业媒体共同担任信息生产者，既有海量用户的广泛参与和新鲜视角，又有专业媒体对内容生产把关以保证其内容的质量与价值，这种 UGC + PGC 的动态新闻生产模式，使信息资源和广大用户的智慧得到最有效的配置。

在 PUGC 的道路上，梨视频走的是一条全球众包化生产的开阔道路。梨视频开创了有别于其他平台的内容来源"全球拍客网络"，在梨视频的战略布局中，拍客被视为近乎唯一的内容提供者，这也是其内容生产创新的核心模式。梨视频加拍客是一个全新的拍客体系，全球资讯众包的模式扩展了梨视频的资讯覆盖，同时，强大的媒体基因决定了梨视频团队对资讯的判断和处理能力，专业的编辑团队能在真伪识别、专业加工、价值观把握上做好把关。专业的编辑团队＋全球拍客网络的内容生产创新模式使梨视频既能拥有来自全球的海量资讯，又能实现对内容的甄选，保证其专业化程度。梨视频创始人邱兵说：“我们强调两点，一个是短视频全部要剪过，因为大家没时间去看那么长的内容，我跟他们讲最好是 30 秒以内；第二是要把高潮剪出来，比如一个车祸，前面慢条斯理搞半天，最后就十几秒是关键，那就把十几秒剪出来。”① 借助高科技的机器剪视频技术，在媒智库里输入关键词，只需 15 分钟，就能制作完成传统人工至少 2 小时才能剪辑好的视频，实现剪辑的自动化和智能化。这种 PUGC 的内容生产模式在拥有 UGC 的海量用户原创内容生产规模和生产效率的同时，又保证了平台内容的高效和高质。

　　拍客 UGC 的强大力量早在十多年前已被广为认知，但由于当时高昂的流量成本以及平台方自身不成熟的运营策略，视频拍客未能产生突破性的效能，而梨视频的全球拍客网络则是一个强化运营的内容板块。“梨视频的生产网络处于一种扁平化的状态，并形成具有弹性的饼圈状结构，类似于食品中的甜甜圈……编辑部与社会大众之间的层层障碍在很大程度上被消解，专业编辑团队通过区域主管与拍客进行高效的意见交换和信息反馈，从而使得生产结构中的层级以及不对称性减少，控制更为简化，协作更加灵活，同时，作为生产网络中意见与信息频繁交流的重要地带，连接内核与外围的圈

---

① 新榜专访．梨视频明天上线，邱兵谈梨之味［EB/OL］．百度百家，2015 – 09 – 29.

体部分使得梨视频的集群方式要优于简单的 UGC 模式。"①

　　使用梨视频 App 的用户可以通过"报料"成为拍客，其视频素材经过编辑团队的审核和修剪之后，就可以通过 24 小时内的播放量获取奖励。在 App 上，可以随时看到拍客的分布位置及其 24 小时内上传的短视频。梨视频在各拍客辖区设有专职运营人员协调拍客资源，除人工手段外，还借助大数据技术，提升对拍客生态的运维效能。梨视频开发了一套拍客运营系统，以多个维度记录和分析拍客的相关数据指标，实现拍客运营的档案化。这套基于大数据的运营系统使梨视频面对日益增长的拍客基数仍能持续保有高效的运营能力，同时，通过大数据分析，还能够及时向拍客提供专业、客观的业务指导。此外，梨视频对拍客候选人设有一定的准入门槛，保证了 UGC 来源的潜在专业素质，入选的拍客则通过定期的业务培训进一步提升其专业能力。

　　目前，在梨视频的内容生产中，拍客素材已压倒性地成为最核心。② 面对移动媒体时代海量的资讯，梨视频借助自身强大的媒体基因优势，运用编辑思路强化运营，把碎片化的拍客信息和碎片化的用户时间结合在一起。从生产环节来看，拍客和梨视频之间有着较好的互动，不仅有拍客自发上传的内容，也有平台策划大型专题后向拍客征集的内容。在选题判断上，不推行眼球效应，坚决把无效的吸睛内容排除在外，那些越能表现人性的复杂、越能给人带来

①　黄伟迪. 再组织化：新媒体内容的生产实践——以梨视频为例 [J]. 现代传播，2017（11）.

②　金小迟. 邱兵首讲梨视频全球拍客网络，年内将扩充到 5 万人 [EB/OL]. 刺猬公社，2017 - 04 - 07.

足够现场感的、拥有正向价值取向的内容，越能获得编辑们的青睐。在视频制作上，以短、平、快为主，片头 7 秒迅速切入全片最精髓的部分，99.9% 的视频控制在 90 秒内，背景配乐注重节奏感，字幕简洁明了。资讯内容则多以个人叙事切入，关注个体的故事，力求以故事的方式反应人与人、人与世界的关系，以个人叙事对抗宏大叙事，以鲜活的故事对抗坐而论道，这些接地气的表达更能触动观众的内心。

PUGC 生产模式集合了 UGC、PGC 的双重优势：UGC 的精髓在于其具有把受众转变为生产者的潜力，而 PGC 的加入则使得 UGC 走上了专业化之路，在 UGC 广度的基础上通过 PGC 产生的专业化内容能更好地吸引、沉淀用户。新媒体的发展从来就不是靠取代旧媒体获得的，互联网的去中心化重塑着既有的内容生产模式，用户参与在移动互联时代达到了一个新的高度，技术赋权给了普通用户发声的机会，而 UGC 和 PGC 的结合则使普通用户的声音能够被听见。正如保罗·莱文森所言："旧媒介和新新媒介有一种互相协同、互相催化的作用；在聚焦新媒介的革命冲击时，我们很容易忽略两者的相互促进作用。"① 新旧媒体之间相互协同、互相催化，移动视频媒体擅长的 UGC 和传统媒体的 PGC 联手共进，使用户潜能和专业生产完美结合，在互联网众包思维支撑下，基于庞大用户群体和专业平台的大规模协作生产实现了内容积累与流量变现的双赢。

---

① 保罗·莱文森. 新新媒介 [M]. 何道宽, 译. 上海：复旦大学出版社, 2011：62.

第二节　移动视频媒体的文本类型

移动视频媒体从泛娱乐类内容文本开始积累用户，赚取眼球经济，满足人们休闲娱乐的媒介需求，接着垂直类文本介入，并逐渐向深度化发展，对某一行业进行专注耕耘。整体呈现出随移动视频媒体的发展而由泛娱乐化类文本向垂直类文本演化的态势，而生活方式类文本由于人们对生活品质要求的逐渐提升而后来居上。

一、泛娱乐类

随着现代社会的高速发展，快节奏的生活给人们带来了越来越多的压力，新媒体新媒介技术快速迭代，人们的行为、思想、情绪越来越多地通过媒介宣泄。正如威廉·斯蒂芬森（William Stephenson）所言，大众传播是一种游戏性的传播，人们接触媒介往往带着游戏的目的，使用媒介主要用于消遣娱乐，消遣娱乐也是人们使用移动视频的重要目的。通过移动视频以轻松、幽默、搞笑的方式传递内容、交流情绪、分享生活，成为人们当下释放生活压力、满足媒介需求的首选。

泛娱乐指的是基于互联网与移动互联网的多领域共生，打造明星 IP（intellectual property，知识产权）的粉丝经济，其核心是 IP，可以是一个故事、一个角色或者其他任何大量用户喜爱的事物。这一概念最早由腾讯集团副总裁程武于 2011 年提出。在移动视频中，泛娱乐类并不特指某一核心 IP，而是泛指以幽默搞笑为风格特征的视频类型，如以段子手文化为支撑的脱口秀、电影片段加恶搞幽默解读的影视评论、视频版八卦杂志、娱乐新闻以及纯搞笑类小视频等。

目前，泛娱乐类移动视频已经不乏头部内容团队，如暴走、Papi 酱、陈翔六点半、小罗恶搞等。由于内容轻松有趣，泛娱乐类移动视频获得了年轻用户的良好互动和有效传播，所以它的 IP 孵化和吸粉速度相对较快，它也因此成为移动视频初入者的首选。so 问题来了、半部喜剧、小 V 石俊飞、坏才刘科学、陈翔六点半等均以搞笑生活视频为主打，papi 酱则依托自己的专业背景，推出脱口秀式的生活娱乐视频，在短时间内圈粉无数，其第一次广告由罗辑思维创始人罗振宇和 papi 酱合伙人杨铭等人拍卖出 2200 万元的天价。淮秀帮、胥渡吧等则对现有视频进行重新配音剪辑，以生活热点或时事要闻为题材，以专业化配音进行创意性吐槽，在娱乐用户的同时引发普遍共鸣。

相比之下，泛娱乐类移动视频平台的发展更是高歌猛进，一日千里。小咖秀、美拍、秒拍、快手等平台上聚集了众多用户，成为大众娱乐消遣社交分享的重要途径。以"社会平均人"为用户定位的快手是一个记录与分享的平台，依靠算法帮助用户实现分享，没有人群和地域歧视，旨在让普通人分享有意思的生活。快手以低门槛、简单易用著称，内容覆盖生活的方方面面，用户遍布全国各地。用户随手记录生活点滴随时分享，也可以通过直播与粉丝实时互动。2017 年 4 月，快手成为《跑男》顶级赞助商，品牌名气深入用户。抖音以今日头条为依托，专注于年轻用户，打造创意音乐短视频社区，凭借其"狂拽、酷炫、新潮"的标签俘获了大批用户。陌陌则引入"直播＋短视频"的形式，推出短视频功能"时刻"，促进用户发布、分享内容，在互动的同时，以视频展现的方式帮助年轻人展开互动、结交新朋友，从泛社交平台向泛娱乐综合性平台进化，进一步推动平台用户的增加。

为了吸引用户、增强用户黏性，泛娱乐类移动视频平台往往采取热点噱头、借助明星与网红的力量等多种方法提高用户的入驻率。当然，这些手段的运用会在短期内奏效，但长期的发展仍然要靠持续的内增力。泛娱乐类移动视频往往会为了博取眼球一味追求流量和点击量，而刻意传播恶搞八卦甚至有些低俗的内容，甚至自行打上"三俗"的标签，这种饮鸩止渴的行为看重一时之利，短期内会有比较高的关注度，但面临被封号的风险。随着 UGC 向 PGC 的发展，泛娱乐类移动视频逐渐摆脱"低俗""恶搞"等大众刻板印象，以专业的视频内容与独特的互动方式吸引用户，并在深耕优质内容的同时向电商、网红经济、直播等方向拓展，丰富变现路径，打造品牌 IP。优酷视频利用已有电商资源推出新功能"边看边买"，观众在观看视频时，可以通过页面中提供的电商链接购买搞笑人物形象的周边衍生品，通过销售分成的方式与节目赞助店铺共同开发粉丝经济。Papi 酱成立 PAPITUE，开始转型签约孵化网红，助其解决运营推广、中长期规划以及商业化等问题，从个体转向组织化、机构化发展。"何仙姑夫"最火爆的"找穿帮"系列，以微博微信采集关于影视节目穿帮镜头的意见，糗事百科的"小鸡炖蘑菇"则利用糗事百科数据库海量的段子趣闻构建节目内容，这种集思广益的方式既能保证源源不断的素材供给，又可以增强传受双方的互动深度和黏性。暴走以"公益＋娱乐"为娱乐找到了落地的方式，显示了掩饰在娱乐性外表之下的主流价值观，娱乐便于聚拢粉丝，正能量的价值观则使粉丝产生认同。其粉丝的习惯留言"今生无悔入暴走"也传递了强烈的团体归属情绪。

二、垂直类

随着移动终端的普及和网络的提速，移动视频行业进一步成熟，粗鄙、低俗内容逐渐退却，优质内容的稀缺价值日渐凸显，移动视频市场竞争日益激烈，必然要求短视频向垂直细分领域发展。同时，由于垂直类用户的标签化和纯度，单个粉丝的商业精准度提升，其商业转化价值明显高于泛娱乐类，易于达成视频内容的有效传播以及精准的内容营销。2017 年 1 月，由秒拍发布的《2016 短视频内容生态白皮书》指出，短视频正向垂直化纵深发展，专注于美妆、美食、生活方式等垂直领域的创作者集中发力，其他垂直品类也开始逐步出现短视频内容创作者。截至 2016 年第四季度，秒拍短视频创作者覆盖的垂直品类已经超过 40 个，而在秒拍最新一期原创作者榜单中，前 50 名中只有 15 名属于搞笑分类，其他 35 名创作者分别来自 8 个垂直品类。①

移动互联网的发展加快了信息生产的数量和传播频率，更加快了人们获取信息的效率，用户的细分需求越来越被释放出来。在这样的媒介环境下，用户场景的重要性日渐凸显。以兴趣爱好划分用户，对用户群进行垂直化定位，同时通过内容本身的风格类型去吸引有审美认同的用户，是垂直类移动视频批量化收集用户场景的有

---

① 秒拍推出《2016 年短视频内容生态白皮书》，2017 年短视频行业会发生什么变化？［EB/OL］. 搜狐网，2017 - 01 - 09.

效策略。这样，在相关的应用场景和碎片化时间里，用户就能够顺畅地完成对信息和内容的获取。

目前，垂直类移动视频发展极不平衡，较为成熟的垂直类方向有美食、美妆、母婴、亲子、生活等，汽车、财经、旅游、军事、文化等尚为潜力巨大的蓝海。定位于"基于移动端的知识类短视频"的即刻视频，用视频解释生活、商业、新知，其视频强调视频本身的长效品质，如《使馆主厨》系列、《真味法国》系列均以高端美食提供精致生活与技能。青藤文化的《明白了妈》、御映文化的《全民宝贝计划》以动画的形式关注母婴科普，获得了大量用户的喜爱，成为很多妈妈了解孕期知识的切入通道。视知传媒专注知识可视化传播，以知识短视频切入人文百科、女性健康、汽车、财富、二次元、影视娱乐、萌宠、男士服饰与生活方式等 8 个垂直领域。"星座不求人"以动漫 IP、视频内容制作为核心，将星座、漫画、音乐、视频混搭，开创了特有的星座漫画 MV 形态，已成为广具影响力的原创星座漫画品牌。随着消费升级，人们对精神文化的追求质量越来越高，旅行逐渐成为人们生活的重要组成部分。由旅游节目《行者》栏目创办的旅行短视频《野心》，针对年轻人感兴趣的旅行方式，打造最上瘾的纪录片，在旅游类短视频中崭露头角。野心的产品线目前分为野孩子、野路子、野食堂以及野是醉了四个系列，通过旅行中的"衣食住行"等真实体验，全方位满足人们的"好奇心"需求。其短视频时长 3 到 5 分钟，基本保持每天一更，覆盖了今日头条、美拍、秒拍、爱奇艺等 20 多个平台，累计播放量已超10 亿。

资讯类垂直方向的发展，得益于传统媒体的转型和传统媒体人的加入。2014 年，新华社推出"15 秒"客户端，依托新华社强大的资源优势，以优质、及时、精炼的短视频迎合"短、平、快"的移动互联网传播特点；中央电视台推出中国首个英语新闻短视频客户端"CCTVNEWS App"，由央视英语新闻频道在北京、北美和非洲三地的国际新闻团队运作，实现 24 小时为用户提供有关中国的英语视频资讯和互动服务。2016 年，传统媒体新京报与腾讯深度合作创立"我们视频"，致力于打造最好的移动端新闻视频，在原创新闻生产日益艰难的当下，专注新闻领域，用直播和短视频报道国内重大突发事件和新闻热点，为困顿的媒体融合与新闻生产注入了一股新鲜血液。① 梨视频通过短视频资讯的众包化生产强化运营的内容板块，以专业的编辑团队＋全球拍客网络的核心模式实现了内容生产的创新，探索出了 PGC 融合 UGC 向 PUGC 模式转化的新路径。2017 年10 月，中国应用新闻传播领域十大创新案例出炉，梨视频和我们视频双双入选，显示了业界对资讯类移动视频媒体的认可。

随着移动视频传播力的凸显，时政类短视频集中发力，一批制作精良的热点视频涌现。中央电视台、新华社、人民日报等大型媒体把移动视频的布局提高到战略高度，推出了习主席系列时政短视频、红色系列时政短视频、一带一路系列时政短视频等，其中不乏《初心》《红色气质》等现象级传播作品。"复兴路上工作室"推出了"跟着习大大走"等系列时政短视频，以喜闻乐见的形式在国内外社交媒体平台上传播，获得网友热烈点赞和转载，引发了国际主流媒体的争相报道。

---

① 对话张志安：2017 中国最懂应用传播的十佳媒体好在哪？［EB/OL］．搜狐网，2017 - 10 - 30.

其他垂直类方向虽未形成规模优势，但也在快速发展，如奥运会期间王涛"朝阳群众奥运台"体育短视频的火爆，汽车短视频"李老鼠说车"的迅速吸粉，南部战区短视频《年》获得金秒奖，2018 年第一季度最佳新闻纪实短视频，专注于旅游短视频分享和社交平台的旅视、专注于运动的秒嗨等的出现，显示出垂直类平台的巨大潜力。媒介技术的发展和用户媒介素养的提升使大众对移动视频的需求日趋多元化，"短平快"的大流量传播内容逐渐获得众多平台、粉丝和资本的青睐，差异化和特色成为打造核心竞争力的关键，垂直类移动视频方兴未艾，前景一片大好。

三、生活方式类

严格来讲，生活方式类移动视频应属于垂直类，但由于生活方式分层之广，可上到健身旅游、下到美食品茶，围绕生活中的方方面面展开，同时，很大一部分内容生产者由于专注于某一种生活方式的打造而形成了独特的品牌调性，因此，将生活方式类移动视频作为一个大的品类单列，能够更加清晰地探究其样态。

在 YouTube 的分析公司 Social Blade 的 2015 年度榜单中，美妆类视频 Michelle Phan 和蛋糕制作达人 Rosanna Pansino 出现在年收入前10 位的范围内，打破了之前来自游戏、娱乐、音乐等传统浏览量大户领域账号垄断收入榜前列的历史格局。这是生活方式类移动视频悄然崛起的信号，也反映出移动视频在满足用户的娱乐导向需求后开始沿着实用方向延展的趋势。在 YouTube 上，生活类内容大多被归到"How to & Style"（如何做 & 生活方式）板块中，皮尤在 2015年的调查数据显示，在 18 到 29 岁用户群中，"How to & Style" 类的浏览量已经仅次于搞笑和音乐，显示出强劲的后发潜力。国内，在消费升级的大趋势下，一条、二更、三顾、刻画、元住、堆糖、罐头视频等生活方式类移动视频迅速崛起，发展迅猛。

由于与生活的贴近性和强大的实用价值，生活方式类移动视频的用户黏性更强，其高订阅转化率利于培养定向粉丝，后续力量和长尾效应显著，而且，用户对生活方式类移动视频的场景化需求明显，对其关联商品有天然的关注，生活方式类移动视频易于变现，整体商业转化率较高。

一条专注于高端、专业的内容，以精致的杂志风格做中产阶级的生活方式类视频，打造优质的社区类产品平台，通过电商实现变现。就其视频本身来说，每条视频即为一条原生广告，在引入生活方式的同时自然植入商品。二更以人物纪录片传递生活理念，演绎生活方式，在全国铺展复制站点，迅速跑马圈地。与一条纯导电商的模式不同，二更有更多的线下活动，各地的城市站侧重于本地化视频和区域化广告投放，与各地 PGC 团队、高校甚至政府开展商务合作，线上加线下互动，迅速形成规模化发展。

刻画以追求思想自由、希望掌握话语权的中产者为目标用户，多用第一人称围绕生活方式展开叙事，有强烈的沉浸感和代入感，在主题上更注重规划感，在选题方面也更注重创意。《一个厨师的文学幻想之〈白鲸记〉》以 3 分多钟的片长还原了赫尔曼·梅尔维尔的《白鲸记》的蛤蜊鳕鱼汤，具有纪录电影的质感。《一个厨师的文学幻想》系列独辟蹊径，把美食和文学结合，深受用户喜爱，收获了超高点击量。刻画更为关注短视频之间融为系列片的可能性，并尝试用系列短片孕育出新的纪录片 IP，刻画目前的吃喝、玩乐、行游、艺术、设计等板块，均为打造单独 IP 蓄势，以 IP 化构建内容品牌，实现对生活方式的创意性表达。

罐头视频以生活类技能为切入点，专注于生活品质的提升，打造传递美好生活方式的移动视频品牌。以 1～3 分钟的精短片长，呈现关于美食、手工、社交、宠物等领域的趣味技能，其中，"星期 5来了"首推情景剧真人秀的形式，在搞笑剧情营造的轻松氛围中传递年轻人城市生存指南。罐头视频注重用户体验，聚焦用户当下关心的话题，围绕有趣和高效设计选题，并根据季节、假日、热点等进行变换，以温暖可感的画面、轻快活泼的文字、鲜明的人物形象，拉近与年轻用户的距离。罐头视频以社交平台为基本分发渠道，每一条视频都可以作为原生广告，但以不伤害用户观感体验和内容质量为前提，以有趣的方式呈现内容，毫无痕迹地植入品牌，以有趣的内容引发用户自主分享转发，实现病毒式扩散传播。

生活方式类移动视频的优势在于贴近生活，这既符合了快速发展的消费升级的用户的内容需求，也为电商提供了便捷的变现渠道。因此，获得用户支持和资本青睐乃是应有之义。生产高质量的优质内容，吸引用户积极关注，通过视频定制和电商迅速变现，最终形成商业闭环，这是生活方式类移动视频的常规路径，也是目前移动视频良性循环的优选。

第三节　案例分析：中国政治宣传片的平民化倾向

随着科技的发展，媒介环境迅速改变，移动化、社交化、视频化、碎片化逐渐成为信息接受的显在特征。移动视频在人们的生活中扮演着越来越重要的角色。同时，人们的个体意识和平等意识增强、媒介素养越来越高，对政治传播的接受和参与程度与日俱增。与媒介环境和人们的接受习惯相适应，中国政治宣传片呈现出明显的平民化倾向。从 2011 年初推出的中国国家形象宣传片，到之后的复兴路上工作室系列作品、征兵宣传片《战斗宣言》、中国共产党成立 95 周年宣传片、纪念红军长征胜利 80 周年宣传片……高高在上的政治传播以贴近受众的有效媒介文本呈现，注重受众感受，力求喜闻乐见，以轻松活泼的形式诠释严肃宏大的话题，中国政治宣传片日渐贴近平民大众。

政治宣传片的研究属于政治传播的分支，同时又属于视听艺术的研究范畴。《世界电影百科全书》认为，宣传片"一般指直接服从于某种政治宣传任务的宣传画式短片。宣传片是为政治口号、讲解提纲及报告做说明的，他们的形成基础是用于解释政治形势、激励观众站稳一定立场并积极投身于一定社会斗争之中的一些真实情节"①。从这一界定来看，所谓宣传片指的就是政治宣传片。随着时代的发展，宣传片逐渐分流为政治目的和商业目的两大价值取向，其中商业宣传片更是占据了主流，而之前宣传片的界定也因其浓重的时代痕迹不再适用。国玉霞从广义的角度重新定义了宣传片："传播者有目的地选取一定信息，通过现代媒介对受传者进行说服，从而使其产生影响的影（视）片类型。"② 在此基础上，政治宣传片就

① 杨海明，王洪华，张正芸. 世界电影百科全书［M］. 北京：社会科学文献出版社，1993：735.
② 国玉霞，吴祥恩. 宣传片的历史探源［J］. 新闻爱好者，2011（4）.

是专事意识形态工作的宣传片，它是政治和宣传片两个范畴相互影响、共同作用、交集形成的宣传片类型。在新的民主政治与媒介形势下，中国政治宣传片逐渐摆脱了"宣传画式短片"的思维限制，新鲜的创意和新颖的形式随之涌现。

目前，关于中国政治宣传片的相关研究多从形象片的角度切入进行国家形象设置的解读，其中，内隐化宣传、跨文化传播及外宣模式是研究比较集中的方面，论者往往从政治传播宏观视角出发，而研究对象则以单个视频的微观分析为主，缺少对中国政治宣传片在当下媒体环境下的整体考察。其中虽涉及中国政治宣传片的转向及创新研究，但多为传播策略的相关分析，尚无对其平民化倾向的系统论述。本书从媒体转型和受众需求的角度切入，从媒体策略、内容建构、呈现形式三个方面阐述当下中国政治宣传片对众多媒体平台的统筹使用，以形成广为传播的有效媒介文本，这不仅是中国政治宣传片在当下媒体环境下媒介使用及受众意识的自觉选择，更是其平民化倾向的集中体现。

一、媒体策略：从单一到多元

麦克卢汉认为："一切媒介都是人的延伸，它们对人及其环境都产生了深刻而持久的影响。这样的延伸是器官、感官或曰功能的强化和放大。"① 他的这一真知灼见根植于普通的电子媒介，但对新媒体带来的诸多媒介变革仍然有不容置疑的预见意义。当下，以手机为代表的移动媒体因其鲜明的伴随性已最大限度地介入人们的生活

---

① 埃里克·麦克卢汉，弗兰克·秦格龙. 麦克卢汉精粹 [M]. 何道宽，译. 南京：南京大学出版社，2000：360.

中，信息超越时空无时不在、无处不在，越来越多地影响到人们的日常生活，给政治参与及话语表达带来了充分的便利。

新兴媒体拓展了普通民众的发声渠道，给政府管理带来了巨大的压力和挑战，同时也为政治理念提供了多向传播的可能，为政治宣传片提供了贴近民众的机遇和平台。中国政治宣传片之前的传播渠道较为单一，随着媒体的发展和政治传播理念的更新，政治宣传的声音得以综合运用多种媒体形式，实现多渠道多角度传递，在媒体选择上实现了和普通民众的贴近性。

2011 年初，中国在国家层面上推出了形象宣传片《人物篇》，1月 17 日在美国最繁华的时报广场首播，并通过美国有线电视新闻网（CNN）的各个频道分时段覆盖全球播放。同时，结合胡锦涛同志18 日开始的访美，国内媒体对国家形象宣传片进行了正面、积极的宣传和报道，力图使国内外受众感受到真正的中国力量。① 但从受众的反馈来看，其传播效果平平，甚至引起了某些对抗性解读。据英国广播公司全球扫描的调查显示，《人物篇》播出后，美国人中对中国持好感的人上升了 7 个百分点；而对中国持负面看法的人，则上升了 10 个百分点。② 正如华尔街日报发表评论称，中国本想通过这部宣传片张开双臂拥抱美国人民，但却"无意中竖起了挑战的手指"③。

从媒体策略的角度来看，纽约时报广场作为一个超级商业中心，

---

① 新浪网. 中国国家形象片亮相纽约时报广场. 新浪网，2011 - 01 - 18.

② 中华网. 中国国家形象片效果不理想：对华负面观点上升［EB/OL］. 中华网，2011 - 11 - 16.

③ 史安斌. 内容、信道和受众的竞争——从首部中国国家形象片看我国对外传播的挑战与前景［J］. 对外传播，2011（9）.

是国际商业广告聚集之地，号称"世界十字路口"，在这里，各色商业信息争相抢占人们的注意。中国国家形象片的不间歇滚动播出，只能作为强势的政治宣传的疲劳轰炸，很难使过往的民众对以静态画面为主的《人物篇》留下深刻印象。缺少互动的单向度传播，换来的是受众浅尝辄止的一瞥，或是对居高临下的强势宣传的普遍的逆反情绪。

2013 年起，复兴路上工作室陆续推出了一批风格迥异的政治宣传片，网友多数认为视频生动、有趣，没有刻板严肃，是跟得上时代的宣传片①。作品首先在优酷网播出，紧接着在微博、微信、豆瓣、知乎等知名社交媒体广为传布，并同时上线 YouTube。2016 年 4 月，征兵宣传片《战斗宣言》在中国军网首发后，"引发了境内外媒体广泛关注和热评，成为媒体和公众普遍关注的舆论热点"②。7 月，中国共产党成立 95 周年宣传片《我是谁》刷爆朋友圈，共青团中央、人民日报、今日时评、传媒圈等微信公众号合力推送，大家纷纷转发并惊叹"我党居然第一次打广告了"③。这批政治宣传片贴合当下视频化、社交化的媒体需求，适合人们在碎片时间及时观看、回复并通过便捷的一键按钮评论转发，受众参与度大大提升，作品的传播范围迅速扩大。

中国共产党十九大召开前后，相关短视频多角度解读十九大，复兴路上工作室推出三集系列短片聚焦党代会，以简洁生动的动画

---

① 光明网. 中国领导人卡通形象走红［EB/OL］. 光明网，2013 – 10 – 18.

② 李鹏，钱宗阳，王玉. 一条视频何以震撼世界——中国军网 2016 年征兵宣传片《战斗宣言》的创作思考［J］. 军事记者，2016（08）.

③ 中国青年网. 快看! 我党居然第一次打广告了［EB/OL］. 中国青年网，2016 – 07 – 27.

形式，从党代表的选举、党代会报告的产生、党代会的召开三个方面逐次揭开党代会的神秘面纱；央视网《十九大，我们在等你》则以多人采访形式解释十九大是什么，表达广大民众对十九大召开的期待；《十九大时光》《青年师生说》《公仆之路》等系列短视频从不同角度诠释十九大精神。同时，对内宣传与对外传播有机结合，官方传播与民间传播机结合，在传播内容、传播基调、传播方式等方面贴合不同媒体形式进行统筹，既有相关专家的权威解读和意见领袖的理性分析，也有草根百姓的盼望和期许。围绕中共十九大的召开，电视、网络、社交媒体等多平台一起发力，采用多元化媒体策略，以短视频的及时表达优势，共同打造中共十九大视听媒体环境，形成多向度的政治信息传播，为党的国际形象增添新的媒体元素。

二、内容建构：从精英到平民

内容建构是影视作品从意念表达向内容构成的具体转换方式，直接决定着作品本身的讲述特色与表现风格。政治宣传片以政治表达为主要目的，其强烈的意识形态性对内容建构提出了更高的要求。

长期以来，中国政治宣传片拘泥于精英化的内容建构思路，在居高临下的讲述中，整个宣传片成为精英群体模糊一片的官方表达。《人物篇》意在诠释中国人的形象，呈现中国各行各业的杰出人物，由59位中国名人分12组集体亮相，典型地体现了精英化的内容建构思路。在一闪而过的视频中，人们能够理解的仅仅是这是一群中国的精英，而很难一一辨识出所有的名人。这样，对于普通百姓来说，只有远远地瞻仰和膜拜。而近年的政治宣传片则一改精英路线，以平民视点切入、以平等的姿态呈现出鲜明的平民化倾向。

1. 直面现实：百姓视角的直接表达

政治宣传片聚焦于政治表达，擅长从正面诠释政治理念，强化意识形态，对相关负面因素往往采取迂回态度，因而给受众留下躲闪逃避的刻板印象。近年中国政治宣传片仍然遵从正面切入这一普遍规律，但一改自上而下高大全式的宣传模式，分享机遇，共迎挑战，展现积极的正面因素，也不回避中国发展中的问题：交通拥堵、人口稠密、工业污染、贫富差距等。这种直面现实、正视困难和问题的内容建构态度，显示出敢于正视发展进程的复杂性和富有责任意识的勇气和担当。

从受众的角度考量，信息的接近性尤为重要，与受众相关的信息往往得到更多关注，也易于调动受众的参与积极性，从而主动完成二次传播和互动传播，形成信息传播的倍增效果和叠加效应。直面现实是政治宣传片对当下时政热点的及时回应，在受众心存困惑之时给予及时的解读与诠释。2011 年的国家形象宣传片和胡锦涛同志访美结合，力图使宣传片和国家领导人的外事活动结合，但这种结合整体上仍旧显得泛泛。近年政治宣传片则有了较为具体的指向，与时政热点的结合甚为紧密，甚至一一对应。"十三五"、中共十九大前后的宣传片有预热、有跟进，各司其职，功能分明，这是对受众需求的体察与呼应，也是中国政治宣传片平民化倾向的一个侧面。

同时，这种直面现实的问题意识也是百姓视角的直接表达，是对百姓切身利益的真正关切。不排斥负面信息并认真反思的诚恳态度，表达了对现状的真实认知，彰显了对问题解决的从容自信，易于引起受众的广泛共鸣，也使得政治宣传片更有说服力和传播力。

毕竟，做到正视问题才能清醒地认识问题，才能真正开启解决问题的大门。

2. 个人化叙事：个人角度的微观切入

政治宣传片代表的是国家理念和政府意图，无论是对政治理念还是政治形势的阐述，都因其宏大主题易流于宏观叙事。近年的中国政治宣传片适应社会的多元化需求，呼应社交媒介的草根特质，多从个人角度切入进行叙事。《领导人是怎样炼成的》从儿时的梦想"长大了我想当总统"开始讲述各国领导人的炼成之路，自然亲切。《跟着习主席走》系列片则多用记录的手法，让人们现身说法，更易于受众接受和信服：在巴基斯坦篇中，来自巴基斯坦的北京语言大学留学生阿姆扎德，用策划广场歌舞的特别方式歌唱中巴友谊；在美国篇中，以中国在美企业中的美国员工为切入点，借个人之口表达中美情谊，从民众利益的角度讲述自己的故事；而在俄罗斯篇中，则通过随机采访的形式表现中国百姓对俄罗斯的印象，表达对中俄合作的积极态度，让平民百姓自然表述"普京和习大大一样帅""想请普京到幼儿园吃包子"等真实朴素的友爱之情。

中国共产党国际宣传片《中国共产党与你一起在路上》关注普通人的真实生活，随着他们一一道出自己的梦想，自然展现出共产党人追求人类共同梦想，始终和人民一起奋斗的积极形象。"从草根视角出发，力求还原普通中国人的真实生活片段，这使该片更容易引起受众的共鸣与认同，成功实现了将政治话语资源向有效媒介文本的顺利转化。"① 中国共产党成立 95 周年宣传片《我是谁》，直接

---

① 常江，王晓培. 正视差异、尊重规则：中国共产党国际宣传片传播策略分析[J]. 对外传播，2015（3）.

以第一人称叙事，"我是走得最晚的那一个……"以六位普通共产党员来塑造中国共产党的形象，最后在他们真诚的笑脸中推出"我是中国共产党，始终和你在一起"的宣传主题。纪念红军长征胜利80周年《金色的鱼钩》则以大家耳熟能详的老班长的故事唤起人们的怀念情绪，而把讲述者置换为"鱼钩"，以置换之后的全新视角更加从容地深情呼唤"历史不仅只被陈列，精神应当世代传承"。

政治宣传片诠释宏大主题，个人化叙事的加入使之自然放低姿态、放平视角，以普通百姓的视点展开讲述，同时，也从宏大走向微观，于细微处展开叙事、体现情怀、升华精神。这种微观也体现在对细节的重视与强调上。在《战斗宣言》开头，一束暖光下一位年轻的士兵整理行装，特写细节刻画的场景平静温暖，从容不迫。在给受众极强卷入感的同时，也和后面呈现的紧张的训练场景形成了鲜明的对比。这一注重细节的碎片化叙事和当下的媒体环境极为贴合，符合当下受众个性化的接受习惯。

3. 情感诉求：激发普遍的身份认同

《人物篇》以各界精英诠释中国形象，存在明显的概念先行，而不是以画面自然传达政治理念，虽然有优雅从容的大国风范，但缺少必要的情感表达，其感染力和影响力也因此大打折扣。近期的政治宣传片对情感渲染较为重视，侧重情感诉求而非理性传达，充满了人情味和趣味性。

情感诉求从受众心理出发，抓住受众的情感需要，以充满情感的语言、形象、背景气氛作用于受众需求的兴奋点。表现在近期的政治宣传片中，不再以生硬的形象直接推广，梦想、家庭、友谊等具有普世性的关键词成为其核心概念的具体生发点。在《跟着习主席走》系列片中，从中国百姓对俄罗斯的印象表达对中俄合作的积极态度，以美国民众之口道出中美共建家园的深厚情谊，访谈场景与实景画面交叉剪辑，现身说法，自己讲述自己的故事，充满了亲切感和说服力。透过个人化叙事的生动故事讲述，呈现日常生活背后的共同梦想和追求：我们是伙伴、兄弟，我们是一家人，我们重视亲情友情，我们有着共同的积极追求梦想的情怀。因此，在各种画面中，出现频次最高的是无情感边界、无理解阻碍的笑脸。在同一无区别的笑脸中，在共同梦想的讲述中，激发普遍的身份认同和情感共鸣，从而产生巨大的感染力与影响力。

三、呈现形式：从高大上到接地气

内容建构的方式确定之后，影视作品的呈现形式决定最终成品的传播效果。形式即内容，注重受众感受的形式能够带动内容的有效传播，形成长尾效应。之前的中国政治宣传片整体是一种单向的展示与传达，缺少与受众的互动。近年的政治宣传片则从这种高大上的视觉风格中跳脱出来，以接地气的呈现形式传递政治理念。

1. 视觉元素：注重画面感染力

《人物篇》全片风格统一，给人一种精英居高临下的即视感：以中国独有的视觉符号呈现中国形象，富于中国特色，其拍摄造型精美，具有中国画的韵味；多组人物分别出现，人物静态，几无动作，刻意营造一种雕塑感；全片均为拉镜头，从中近景到全景，最后诸多笑脸汇集成"中国"，同时以字幕简单介绍人物，整体视觉强调中国高端形象。近年的政治宣传片则强调受众的接受度，以受众关注的视觉形象诠释政治主题，营造视觉感染力。

　　从创作主题来说，征兵宣传片无疑要传达的是保家卫国的主流价值观，《战斗宣言》不囿于常规的主题设置，舍弃传统的"参军光荣"的道德感召，选择我军现代化武器装备和实战化训练的震撼场面树立有血性的军人形象，在满足用户视觉体验的同时呈现主流价值，用力量和激情唤起适龄青年的参军意愿。

　　以轻松活泼的卡通形象诠释严肃宏大的主题。《领导人是怎样炼成的》是中国领导人卡通形象第一次在视频中出现，这一"萌版领导人"的形象和轻松、诙谐的视频格调完美匹配。领导逐级晋升，以跳房子式的视觉呈现设计，唤起童年记忆，拉近受众距离。《中国经济真功夫》打造少林武僧卡通形象，借中国功夫的高认知度传达中国经济新常态。《十三五之歌》除民谣歌手的卡通人物之外，还有大众巴士、黑白电视等串联信息的卡通形象，和真人图片等综合使用，形成拼贴艺术动画，把"十三五"文件演绎为生动活泼的影像。

　　2. 听觉元素：强调受众代入感

　　从听觉元素的运用来看，近年的政治宣传片强调受众的代入感，以受众喜闻乐见的旋律和口语化的解说营造轻松愉悦的接受氛围。《跟着习主席走》系列片选用各国代表性的音乐：俄罗斯的《喀秋莎》、巴基斯坦的《友谊之歌》、美国的乡村音乐、非洲的鼓点乐曲……受众在熟悉的旋律中自然而然地沉浸，毫无违和感。《十三五之歌》则创造性地使用了说唱形式表达政治理念，以民谣穿插幽默对话，轻快的旋律节奏分明，令人情不自禁地跟着哼唱和摇摆，迅速成为广为传唱的网络神曲。《战斗宣言》以"90后"的适龄年轻人为受众，音乐舍弃了经典的军旅歌曲而选择RAP说唱，辅之以快节奏镜头剪辑，营造热血沸腾的时尚风潮。

解说充分口语化。《跟着习主席走》之博鳌篇采用对话式解说，《万隆篇》则截取习近平讲话中所引民谚，以普遍的人生经验道出语重心长的嘱托；《十三五之歌》以"十三舞是什么舞"的问话开头，用故意误读轻松演绎严肃话题，全片"十三五"重复了 28 次之多，通俗直白易懂易记。同时，解说词注重话语的贴近性，大量运用网络语言，符合平民大众的用语习惯。

"对于政治目的如此强烈的宣传处理得如此自然而亲切，确实值得称道。以喜闻乐见诠释严肃宏大，掌握受众心理，追求传播效果。"① 与单向的宣传相比，即时、互动的传播理念更适合当下的媒介环境，从官方到民间、从精英到平民、从宣传到传播，近年的政治宣传片在平民化方面做出了积极的探索和努力。随着社会媒体的进一步发展，政治宣传片必将以更加多样的形式传递贴近普通民众的政治内容，以细分化受众为指向，以互动传播为旨归，强化内容及形式上的贴近性，促进民众的广泛了解与深入参与，在平民化的道路上展现更为开放的姿态。

---

① 王岱. 从"复兴路上工作室"的五部作品看国际传播话语体系的建构［J］. 中国记者，2016（5）.

第五章

移动视频媒体的媒介文化功能

文化在人类社会活动的过程中自然产生。媒介是人类社会活动的创造物，人们创造媒介并使用媒介，必然产生与其相关联相适应的媒介文化。美国学者道格拉斯·凯尔纳（Douglas Kellner）认为，"我们的文化正在逐步转变为媒体文化，所有的文化形式都由媒体直接或间接地建构。"① 他主张用中性化的词语"媒体文化"的概念取代"大众文化""流行文化"等概念。"媒体文化是当今的主导文化，它替代了精英文化的诸种形式而成为注意力的中心，并对很多人产生影响……更有甚者，媒体文化已经成为社会的主导力量……制造新的认同榜样以及引人共鸣的风格，时尚和行为的形象等。"② 在他看来，媒介已经拓殖了文化，并成为配送和播散文化的基本工具，我们已生活在一个媒介主宰着休闲和文化的世界里。"如果说以往传统文化的分类原则是以符号和符号系统的分野作为依据的话，

① 王蔚. 媒体文化研究的进路——道格拉斯. 凯尔纳访谈录［J］. 文艺研究，2014（7）.
② 〔美〕道格拉斯·凯尔纳. 媒介文化——介于现代与后现代之间的文化研究、认同性与政治［M］. 丁宁，译. 北京：商务印书馆，2013：32 - 33.

那么在媒介文化的研究中，符号的分类原则就让位于媒体和传播手段的分类……不同的媒介方式产生不同的文化，只有了解新的媒介手段和媒介文化，新的意义才会源源不断地生产出来。"① 新媒介技术的发展使得人们的日常社会生活被网络渗透，信息的传播活动比以往任何时候都更为便捷和活跃，也同时孕育出新的媒介文化，新文化与新媒介一起成长，共同影响着人们的生活。移动视频媒体的出现使得人们的日常生活图景在移动网络瞬间传播，日常生活的媒介化使媒介仪式无时无处不在，移动视频媒体以高频次的仪式化体验方式介入生活，成为人们的文化日常。

从某种意义来看，社会的发展与其文化体系和文化秩序密切相关。英国学者布瓦索认为："一种文化秩序也许是我们作为个人在我们日常行动中最容易认为是理所当然的事。"② 可以毫不夸张地说，文化秩序是一个社会的文化规范与行动指南，虽然人们可能因其被内化而对其指导作用并不自知。媒介文化的功能在于以信息传播方式建设其内在的文化环境，确立并构建适应人的发展要求的文化秩序。移动视频的蓬勃发展给广大受众带来了媒介使用的便利，使人人能够用视听手段即时表达自我，移动视频媒体以其视听一体的伴随性为民众媒介狂欢的恣意释放提供了出口，促成了人们自我展示与个性张扬的视频达成，使个人身份的媒介建构与公共空间的大众营造空前统一。同时，媒介自主权的扩大使受众在媒介使用中占据着主动地位，但这种自由往往成为刻意引导与纵容的假象。媒介文

---

① 蒋原伦. 媒介文化十二讲［M］. 北京：北京大学出版社，2010：27.
② ［英］马克思. H. 布瓦索. 信息空间——认识组织、制度和文化的一种框架［M］. 王寅通，译. 上海：上海译文出版社，2007：471.

化活动常常沦为功利化、商品化的商业活动，移动视频媒介文化功能的泛化引人深思。

第一节　民众媒介狂欢的恣意释放

美国的经验学派的"使用与满足"研究范式把受众看作有特定需求的人，强调对受众的自我选择的重视，在媒介活动中，受众是主动的媒介使用者，他们有特定的需求和动机并得到满足，受众自我信息寻求对传播的效果有很大的影响。丹尼斯·麦奎尔等人归纳了四种满足的基本类型：娱乐消遣、人际关系、自我认同和环境监测。在手机的使用动机与行为研究方面，已有研究证实工具性使用动机与手机上网和信息搜索相关，而消遣型动机与使用手机视频游戏相关。[①] 和任务导向的工具动机相比，手机视频更倾向于娱乐工具。[②] 移动视频媒体的消遣娱乐功能显著，视听一体的便利伴随性使其成为民众恣意释放的媒介狂欢。

一、全民参与的媒介娱乐

狂欢文化作为一种庆典和仪礼文化有着悠久的历史，狂欢节的主要仪式就是戏谑地为狂欢国王加冕和随后脱冕，象征着交替与变

---

① Wei，R. *Motivations for using the mobile phone for mass communications and entertainment* [J]．Telematics and informatics，2008（25）：36.
② 李剑宁. 手机端的微影使用动机与行为研究 [J]. 北京电影学院学报，2011（6）．

更、死亡和新生的精神。伴随着文化的发展，狂欢节的宗教意味逐渐减弱，戏谑成分得以保留。媒介延伸了人类的感官，提供了感知世界的新的方式，纸质媒体使知识得以固化留存，声音媒体使人类听得更远，视听媒体平衡了视听感官，传递了更为丰富、更为立体的媒介信息。互联网的出现和发展使普通受众第一次在信息传播中占据主动地位，而移动视频则综合了之前的媒介形式，实现了人们随处行走中随时的视听传播，为用户带来了一场前所未有的媒介狂欢。

网络时代特别是数字化技术的出现，使得随时抓取更具层次感、纵深感的视频成为可能，视觉刺激使人们应接不暇，图像和视频占据了统治地位，文化舞台为一片灿烂色彩所占据。正如丹尼尔·贝尔所言："目前居'统治'地位的是视觉观念。声音和景象，尤其是后者，组织了美学，统率了观众。"① 互联网的兴起催生了图像思考视觉型的年轻族群，他们善于运用图像的表达方式，以直观化和形象化的方式感知和把握世界。印刷时代视觉形象消极被动的从属地位一去不返，在新的媒介条件下，文化的视听化势不可挡，视听形象越发醒目地彰显了发自其本体的支配力量，对人类生活展开了包围和渗透。随着媒介技术的不断发展，移动智能终端逐渐普及，移动视频的应用与即时传播迅速扩散开来，形成了一种充溢着强烈心理刺激和感官愉悦的全民狂欢化氛围。一方面，移动视频的接受进入生活的常态，另一方面，移动视频的制作与分享掀起了新的娱乐风潮。拍摄视频不再是职业人员的专利，"全民拍客"兴起，随手

---

① 周宪．视觉文化的转向［M］．北京：北京大学出版社，2008：35.

拍摄随时记录成为普遍的媒介需求，之前从未体验的视听快感渐渐被移动视频用户认同，生活中的娱乐情绪经由移动视频传播扩散，并在这种新的娱乐形式中转化为自然的需要。

从移动视频应用的功能来看，其对现实的再现和表征能力超过了人的视觉感官，提供了一种更加"唯美化"的现实，其炫酷的视觉效果和创意的拍摄手法所带来的愉悦与成就给予用户娱乐的快感。如各种MV特效、滤镜遮罩等视频美化处理内置技术，放大、重放、慢镜头、蒙太奇等一键剪辑效果，照片电影、"小黄人""脸萌"等附加元素，根据视频切换随即自动添加渲染等音乐手段，使用户拍摄制作视频更加便捷，成片迅速且更具可视性和观赏性。

同时，人们的生活节奏越来越快，空闲时间也越来越碎片化，智能手机、平板电脑等移动终端的普及填补了这些碎片时间，移动视频进一步延展了媒介狂欢，让更多的用户参与视频信息的收集、制作和传播中，用户观看分享、生成上传视频的过程大大简化。即发即视、即采即放的即时性使得用户能够快速共享视频，在充满着狂欢的氛围中体味媒介娱乐难以抗拒的魅力。

从媒介发展的历程来看，传递信息完整但受众参与程度较低的热媒介逐渐式微，向提供直接信息较少、留有充足空白以引发受众参与的冷媒介发展，传播者单向主导信息传播和接收方式向传受互动、受众在传播活动中享受实现自我意志的自由过渡，受众参与程度成为传媒文化发展的重要指征，移动视频媒体所形成的互动式大众狂欢正顺应了传媒文化的发展趋向。作为一种新的网络传播方式，移动视频之所以不同于其他媒介形式，正在于它能够让更多的受众参与视频信息的收集、制作和传播中，为网民构建了一个表达自我的视觉文化平台，也使其在大众传播中拥有了更多的话语权，共同创造了狂欢化的媒体现象。

当然，现代媒介的视觉狂欢趋向对社会文化有着深远的影响，它加剧了审美的物化，视觉形象正从无功利的审美向功利性的视觉诉求转变。当前媒介文化出现了某种矫枉过正的倾向，从对受众的忽视变为对受众的臣服，从对娱乐的拒斥变为对娱乐的追捧，媒介文化为娱乐风潮所裹挟，一步步地诱导着人们沉溺其中难以自拔。移动互联网技术的发展使得移动视频媒体能够随时随地而动，这种全民参与的媒介娱乐需要在有序的引导下规范进行，唯有如此，娱乐才能真正成为人们日常生活的放松和消遣，而不是成为所有生活内容的替代性满足。

二、碎片化的日常仪式

这种全民性的媒介娱乐狂欢活动不仅体现在参与者之广，更体现在媒介使用时间之长，移动视频媒体的便利性即时填补了人们的碎片时间，使得人们浸润在伴随式的媒介氛围中得到快感和愉悦，并由每一受众为中心，向周围广泛传播，以一种强大的力量影响着人们的日常生活。移动视频以内容广泛、形态多样的特点及广泛的参与性、随意性受到人们的喜爱，成为碎片化时间新的娱乐消遣方式。

移动视频媒体具有显著的大众参与性和随意性，这使得更多的人能够利用碎片化时间随时随地进入媒介生活，同时，移动视频的易分享性让用户可以随手拍随时分享，即时媒介社交成为社交的常态。

　　"媒介文化把传播和文化凝聚成一个动力学过程，将每一个人裹挟其中，于是，媒介文化变成我们当代日常生活的仪式和景观。"①媒介本身有一种天然的仪式感，这一仪式感之前体现为民间节日的媒介化和重大事件的仪式化，而移动视频媒体对日常生活的深度介入，使得这一媒介仪式泛化为伴随性的日常状态。移动视频媒体的实时影像记录及分享，对日常生活和行为模式进行着媒介摹写，受众的生活被媒介表现为碎片化的日常仪式。

　　从民间节日的媒介仪式化到民间生活的碎片化仪式，人们的媒介参与从有限节日的被动媒介化到日常生活的主动仪式化，媒介使用空前频繁和密集，线上和线下已然成为密不可分的一体，人们的生活充分媒介化，仪式无时无处不在，移动视频媒体的媒介文化功能发挥着普泛的意义。

三、即时传播的媒介奇观

　　"奇观"一词源自拉丁文，又称"景观"，这一概念由法国思想家居伊·德波（Guy‑Ernest Debord）在其专著《景观社会》中最早提出，指一种主体性的"有意识的表演和作秀"②。德波发现："在那些现代生产条件无所不在的社会中，生活的一切均呈现为景象的无穷积累，一切有生命的事物都转向了表征。"③美国媒介文化学者道格拉斯·凯尔纳关注传媒文化在当代所产生的社会现象，将景观

---

① 蒋建国.符号景观、传媒消费主义与媒介文化向度［J］.新闻与传播研究，2008（4）.

② ［法］居伊·德波.景观社会［M］.王昭凤译.南京：南京大学出版社，2007：22.

③ 陈龙.传媒文化研究［M］.北京：中国人民大学出版社，2009：160.

理论发展为媒介奇观，用来指当代社会中的冲突和解决方式戏剧化的媒体文化现象。奇观理论的提出与 20 世纪 60 年代西方消费时代的到来有着直接的关系。消费时代不仅意味着物的空前集聚，而且意味着一种前所未有的消费文化的形成。移动视频媒体的出现使得日常生活成为媒介消费的主要内容，媒介之前的生活是记录也是表演。同时，移动视频媒体具有强大的即时传播功能，能够让受众在第一时间接收到亲友视频或订阅视频，还能够迅速引发话题围观，形成即时传播的媒介奇观，创造出惊人的传播效果。

作为一种社会文化现象，"奇观"是以视觉形式出现的一种表征，一种表面热闹、表面富有吸引力的文化外在形态。从历史的角度看，"奇观"是人类文化史中由来已久的一种现象。远古先民的宗教仪式、中世纪的圣像崇拜、拉伯雷时代的狂欢节、路易王朝的断头台、大革命时代的庆典，这些都构成了奇观的场景。这些奇观场景的形成建立在空间区分的基础上，神圣的空间和日常生活的空间相区隔，成为独立于日常生活的仪式化场景，提供文化发展的奇观效应。相比之下，当代社会的媒介奇观出现了明显的泛化，已经没有了明确的空间区分，而是在不同的时空灵活游走，随时随地都可能形成奇观场景。与此相呼应，奇观的基本元素也走下神坛，从供人瞻仰膜拜的神圣变为人人喜闻乐见的热闹与好玩。移动视频媒体能够以影像提供随时随地的媒介娱乐，之前为明星所独霸的媒介奇观，在移动视频媒体便利的聚集效应下，成为人人能够实现的媒介日常。

移动视频媒体即时传播影像的特性使媒介话题变得更加鲜活可感，在话题的渲染下，迅速形成围观，日常生活的点滴均可成为媒介狂欢的契机。同时，话题围观也使得日常生活超越了原有的文化内涵，那些成为物的表征的东西，逐渐聚集于代表社会文化物质力量的视觉图像，为大众的日常生活体验提供切入点，引发全民参与体验传播，形成无处不在的媒介奇观。

第二节　自我展示与个性表达

作为典型的伴随媒介与介入性媒介，移动视频媒体具有明显的个人媒介的特性。移动视频媒体所带来的普泛的狂欢性与人们日常生活中对快感的渴求有直接的关系，人们需要在狂欢中建立自我认同，而多元化的移动视频内容满足了不同类型受众的日常生活体验的需要。

同时，移动视频媒体呈现出私人空间与公共空间相交融的状态，受众从被动消费者变为主动的视频创造者，个人化、分散化的个人媒介互相连接成交互化、社会化的网络。受众规模庞大，活跃度较高，根据自己的需要，"以自我为中心"构建自己的视频网络，塑造了一种新的传播情境，让受众在能够充分表达自我，有归属感、认同感的同时又置身于社会公共网络中。

一、个体表现与诉说的媒介满足

在现实社会中，由于受各种各样条件的限制，人们往往无法自由地展示和表露自我。性别、年龄、生理特点等天赋条件的不同，气质、性格等个性心理特征不同等，均会影响自我的充分展现，中国普遍的含蓄传统更使得隐含式的自我表达成为难以逾越的集体无意识。"第一印象""认知偏差"等的影响，必然削减天赋条件相对较弱者自我的表达机会。内向型性格的人很难为自我展示和自我实现扫清心理障碍，他们往往不能有效利用现实社会提供的舞台充分展示自己，通常习惯性地选择将自我表达的欲望压埋在心底。并且在中国传统表达的影响下，个性的恣意释放难以获得人们的认同。移动视频媒体便利的自我记录功能赋予用户平等的机会，提供了一个自我表露的虚拟平台及即时回馈的互动社区。移动视频用户选择合适的时间和空间，用自己喜欢的方式在志同道合的群体中表达自己，并且能够在感觉不适时随时抽身而退。

　　移动视频媒体的出现打破了传统媒体对视听信息的绝对垄断，传受关系变得多元，受众主动传播的愿望得到强化。移动视频媒体以便利的视听全方位地满足用户的表现欲，即时传播使得用户能够迅速地释放自己的表现欲，轻松构建属于自己的影像王国。在这个用户个人打造的影像王国中，可以收藏自己喜欢的视频并评论、转发，可以制作自己的视频并即时分享给好友观看。在移动视频的媒介使用中用户成为主角，移动视频媒体成为个人神话。小咖秀从满足用户的表现欲出发，通过配合既有声音素材的影像表演，秀出自己，体会一把"咖"的感觉。广受用户追捧的美拍即主打拍摄，以优质的 MV 效果，让用户参与创作，成为美拍的主角，这也激发了用户自身的传播。美拍片尾还特别设置"导演"二字，强化用户的表现欲和成就感，再加上 MV 效果，能有效激发分享欲、增强自传播，从内置分享机制上让用户迈出分享第一步，提高用户的参与感。

　　在自我主角光环的加持下，个体表现得以满足，同时，这种表现的满足得益于"假想观众"的意识，传播者持有这样的信念，他人也会像自己一样关注自己。这种信念导致了对自我意识的强调、对他人想法的过度关注和对于现实和想象情境中他人反应的预期。人人都是主角，人人都是别人的假想观众，形成自足的移动视频社区。移动视频应用非常注重打造激发用户表现欲望实现的社区活动，如各种各样的"玩转美拍"，引导用户积极拍摄内容，参与话题活动，如全民社会摇和迪拜摇，促使更多人参与到这种自我表现，并通过线上线下的互动，把活动延伸到现实生活中，从而增加共同话题，在现实的人际互动中作为谈资，拓宽社交和用户交往的视野，增进人们的精神交往，并带来心理上的安全感和满足感。

移动视频媒体所带来的个体表现与诉说的媒介满足集中体现在UGC部分。随着媒介技术的进步，借助科技提升用户体验，移动视频媒体必将进一步改善用户生活品质，注重 UGC 的价值升级，提高信息传播效率与互动质量。同时，降低民众交流门槛，满足个体表现与诉说的欲望，解决基层文娱需要，消除隔阂和孤独感，提升幸福指数。

二、媒介社交的视频达成

中国网络视频研究中心主任钟大年认为，网络视频已经从注重内容的文化属性开始向注重互动交往的社会属性拓展。① 移动视频由于其记录和表达功能自身就具有一定的社交属性，和社交媒体的功能连接进一步放大了这一视听图文全方位表达的社交媒介。借助

---

① 中国短视频与直播联盟成立 专家热议短视频社交属性［EB/OL］. 新华网，2017 – 11 – 11.

移动视频媒体，无数视频信息在其中汇集扩散，人们依照自己的喜好遴选视频加以评论并二次传播，每一个移动视频用户自然形成一个媒体，生产、加工、过滤、传播着各种信息，在表达自我的同时又相互分享，在网络世界中不断扩展自己的社交网络，逐渐建立起新的人际关系网，并经由线上线下的互动，实现网络世界与现实世界的交集。

随着移动网络的普及和移动智能端摄录编辑功能的便利化，媒介使用的障碍逐渐扫除，移动视频媒体的准入门槛越来越低，现实生活中无论是意见领袖还是平民百姓，都能参与其中，自由观看分享、制作发布视频，具有相当的平等开放性。用户可以根据个人兴趣对视频信息进行评论和再传播，制作个人视频使分享互动达到媒介社交的极致。在这种双向甚至多向信息传递中，用户基于兴趣或者某一固有属性聚集形成网络社区，移动视频的传播形成裂变效应。

移动端摄录功能的强化和移动互联网的发展为移动视频媒体的社交化提供了便利的平台，移动视频的生产制作及传播过程得到了极大程度的解放，便捷的操作性及优质的用户体验使得人们更愿意在移动端观看、分享及上传、下载视频。同时，移动视频应用的充分发展，其便捷性与操作简易性使得多任务并行成为用户处理信息的常态，视频观看、评论转发、社区分享、手机游戏、即时通信等在需要的时间点，自如地进行不同任务的即时切换。移动视频与社交媒体在同一段碎片化的时间里得到了极好的融合。

移动视频传递比文字图片更丰富的信息，和日常交往相比，在移动视频媒体形成的人际传播中，用户对交流对象、交流主题等有更多的自主选择性，因而也更具控制力，通过以移动视频的形式展示自己以获得接纳和认同，形成对自我的再认识，能够找到现实生活中难以实现的心理补偿，从而增加自信心。

此外，分享心理在移动视频社交中也起着重要作用。New York Times 和 Latitude Research 发布的名为 *The Psychology of Sharing* 的研究报告，认为人们乐于分享信息的心理动机有："1. 我们喜欢和其他人分享有价值和娱乐性的内容；2. 我们通过分享来定义自己并得到一些他人的验证；3. 我们通过分享来夯实和他人（粉丝）的关系；4. 我们通过分享来实现自我满足；5. 我们通过分享来宣扬或者支持一些理念、品牌等。"[①] 人们分享移动视频，是基于其自身心理需求而产生的自主行为，其实质在于满足用户自身的某种内在需求。用户通过分享来实现自我满足，并获得他人的认可，尤其是自己制作的视频被接受时能获得更大的心理满足。在这一心理动机的支撑下，移动视频媒体蓬勃发展，成为人们视听表达与交流的得力工具。

移动视频媒体更加有效地缓解了日常线下社交中被称为"刺猬的两难"的情感冲突，他们一方面可以以移动视频为媒介表达个人的情绪，充分交流个人的情感，另一方面又可以避免面对面的接触，以便隐藏自己的客我。这一情感冲突借助移动视频媒体得以顺利解决，使得媒介社交一方面具有线下社交的鲜活视听效果，一方面又能够有效规避社交双方面对面相对的尴尬，从而增加了社交选择的自由度，能够在更广泛的层面选择更合适的社交对象。

同时，移动视频媒体将现实世界与网络世界紧密联系起来，在其推动和促进之下，影响着人们在网络世界与现实世界中的各种行

---

① Latitude Research. "*The Psychology of Sharing*" ［EB/OL］. Latitude Research, 2011 – 07 – 14.

为，编织起媒介社交和现实社交交融的无边大网，构建社交的丰富
多样性，从而使媒介社交在视频的层面全方位达成。

第三节　个人身份的建构与公共空间的营造

一、个人身份的媒介建构

随着网络的普及与发展，信息传播逐渐去中心化，媒体单向塑
造某一群体媒介形象的时代一去不返，受众主动使用媒介寻求身份
认同的现象日益突出。在以网络互动性为背景的后视频时代，文化
和技术的门槛被跨越，媒介从业者一度专有的话语权开始松动，大
众媒介固有的封闭性、预设性和完整性不复存在，受众在观看视频
接收信息的同时也可以制作分享，移动视频具有明显的碎片化、去
中心化的特征。受众不需要借助传统传媒机构就能获得相对平等的
话语权，媒介自主性和参与意识空前强烈。这种传受同体的双重性
特征使得受众拥有充分的个人媒介话语权力，对个人身份的媒介建
构起到了积极的促进作用。受众主动地通过媒介发声，寻求合法化
的身份认同及媒介身份带来的归属感，并自觉形成利益集团，维护
自己的合法权益。

后视频语境下，不仅预设文本由完整统一和不可更改变得相对
开放，而且，受众自制文本也有了成为意义中心的可能性。这一转
变对视频的发展具有革命性的意义。美拍片尾特意设置的"导演"
二字，不仅强化了受众的表现欲和成就感，而且成为受众个人身份

媒介构建的典型表征。传统媒体单向度的传受模式一旦改变，充满互动性、高度个人化的媒介环境势必激发出受众潜在的创造力。人们随时随地地拍摄、制作、上传视频，移动视频的生产力得到了解放，作为生产者——"导演"参与移动视频的制作成为媒介参与的常态，大大释放了媒介话语权力，使人人化身"导演"成为必然的结果，从而在深度参与中完成个人身份的媒介建构。

这一媒介建构身份的过程满足了个人媒介参与的愿望，使移动视频社区成为与线下社区同等重要的社会网络，甚至因其虚拟性、跨时空性带来了更大的交流便利性与自由度。其中爆发出各式各样不乏出位的移动直播，也涌现出以辛辣又调侃的视频评论针砭时弊的 papi 酱。其媒介身份的形成与现实身份不尽相同或大异其趣，终归在媒介自由与包容的基础上以自己的意趣建构了个人身份的媒介面目。同时，其参与交流的内容及载体——移动视频的爆炸式发展，使得之前一直困扰网络视频行业发展的"内容"资源的解决变得可能。美拍、快手、小咖秀等因广泛的受众参与，视频内容没有匮乏之虞，梨视频等借助运行良好的拍客系统时时更新资讯。无论是娱乐式的视频纪录、表演式的视频参与，还是对社会现状的视频关注，受众在作为"导演"建构媒介身份的同时，也搭建起一座社交的桥梁，并把视频生产推进到前所未有的广泛和丰富程度。

二、公共空间的大众营造

从某种意义而言，移动视频媒体奇妙地综合了个人媒介与公共媒介，在完成个人身份的媒介建构的同时，开辟了一个由大众营造的公共空间。随时随地摄录及发布的时事参与，在受众主动选择的媒介参与中，唤起民众思考，亦实现了以个人聚集方式形成的公共领域建构。

随着移动互联媒体的出现和繁荣发展，我国公民意识和公民精神增强，公民整体文化素质提高，公众对信息公开透明和主动传播的欲望加强，对表达权、监督权、知晓权等媒介权利渐渐熟知并广为使用。移动互联网络便利的互动平台，契合了他们参与社会、重置话语权的期望，将长期压抑的对社会的关切情绪释放出来。在日常生活中，个体能够对身边发生的公共事务及时做出反应，充分运用移动智能终端及时捕捉和抓拍形象生动的素材并迅速上传至网络，在以个人视角记录发声的同时传播信息，并以在场者的身份给出鲜活的反馈。

在哈贝马斯（Jürgen Habermas）看来，公共领域的存在必须具备参与者、媒介、共识三个要素：具有独立人格、能够就"普遍利益问题"展开理性辩论的"私人"；能够保障参与者自由交流、充分沟通的媒介；由"私人"组成的"公众"能在充分辩论的基础上达成共识。① 移动视频的广泛应用使得个人媒介与公共媒介的融合成为可能。移动视频 UGC 部分的生产和传播主体是具有独立评判和表达能力的成熟用户，移动视频媒体方便快捷，具有伴随性和日常性，准入门槛较低，开放地容纳用户的交互活动，为用户自由平等地参与媒介使用提供了基本条件，能够保证最广泛用户的参与和以视听图文多形式进行的全方位的交流与沟通。

作为大众传播的经典理论，"议程设置"强调媒介从业者为受众

---

① 〔德〕尤尔根·哈贝马斯. 公共领域的结构转型［M］. 曹卫东，王晓珏，刘北城等，译. 上海：学林出版社，1999：187－205.

设定议事日程的功能：大众媒介可以通过提供信息和安排相关的议题来有效地左右人们关注某些事实和意见，以及他们对议论的先后顺序；受众会因媒介提供议题而改变对事物重要性的认识，对媒介认为重要的事件首先采取行动。互联网低门槛易操作的特性，改善了大众传播时代单向传递信息、受众弱反馈的不足，赋予了普通民众与媒介从业者相似的设置议程的权力。议程设置不再是大众媒体的特权，拥有媒介使用能力的个体网民同样能够为社会设置议程。移动视频媒体便捷的摄录与发布功能使受众的议程设置能力从文字提升到视频，一段个人摄录的视频即可能成为公众议程的发端，而视频在移动社区的裂变式传播则可能使公众话题持续发酵，从而与公众议程甚至政府议程之间呈现出一种频繁互动的趋势。在反腐过程中，屡屡出现个人视频与公众话题的渐进式滚动与推进，其中不乏公众议程通过媒介议程左右政府决策的典型案例。

　　同时，由政府或专业从业者制作发布的移动视频也越来越注重与个人视频的交合点。在 2014 年"两会"报道中，秒拍成为央视全国"两会"新媒体报道合作伙伴，许多记者通过秒拍向公众发布最鲜活的现场视频新闻。央视财经频道"两会"特别节目《小丫跑两会》的结尾播出网友通过秒拍、微视上传的"两会"心愿短视频，央视国际频道的《我有问题问总理》节目通过秒拍向网友征集微梦想短视频。2018 年"两会"期间，新华社、人民日报、光明日报、央视等主流媒体持续推出微视频，为广大受众的移动端提供丰富的资讯，短视频和直播视频成为"两会"热门的报道方式。央视发挥其在视频制作和传播方面的天然优势，独家短视频打头阵，并联合微博推出 24 小时新闻频道"央视会眼"，推动央视"两会"报道短视频内容的传播，网民可以随时利用碎片化的时间收看央视"两会"相关报道，获取权威资讯。人民日报发布短视频音乐 MV《中国很赞》，通过原创手指舞，用充满活力的方式，创意表达对新时代的期待和祝福，迅速引发刷屏，在微博、快手、抖音、哔哩哔哩等青年人喜爱的新媒体平台上形成热点话题，成为 2018 "两会"期间现象级作品。光明日报"两会"期间推出的《光明的故事》《握手瞬间》《朋友习近平》等系列短视频，影响广泛。人民视频客户端则在现场直播视频、重量级嘉宾访谈视频、原创视频等众多领域发力，产生了较大影响力。

从《习大大爱着彭麻麻》的民间制作到复兴路上工作室的政治宣传片，到人民日报的视频行动，再到央视新闻客户端的系列视频，新媒介与传统媒介，传统媒介与传统媒介，大众传播与普通民众、政府之间的议程互动顺畅而密集，视频的质量与风格各异，互动方式多样，个体参与议程设置的可能性在逐渐增大，传播效果得到极大的提高，传统议程设置理论在新的媒介形势下不断发展。随着普通民众公民意识的提高，个人移动视频影响媒介议程、公众议程进而影响政策议程的情况已经越来越常见，大众营造的公共空间的边界得到极大的拓展。

第四节　中国故事的另类讲述

所谓亚文化，"是更广泛的文化内种种富于意味而别具一格的协商，它们同身处社会与历史大结构中的某些社会群体所遭际的特殊地位、暧昧状态与具体矛盾相适应"①。青年亚文化作为一种普遍而又独特的文化现象，集中展示了青年群体的精神现状和文化实践。基于移动互联网络的移动视频媒体使青年亚文化形成以趣味导向为主的小群体式的"集体狂欢"和视听化的自我表达。一方面，青年亚文化群体通过不同的表达形式和态度对主导的文化系统进行挑战，从而形成文化创新；另一方面，青年亚文化以其团体或集合的名义试图和现存的社会规范和制度达成妥协。这种挑战与妥协，凸显了青年群体在移动互联媒介环境下的视听偏好和文化成长，成为青年亚文化讲述中国故事的另类视角。

一、移动视频媒体：青年群体文化创新的得力载体

青年群体富有创造力和想象力，他们不断追求技术突破，推动新兴媒介迅速发展。而移动互联网去中心化和个人化的理念与青年群体的反主流文化倾向更是一拍即合。在后视频时代，青年群体的视听媒介能力日渐凸显，移动视频媒体迅速成为青年群体文化创新的得力载体。

美国社会学家曼纽尔·卡斯特（Manuel Castells）指出，20 世纪70 年代美国网络技术早期的研发"与60 年代由美国校园文化发展出来的自由文化、个人创新以及企业精神有关"。② 青年群体以鲜活的生命力在对主流文化的挑战中形成独特的文化创新。20 世纪 80 年代

---

① 〔美〕约翰·费斯克. 关键概念——传播与文化研究辞典［M］. 李彬，译注. 北京：新华出版社，2004：280.
② 〔美〕曼纽尔·卡斯特. 网络社会的崛起［M］. 夏铸九，王志弘，等，译. 北京：社会科学文献出版社，2001：6.

之后，随着全球消费社会的形成和互联网时代的来临，青年亚文化的文化风格逐渐改变。在安迪·班尼特、基恩·哈恩－哈里斯编的《亚文化之后：对于当代青年文化的批判研究》和 David Muggleton 和 Rupert Weinzier 主编的《后亚文化读本》中，都用"后亚文化"一词取代"亚文化"。后亚文化呈现出混杂性、分裂性和民主参与性等特征。

当代社会的流动性和碎片性使文化日趋碎片化和多样化，青年亚文化常常表现为多种风格的混杂与并存。依托于移动互联网络的青年亚文化打破了空间限制，没有固定的空间和场所，也因而表现出更多的包容性。青年群体在虚拟社区往往以共同的生活方式和趣味为中心开展社交活动，结成松散多变的短暂联盟，注重个性发展，强调共享的交流体验。这种较少约束的兴趣组织强调个人之见的交流对话，反对主流文化的霸权体制，鼓励另类社区的形成，利于在自由的氛围中形成文化创新。同时，基于兴趣的社区通过现代媒介技术将来自不同空间的青年聚集在一起分享信息、交流情感，并积极寻求身份归属，促进互助和认同。

移动互联网为青年群体提供了一个便利的虚拟空间，这个新的场景和空间使得阶层、种族和社会性别变得模糊。人们在网络空间的身份与现实生活中的身份可以是分裂甚至是对立的，或者说，在网络空间里，人们得以脱下现实生活的面具，裸露出更本真的自己，可以从"他们日常生活中的社会经济和文化束缚中解放出来，以跨地域的可交流的青年文化话语为基础，自由自在地结成新的联盟"①，甚

---

① 〔英〕安迪·班尼特. 虚拟亚文化？青年、身份认同与互联网［M］//安迪·班尼特，基恩·哈恩－哈里斯. 亚文化之后：对于当代青年文化的批判研究. 中国青年政治学院青年文化译介小组，译. 北京：中国青年出版社，2012：195.

至可以跨越各种身份界限，重新建构自己所渴望的身份认同。

移动互联媒体具有更强的互动性，使青年人有了更多的文化参与机会，为青年开启了种种创造的可能性，体现了一种开放的民主参与性。年轻人利用新兴的互联网媒体，通过文化参与创造带有自我建构和自反性色彩的亚文化身份认同形式。移动视频媒体的视听全方位表达和多功能应用为青年亚文化的构建与传播提供了充足的自由度，青年的创新性得以充分发挥，释放出更多的创造力。

对于青年亚文化群体来说，移动视频媒体不仅为亚文化社群的身份建制提供了空间，而且也最大限度地激发了他们的文化创新能力。与现实世界中媒介产品有所不同，新媒介空间中的媒介产品是作为一种开放性文本而存在的，亚文化社群的成员可以根据自身对特定身份或事物的理解来建构自己的网上身份。随着网络技术的发展和移动智能终端的普及，越来越多的网生代青年成为移动视频媒体用户，移动视频应用已经成为青年人的日常性活动，在颠覆青年群体间传统的信息传播和社交模式的同时，不断进行文化创新，形成了与主流文化相异的青年亚文化。作为移动视频媒体最初的实践者和忠实的追随者，青年群体以拼贴重组、自我记录等文化实践活动讲述个性化的故事，恣意对社会现象进行嘲讽和评判，以另类的方式表达自我并参与当下的文化生产和消费。

二、高校移动短视频：青年亚文化与主流文化的成功接轨

亚文化的特质在于其从文化整体中孕育而又区别于母体文化，同时与母体文化保有一定程度的一致性。高校移动短视频文化脱胎于其母体文化——影视文化，既有与影视文化一致的即时性、普及

性、直观性，又有自身的碎片化、快捷性、草根性等特点。同时，由于其以高校青年学子为主要的传授对象，通过短视频的创作和传播对传统的媒介生产内容、生产方式及其包含的文化意蕴进行自觉不自觉的抗击，是当下全民娱乐的背景下产生的青年媒介抵抗，带有明显的反叛性、颠覆性等实验性质，仪式感鲜明，属于青年亚文化的范畴。

高校青年学子虽然一度被称为"天之骄子"，但从文化层面来看，其整体上仍然处于青年亚文化的边缘地带。高校青年学子从生理年龄上已成年，但中学长期超负荷的单调学习生活使他们大多视野狭窄，文化心理上的成人化程度普遍落后于生理年龄。进入大学之后，突然宽松的管理环境和相对闲暇的个人时间为自我心理成长提供了必需的发展空间，但高校青年毕竟是一个尚未踏入社会的聚集群体，边缘化的社会位置也同时决定了其青年亚文化的文化性质，反叛、颠覆、游戏、狂欢等特征明显。当然，在一个多元的社会，青年亚文化应有其合理的存在空间。作为必经的文化心理成长阶段，青年亚文化甚至可以在某种程度上达到促进青年成熟的作用。毕竟，人不可能一直处于激进状态，狂欢之后必然会有平静的思考。

在新的媒介环境下，接触媒介成为一种狂欢仪式的起点，网络媒体的出现为高校青年学子创造了自己的独立社区，而短视频本身的草根属性和恶搞渊源天然地与青年亚文化吻合，高校移动短视频创作成为高校青年亚文化的一个有效出口。从高校文化整体考察当下西方文化的冲击、传统文化的淡漠等使高校文化进入一个唯"西"和唯"我"的怪圈，社会主流文化以课堂、讲座等传统形式进入高校，对青年学子的影响远远不够，因为被动的文化接受与处于反叛时期的青年相对对立。主流文化进入高校移动短视频创作则有望促成青年亚文化与主流文化的成功接轨。高校移动视频创作从属于青年亚文化，其"固然还有风格化层面的离经叛道和惊世骇俗，但更多的是在游戏化、日常化的媒介消费中对中心和权威的消解与颠覆带来的影像狂欢……展示着创造的热情与活力，蕴含着视像文化建构的新的可能性。"① 这种可能性对青年亚文化与主流文化接轨起着至关重要的弥合作用。

一方面，移动短视频的游戏、发泄特性悄然消解了青年亚文化对主流文化意义的正面抵抗，使得青年亚文化与主流文化的接轨成为可能。作为高校青年学子生活、学习的一部分，高校移动短视频创作和传播对青年亚文化的承载意义重大。当下社会并没有为急速成长的青年学子提供量身打造的文化形式，流行的偶像剧等与青年亚文化结合，迅速成为被广为追捧的"星文化"。而这种星文化却大多以明星相号召，以物化的情感颠覆传统的责任与付出，在一片众声狂欢中设置远离现实的想象城邦，往往缺少对青年学子的积极引导与文化滋养。高校移动短视频创作在一定程度上形成了自己的"星文化"，并由于个人意愿的加入变得更易于接受和传播。在此过程中，主流文化以原创的形式进入，以青年亚文化的面目出现，青年学子在"游戏""玩耍"的亚文化心态下展开短视频创作和传播，同时完成对主流文化的关注和讨论。这种文化介入由于个人的主动参与充满了自主的仪式感，因此无论创作还是传播，都成为明显的自主狂欢。

---

① 陈霖、邢强. 微视频的青年亚文化论析［J］. 国际新闻界，2010（03）.

另一方面，这种狂欢落幕之后，留下的不是蒙胧的睡眼和无人打扫的场地，而是货真价实的对社会文化参与的自豪感。与影视追星浪潮狂欢相比，青年学子的身份一是粉丝群，二是创作群，在短视频创作传播的过程中，创作者甚至可能成为别人追粉的对象。就传播的意义而言，粉丝的身份带来的是纯粹的娱乐和消遣，而创作者的身份除娱乐消遣外，另有沉甸甸的分量：创造的成就感。虽然这份创造的成就感需要与之相匹配的辛勤付出，但对即将踏入社会的青年学子来说，有的是精力，缺的是方向和目标，这份成就感对其心理成长和社会化大有裨益。移动短视频创作使青年学子在原有的高校身份归属之外，多了与社会的联结。这使其走出象牙塔，参与到真正的社会生活中，成为社会群体的一部分。

第五节　移动视频媒体媒介文化功能的反思

移动视频媒体强大的移动视听与媒介社交功能深得受众的青睐，同时带来了媒介文化产品的蓬勃发展，受众的媒介文化活动在日常生活中的位置日趋重要，媒介文化呈现出前所未有的繁荣景象。与传统媒体时代受众囿于科技、经济等因素与视听媒体的无奈疏离相比，后视频时代的受众参与度和投入度高，移动视频媒体的媒介文化功能空前强大。但同时，也表现出一种矫枉过正的文化乱象，媒介文化的浅表化、娱乐化导致媒介文化主体的丧失，文化繁荣的背后掩盖着文化狂欢的单一，媒介文化体系亟须去粗取精、积极重建。

一、从受众到用户：自主权扩大的反思

媒介的发展使传统媒体时代的受众摇身一变为用户，这一方面意味着媒体对受众的足够重视，另一方面也意味着受众是在主动地使用媒介而非传统意义上的接受。毫无疑问，用户在媒介使用上的自主权扩大了，移动互联技术使视频即时互动能够全民参与，成为草根传播的新形式。视听兼具、图文并茂的媒介使用工具充分释放了受众的表达欲望，受众拥有文化价值高低判断的自我裁量权，并逐渐改写文化生产的规则，其媒介自主权达到前所未有的程度。广大受众开始拥有媒介文化生产的话语权，深度媒介参与的热情被唤醒，媒介话语权空前增大，民众的呼声通道通畅，媒介使用诉求被满足，受众的创造潜能被激发，视频内容丰富而多元，呈现出一派随时随地、随心所欲进行媒介活动的自由状态。

受众自主权扩大带来的种种便利已深入人心，而对随之而来的乱象人们却缺少足够的思考。网红直播、美色秀场等具有视觉冲击力的准色情内容强力吸粉，借助移动视频媒体的便利性泛滥成灾，欲望驱动下的声色犬马经由移动视频媒体迅速传播，引发追捧热潮。表面上看，自主权扩大使受众在媒介使用中占据着主动地位，但这实际上并不意味着真正意义上的媒介自由。相反，这种自由往往成为刻意引导与纵容的假象。在移动视频迅猛发展的同时，其意义维度显得普遍缺失。受众肆意释放媒介狂欢的热情，对意义的追寻则很少被提及，在充分享受媒介自由的时候，体味着普遍的价值虚无感。狂欢与释放之外，生活似乎没有提供任何有价值的东西。受众着力于自我趣味的建构及共同趣味拥有者的寻找和连接，而对眼球

170

经济的考量使诸多媒体以用户趣味为导向，媒介文化在商业化中迎合消费趣味，使民众丧失了批判意识。媒介文化与世俗社会结合，催生出一种技术化、市场化、大众趣味化的文化，它模糊了世俗与审美的界限，更多地释放欲望，而缺少主动的反思。对理性思考的主动放弃使感觉成为生活的全部，满足欲望成为生活的全部意义。

同时，受众自主权的扩大使平民文化、草根文化在媒介文化中野蛮生长，甚至被推崇到无以复加的程度。诚然，草根阶层不乏创造力，移动视频媒体的 UGC 生产模式因草根力量而迅猛发展，并沉淀为牵动网络经济的重要力量。但并非言必称草根才能够体现平民化，草根文化也并不必然具有创造性和鲜活的生命力。相反，"'草根'一词积淀的这种概念内涵和价值倾向，恰好有效地满足了当前中国都市娱乐文化确立文化话语权的学术图谋，而且能够成为他们一种亚文化性质的情感表达。"① 如果不加限制，一味地满足感官需求、追求"娱乐至死"，其结果必然是感性欲望的泛滥。

二、市场与艺术：媒介文化生产的两难

移动视频的蓬勃发展，给广大受众带来了媒介使用的便利，使人人能够用视听手段即时表达自我，成为视频的主角不再只是梦想。同时，也带来巨大的商机。移动视频受众众多的流量经济吸引了资本的投入，媒介市场的开放使得媒介文化生产呈现极度繁荣的态势。但在繁荣的表象之下，却掩盖着同质化、低俗化等弊端。基于市场效益考量的媒介文化生产，使得生产内容刻意迎合受众需求，寻找

---

① 陈丹丹，刘起林. 草根文化诉求的价值两面性及其民粹主义根基 [J]. 理论与创作，2007（05）.

符合受众趣味的最大受众市场。在市场逻辑的主导下，生产者疏于自律，急功近利，缺乏媒体人应有的责任意识，与接受者一拍即合，媒介文化生产尽可能满足受众的需求，受众则把媒介必须满足自我需求作为必然甚至唯一的文化价值判断。媒介文化活动沦为功利化、商品化的商业活动，而对应有的批判与反思、平等与民主等价值内涵极少触及。

媒介生产追求满足最大多数人的需求，势必催生出快感文化大行其道。商品权力话语与通俗文化合谋，轻而易举地通过大众传媒侵入当代文化的神经，物化的消费伦理观大肆蔓延。在马斯洛的需求层次论中，最基础的生理需求在金字塔底部占据最大的份额，文化生产满足感官需求，以求得最大多数受众的共鸣，从而达到商业利益的最大化。在这一市场逻辑下，移动视频的全民娱乐极易坠入感官满足的放纵与狂欢，甚至形成难以遏制的低俗文化风潮。

媒介文化生产对受众需求的满足往往打着"以人为本"的旗帜，但以人为本并不排斥对需求的基本判断与甄选，人的良性需求与发展才是其"本"，传者对受众的一味迎合和受众自我膨胀的自恋狂欢与以人为本的本质背道而驰。满足人的需求不能等同于放纵欲望，基于社会整体责任的媒介生产才可能打造健康的媒介文化生态。

在媒介文化生产中，市场的多元选择至关重要。以娱乐为基本导向和追求的媒介文化产品，对文化创造的价值意义寥寥，放任自流的媒介文化市场，在低俗趣味中生长，只能形成抽空思想的媒介文化。媒介文化不仅仅只有娱乐和狂欢功能，如何有效承载其应有的文化精神已成为当务之急。

只有警惕媒介的商品化，避免把吸引用户作为媒介文化生产努

力的唯一方向，充分考量媒介自身的担当价值，突出人本价值以及
文化对现实的观照，使文化的诸种功能得到释放，合理引导受众的
情绪与需求，促进多元共存的文化格局，才能够在媒介使用普泛化
的语境下，打造富有高尚审美观和正确价值观的媒介文化。

第六节　案例分析：网络直播热潮与参与式文化

近年，网络直播增长趋势明显，并迅速成长为一种新的互联网
文化业态。2015 年，网络直播平台呈现出井喷式发展。"国内网络
直播的市场规模约为 90 亿，网络直播平台数量接近 200 家，网络直
播平台用户数量已经达到 2 亿，大型直播平台每日高峰时段同时在
线人数接近 400 万，同时进行直播的房间数量超过 3000 个。"① 据中
国互联网络信息中心（CNNIC）发布的《中国互联网络发展状况统
计报告》显示，网络直播服务在 2016 年上半年逐渐受到社会重视，
并在资本力量的推动下实现了快速发展。截至 2016 年 6 月，网络直
播用户规模达到 3.25 亿，占网民总体的 45.8%。② 2017 年网络娱乐
类应用用户规模均保持了高速增长，网络娱乐应用中网络直播用户
规模年增长率最高，达到 22.6%，其中游戏直播用户规模增速达

---

① 2016 - 2020 年中国网络直播行业深度调研及投资前景预测报告［R/OL］. 智研
　　咨询集团，2016.
② 中国网民规模突破 7 亿 互联网普及率超五成［EB/OL］. 新华网，2016 - 08 -
　　04.

53.1%，真人秀直播用户规模增速达 51.9%。① 倍受网民追捧的网络直播热潮的形成，与互联网的全面发展、智能手机的普及和资本的强势注入关系密切，从本质上看，乃是参与式文化的普适与泛化引发了全民直播的风潮。亨利·詹金斯指出，当今不断发展的媒介技术使普通公民也能参与媒介内容的存档、评论、挪用、转换和再传播中，媒介消费者通过对媒介内容的积极参与而一跃成为媒介生产者。② 随着移动视频直播时代的到来，这种参与式文化形成的媒介文本迅速由图文扩展到视频，而网络直播正是大众全面参与媒介生产的便捷途径。经由网络直播，媒介参与意识被唤起，并迅速形成全民分享生活的狂欢场景。

一、全民参与的入口效应

1. 平台准入零门槛

如果说"网络固有的多元和狂欢化的特点，赋予了微电影天然的草根精神和反思精神"③，那么，同样根植于网络平台的直播则直接摒弃了反思，只最大限度地呈现了草根精神。网络直播完全不需要微电影制作对故事的构建及对影像的组织，只需一台电脑或一部手机，在直播平台轻松注册即可开通直播房间，直播门槛几乎为零。移动直播的发展更进一步解放了 PC 端的场景限制，随走、随看、随

---

① 中国互联网络信息中心．2018 年第 41 次中国互联网络发展状况统计报告［R/OL］．199IT，2018 – 01 – 31.
② 亨利·詹金斯．昆汀·塔伦蒂诺的星球大战——数码电影、媒介融合和参与性文化［M］//陶东风．粉丝文化读本．北京：北京大学出版社，2009：101 – 113.
③ 王燕子．微时代的光影言语——论微电影的叙事策略［J］．文艺评论，2012（11）．

播，这种快捷简单的平台准入贴合全民参与的基本诉求。

2. 自我的即时释放与表达

对主播来说，网络直播为其提供了展示自我的平台，简单注册开通直播即意味着自我表现与张扬个性，通过公开自我而获得社会认可：经由直播平台得到粉丝关注，享受掌声与礼物，自我价值得到充分满足。

对粉丝来说，围观直播则是情绪的即时释放与表达。现代社会高速发展，快节奏的生活给人们带来越来越多的压力，关注直播内容既是粉丝对主播生产的网络影像符号的消费，同时也使其窥视和猎奇心理得到满足，粉丝通过与主播的实时互动获得媒介参与的回应：对主播进行评论打赏，享受主播的谢意，在虚无又真实的直播间弥补现实存在感的不足。

便捷的参与方式及情绪的迅速释放一方面形成了全民参与的入口效应，一方面也使得网络直播良莠不齐，甚至低俗内容泛滥。归根结底，全民参与的直播仍然是一种粉丝经济，围观者天然的窥视意味牵引着自我情绪的泛滥，主播对粉丝的经济依赖使其为博眼球而不惜出位，如果不加以节制，参与式文化的狂欢势必沦为低俗内容的全盘侵占。2016 年 4 月 14 日，文化部公布了一批网络直播平台查处名单，并表示将加强平台"主播"直播行为和用户互动内容的实施监管；百度、新浪、搜狐、爱奇艺等 20 余家从事网络表演的主要企业承诺，加入北京市网络表演（直播）行业自律公约。① 毕竟，全民媒介参与也必须在法律规范下进行，而不是绝对自由的野蛮生长。

---

① 文化部公布网络直播平台查处名单［EB/OL］. 人民网，2016 – 04 – 15.

二、深度融入的共同在场

1. 双向互动：即时直观的参与特点

互动作为社交媒体的一般特点，在网络直播中得到最大限度的发挥。作为典型的UGC，网络直播的视频内容来自主播的生产，开通直播房间登录上线即现场视频直播的开始。同时，这种UGC又即时随粉丝的反馈而调整。主播通过摄像头直面观众，直播个人视频——粉丝直接表达自己的看法建议或通过礼物打赏表示欣赏——主播即时调整直播细节——粉丝继续反馈……粉丝的评价和意见直接影响主播的视频生产，粉丝也借此参与内容制作环节。

和其他社交媒体相比，网络直播的互动更为及时与直观。直播的特点使互动反馈同步进行，几无时间差，这种无延时的互动极大地满足了粉丝的参与感。从某种意义上看，网络直播的内容正是主播和粉丝在即时互动的过程中共同生产完成的。而且，由于网络直播视频的直观性，这种反馈式的生产不必经由文字的转换，而以画面和声音的双重符号同时呈现，直接而强烈的视听刺激强化了互动反馈的效果，形成了粉丝深度参与直播的高融入感。

2. 弹幕互动：共同在场的参与形式

直播平台采用了新兴的弹幕互动系统，营造出共同在场的热烈参与氛围。作为一种互动参与的形式，弹幕附加在视频之上，其本身会影响视频内容的接收，干扰内容传播，有时甚至会形成"只见弹幕不见主播"的全覆盖干扰。但弹幕互动带来的深度参与感使粉丝对这种干扰基本视而不见。

作为连接传播主客体的纽带，弹幕增加了视频内容的趣味性，粉丝通过弹幕发表文字、表情符号等信息参与直播信息的传播，传受双方角色动态互换。弹幕内容跨越文字媒介与影像媒介的区隔，成为直播内容的有效补充，甚至可以说，弹幕已经成为直播内容密不可分的一部分。

不同于传统的论坛参与方式，弹幕传播具有明显的即时性与瞬时性。这一特点与网络直播的实时传播特点极为贴合。弹幕内容即时发出又转瞬即逝，粉丝使用弹幕系统时具有更高的网络表达积极性，更易于显露个人的真实情感，弹幕也因此成为宣泄压力的有效载体和渠道。同时，弹幕内容即时引起他人关注，发言者也会因此受到鼓舞，从而深度卷入网络直播之中。

正因如此，网络直播也获得了商业营销活动的青睐。蘑菇街、聚美优品、淘宝等率先推出了电商直播，以直播吸引买家深度参与，聚集人气，抢占用户时间和流量。杜蕾斯则成功策划制作了 2015 年的"比电影还长的杜蕾斯"和 2016 年的"百人试戴杜蕾斯"。这两场均达三小时之久的网络直播，虽以情色号召但并无情色之实，真正吸引网友围观的，仍然是情色悬念下借助弹幕营造的共同在场的深度参与感。

当然，弹幕的即时性和瞬时性再加上网络的隐匿性和虚拟性，也容易引发弹幕内容的肆意表达，甚至形成语言暴力和语言污染，这也是网络直播亟须规范管理的部分。

三、影像符号的视听狂欢

1. 实时直播：不可预测的悬念

从信息传播的角度来看，网络直播具有最直接的信息接收体验，也因而具有全然不可预测的悬念。作为视频直播，网络直播是参与者对影像符号的实时接收。网络直播杜绝了文字图片的编辑修饰以及录播视频的剪辑制作，主播和粉丝实时连接，共同生产直播内容，其空前的现场感和真实感使未来的走向不可预知，留下充足的想象空间。

当然，不经剪辑制作的网络直播视频在凸显强烈真实感的同时也不可避免地显得粗糙。无法预设精致的场景与台词，没有后期修饰润色，同时受限于直播带宽及非专业的视频录制工具，视频质量无法与花费大量人力物力的电视节目、网络视频节目等相提并论。但对喜爱直播的用户来说，画质的粗糙并不构成影响接收的因素，反而成为增加真实感的法码：粗糙即真实。一直以来，人们对现场记录的粗糙容忍度相对较高，从某种意义上说，网络直播的粗糙画质与直播内容所呈现的真实平等对话甚至形成了某种呼应与匹配。未加修饰的画面、主播真实情绪的表达、大量粉丝的无门槛涌入、不可预知的直播走向，共同营造了集体参与的视听狂欢。

2. 游戏娱乐：不可遏止的狂欢

通过对实时影像的即时消费，网络直播综合了共同在场的视听感染力，形成了全方位的游戏娱乐。从外在的形式来看，网络直播往往表现为一群人对一个人的集体围观与公然窥看，由于网络直播用户的性别失衡，在宅男经济的推动下，直播内容多呈现出男性视点的游戏化特征。

威廉·斯蒂芬森指出，大众传播是一种游戏性的传播，人们接触媒介往往带着游戏的目的，使用媒介主要用于消遣娱乐。[①] 在网

---

① William Stephenson. *The Play Theory of Mass Communication* [M]. New Jersey: Transaction Books，1988：10.

络直播中，这一游戏特性表现得尤为明晰。这里没有工作和学习的功利性压力，网络直播用户的主动参与目的不是获得自我提升，而是获得使用后的满足，打赏等参与方式更是直观地表现出对直播影像符号的消费，这种游戏式参与通过双向互动的循环最终形成不可遏止的娱乐狂欢。

当然，这只是网络直播的当下发展阶段，随着成熟的直播平台渐趋专业化与实用化，未来的直播市场份额将会被更优质的内容抢占，而 VR（Virtual Reality，即虚拟现实）等新技术的加入则将优化用户体验，强化网络直播"身临其境"的在场感。未来，网络直播的影像消费必将实现全民游戏的华丽升级。

四、身份认同的心理归属

据"互联网女皇"玛丽·米克尔公布的 2016 年互联网趋势报告，视频市场正在迅速增长，社交平台的全面视频化是大势所趋。[1] 网络直播颠覆了传统视频的传授方式，融入了新鲜的社交娱乐因素，正是视频与社交高度融合的范例。主播直播自己，粉丝通过弹幕和对话框与主播沟通交流，主播即时了解粉丝意图，随之调整直播，一个完整的互动社区闭环形成。网络直播的虚拟社交通过粉丝与粉丝的互动确定基本社区关系，营造良好的传播效果，通过粉丝与主播之间的互动进一步强化粉丝的心理归属感。

与微博微信相比，网络直播为普通人提供了充分媒体化的大众传播平台，借助影像的强大传播力量，主播和粉丝实现了超越时空

---

① "互联网女皇"公布 2016 互联网趋势报告：视频市场增长迅速［EB/OL］. 新浪网，2016 – 06 – 02.

的互动交流。同时，实时直播将传播焦点高度集中在主播身上，主播的个人影响力迅速提升，从而产生明星主播，网络直播也成为一个造星平台，对粉丝而言，陪伴主播共同成长的创始感和归属感最终实现了对参与身份的完美内化。

美国心理学家德西和瑞安提出了三种人类最基本的心理需求：自主需求、胜任需求和关系需求。① 这三种基本需求在网络直播中都得到轻松愉悦的满足。人们在参与网络直播的过程中，较高程度的自我决定使之感到能够主宰并胜任自己的活动，并借此和大家建立群体关系的身份认同。每个人都作为虚拟社群的一分子发挥着自己的作用，参与的价值感自然萌生。主播在获得物质回报的同时获得极高的精神奖励，粉丝则"通过别人看见自己"，在身份与归属的精神家园中找到参与的乐趣。

网络直播的全民参与根植于关系的建立与认同，最终形成影像符号的集体狂欢。但游戏有度，而不是娱乐至死。当 Facebook CEO 马克·扎克伯格亲自连线三位远在国际空间站的宇航员，用太空直播吸引了 100 多万网友关注，当视频成为 VR 技术最广泛的应用领域，网络直播热潮渐趋平静和理性，全民参与有了全然不同的角度和视点。

---

① 暴占光，张向葵. 自我决定认知动机理论研究概述［J］. 东北师大学报（哲学社会科学版），2005（06）.

第六章

移动视频媒体发展瞻望

移动视频媒体的发展方兴未艾，大浪淘沙，在众声喧哗的热闹之后，留下的必将是符合移动互联媒体发展规律的中坚力量。移动视频媒体的发展和盈利绝不仅仅止于营销和广告，视频消费的核心是时间争夺，而核心竞争力还是内容本身。垂直化、组织化的平台内容升级，有利于培养和强化媒体平台的差异化竞争力，吸引大量用户并形成平台价值链，而社交化、本地化、智能化则是在互联网未来发展之路中移动视频媒体的大势所趋。从商业创新的角度看，版权化、原生广告、衍生品的开发可望成为移动视频商业探索的未来出口。

第一节 平台内容升级：垂直化、组织化

移动互联网的快速迭代伴随着用户规模增长红利的消退，信息的传播越来越便利，用户的注意力越来越分散，如何吸引用户的注意力、获取用户的碎片化时间成为制胜关键，因此，进一步提升用

户黏性，让用户养成浏览习惯，甚至产生依赖性的"约会意识"，是移动视频媒体需要探索的问题。经过初期的野蛮生长，移动视频媒体由粗放走向精细化发展，移动视频用户对优质内容的需求与日俱增。培养和强化媒体平台的差异化竞争力，通过产品和运营等各种手段鼓励优质内容的创作及长尾内容的衍生，垂直化、组织化是平台内容升级的大势所趋。

一、垂直化

由于行业发展过快和资本的强势介入，移动视频平台大多趋向于水平化发展，为了吸引点击率几乎涵盖了所有类别的视频，在产品功能、社区运营、界面设计等方面都出现了不同程度的同质化。一度占据播放量榜首的搞笑、幽默及娱乐类移动视频的热度正在退却，多个垂直领域移动视频占比明显提升，移动视频内容从泛娱乐化逐渐向垂直内容转型。移动视频开始向各个领域蔓延，垂直领域正成为突破点。

与横向扩展的内容宽覆盖相比，垂直化的纵向延伸在垂直行业板块中，再挑选主要的业务深度发展，这种深耕式的内容拓展，精耕细作，容易获取到精准度更高的用户，得到观众的持续关注，有利于后期的转化。"一旦你的频道有了一批忠实观众，你的品牌以某一类别的节目闻名后，你便具备了得天独厚的优势，可以轻而易举地为新节目提高收视率。"① 垂直化视频具有更强的议价和变现能力，更易获得资本青睐。目前，诸多垂直领域尚未出现头部内容，

---

① Mark Suster. 未来在线视频公司将会垂直化发展［EB/OL］. 小百编译. 猎云网，2016 – 01 – 18.

市场潜力巨大。

垂直细分基于用户的兴趣，易于实现个性化订阅，今日头条、快手等平台推崇的个性化推荐算法，也更有利于具备辨识度的内容曝光，因此即使面向小众群体，也更容易获得高黏性的用户。从观众的心理需求和平台的算法推荐出发，定位兴趣相同的人群，选择一个适合自己的垂直细分领域、凸显自己的特点，提升作品辨识度，更容易获得忠实用户的认可。在同质化严重的竞争体系中，只有长期深耕细分领域、具备高辨识度的创作者，才有可能输出不一样的内容，吸引该领域的兴趣群体。

对于创作者来说，垂直细分意味着专业和专注。人的精力和时间都非常有限，专注某一个垂直细分领域，容易以最少的精力生产出更专业、更有价值的内容。尤其是原本就在垂直领域内深耕多年的创作者，他们有深厚的积累和源源不断的素材，能够进行跨界式的行业交叉，以移动视频的形式表现专业内容。而只有足够的专业化才能把内容价值做到极致，只有有价值的内容才可能留住用户。专注和专业具备持续深化的潜质和可能，能够保证优质内容的持续性，既带来用户，也带来转化率，更适合朝 IP 建设的方向发展。

垂直化专业化内容的不断涌现，促使移动视频面向更加细分的用户群体。垂直专业化内容能够被更精准地推荐给潜在用户，其与精准的个性化推荐相伴而生。以用户兴趣为聚集点的兴趣个性化，利用大数据挖掘，精准计算用户兴趣并进行匹配视频内容的推送。此外，地域个性化凭借鲜明的地域特点及用户的归属心理，对本地资源进行整合，以强化产品本身的竞争力。

随着移动互联网的快速发展，以及资本的投入和市场成熟度的提升，内容创业向移动视频的聚集效应会更加明显，特别是随着垂直细分内容的爆发，移动视频将逐渐进入美食、财经、旅游、母婴等多元化场景，成为用户生活的视频标配。当视频内容在垂直行业和用户群体之间的匹配值足够高时，一些广告投放之外的内容电商、IP 周边等多样盈利模式也会趋向成熟。

二、组织化

对内容的垂直深耕和区域深化之外，MCN（Multi Channel Network）机构的发展也促进了移动视频价值链的完善。MCN 最初在 YouTube 发展起来，即 YouTube 上的频道集成商。YouTube 用户只要订阅了一个频道，就可以看到这个频道下的所有内容。MCN 介于平台和内容生产者之间，从中抽取佣金，并以合作伙伴联盟的身份为内容生产者提供用户培育、相关内容的营销、品牌的广告赞助等服务，帮助内容生产者最大限度地实现商业变现，使生产者能够专注于内容生产和制作。YouTube 前 100 名的内容生产者基本源自 MCN。

移动视频媒体发展之初，创作者基于个体兴趣，依靠个体或者单一团队生产制作内容，生产的稳定性、中长期规划能力、商业化能力欠缺。随着用户黏性的增加和垂直化内容的加深，移动视频生产向组织化机构化方向发展。有专业运作能力的视频公司从单一内容生产者转型到 MCN，做组织化的内容孵化，通过签约等形式和个体或小团队内容生产者达成合作，系统地帮助他们解决运营推广、中长期规划以及商业化等工作，以实现内容团队抱团生长，提升变现效率。papi 酱成立 PAPITUE，用以签约孵化更多创作者。新片场成立 MCN 品牌魔力盒，旗下包括多档自制内容，同时签约创作者及网红。以大量 UGC 内容起家、定位为"泛女性平台"的美拍，发布了自己的 MCN 战略合作计划，在美拍平台上形成"素人——达人——MCN"三层生态，力图通过接入 MCN 生态实现短视频垂直化、品质化、商业化运营。以搞笑视频为主转为垂直品类运营的何仙姑夫、专注美妆内容的生产与延伸的快美妆等多家 MCN 机构成功融资。秒拍在全国陆续布局移动视频基地，介入视频生态链上游的制作环节。这些组织化的视频孵化基于自身之前的内容制作或平台力量，积累了用户，逐渐组建了得力的内容运营团队、技术团队、发行团队以及商务团队，构成了 MCN 平台的价值，从内容输出转向 MCN 平台。

在 MCN 机构的催化作用下，相对成熟的流程和机制起了把控视频质量、提升内容生产效率的作用，并推动优质内容更有效地触达用户，对优质内容的成长有极大的推助力。青藤文化的《明白了妈》由一个视频节目变成旗下拥有衍生节目和人格化形象 IP 的内容矩阵，又签约了数十位母婴网红大号，逐步发展成为母婴领域的 MCN，通过内容矩阵，和社交媒体的自媒体矩阵，与多个母婴头部品牌展开多元化的整合营销合作。

具体来说，MCN 一般都会根据自身对市场以及品牌合作方的了解，深度介入内容生产与投放，帮助其内容更好地适应市场环境。虽然 MCN 自身的确面临着不少的挑战——国内市场复杂而分散的碎片化平台生态、变化极快的内容消费特点和内容生产者所处的初级阶段，客观上增加了 MCN 跨平台运营的难度，但 MCN 机构作为资源共享的社群枢纽，使得平台与内容方的关系发生了变动，平台方开始介入线下，鼓励、扶持创业者的发展。对于已具备足够规模的平台来说，通过线上、线下双通道，吸引更多的资源，把参与者的利益嵌入以平台为核心的网络中，有望逐步形成属于自己的内容生态和运营格局。

第二节　互联网发展趋势：社交化、本地化、智能化

2011年2月，IT风险投资人约翰·杜尔（John Doerr）把最热的三个关键词整合在一起，第一次提出"SoLoMo"这一概念。SoLoMo由"Social"（社交的）、"Local"（本地的）、"Mobile"（移动的）三个单词的开头两个字母组合而成，连起来就是"社交本地移动"，即社交加本地化加移动。随后，SoLoMo概念风靡全球，被一致认为是互联网未来的发展趋势。对于移动视频媒体来说，移动化是其最基本的特征，体现了从静止到移动、从桌面到手持终端、从单一到多元的转变。"SoLoMo"所强调的社交化和本地化也正是移动视频媒体的发展趋势。作为日常化的伴随性视听媒体，移动视频媒体的社交意义与日俱增，移动视频社交正成为新的社交时尚，本地化贴合了移动视频媒体的伴随特征，本地功能的强化使之能够更好地进行线上线下的连接，并进一步实现社交化。随着人工智能技术的不断提升，移动互联网中的智能化已经成为用户新的需求，借助人工智能技术，移动视频媒体将迎来飞跃式的发展。

一、社交化

"过去，大众传播只能通过模拟谈话场（如电视谈话节目）等

方式实现拟态人际传播；而今天，移动互联技术已经成功利用大众传播媒介（移动互联网）创造出以社会化交往为基础，以多媒体、高维、众包、云计算等技术为骨架所构筑的各种新式传播工具，在极大程度上结合了人际传播劝服效果和大众传播达到效率的双重优势。毋庸置疑，移动媒介技术为用户带来的是社会交往方式的革命性进步。"① 移动视频媒体的社交化正是移动社交和视频这一媒介的融合。移动社交用户以移动智能终端为载体，通过移动网络实现社交应用功能，具有人机交互、实时场景等特点，能够让用户随时随地地创造并分享内容，让网络最大限度地服务于个人的现实生活。随着移动互联技术的发展，移动社交已经成为人们线上社交的首选方式，而视频与文字、图片相比天然地承载更多的信息内容，更为直观生动，更契合用户的社交需求。视频元素的加入使移动社交扩展到跨越时空即时视听的便捷层面。移动互联网的技术模式对人们的时空秩序产生了颠覆式的影响，时间和空间不再是交往和组成社群的障碍，不同时空的人，可以轻松组成群体、分享生活。人际交往中时空限制的被打破释放了人们追求自由的天性，主流的社会结构正在演化成一个个社群。

移动视频媒体本身具有天然的社交属性，移动视频和社交的互相融合能够充分体现二者的优势互补。用户通过分享互动获得更加多元的视频内容，同时形成超越时间和空间的延展性社交；移动视频媒体不拘泥于纯粹的内容平台或工具，通过社交化，有利于实现用户聚集和传播效果倍增。移动视频的社交化发展以视频这一视听

---

① 何其聪，喻国明. 移动互联用户的媒介接触——行为特征及研究范式［J］. 新闻记者，2014（12）.

图文具备的手段进行社交，基于移动互联网络的创造、分享和交互实现视频内容的快速传播，在给社交带来诸多便利的同时，大大增加了移动视频媒体用户的黏性。

移动互联网的视频业务流量只有转化为相对黏性的能量，才可能更长久地留住用户，实现流量变现。而社交化无疑是增加移动视频媒体用户黏性的有力手段。同时，移动视频社交化在用户层面有着极强的现实基础。摄录技术和传播网络的便捷使得分享视频交流感受成为人们日常生活不可或缺的一部分，iiMedia Research（艾媒咨询）数据显示，近四成用户愿意采用短视频代替文字交流，占比达37.3%。此外，超四成用户持观望态度，占比达41.3%。① 人们在使用移动视频时，往往同时有着网络社交的需求。移动视频媒体的用户黏性，不仅依赖于内容的吸引力，也有赖于社交元素的黏合度。移动视频媒体在提升内容质量的同时，为用户打造了一个社会化的交流空间，视频内容在社交元素的支持下，其分享的意味大大强化。分享视频并对视频内容发表评论，既是用户对视频的流量支持，也是和朋友的交流沟通。这意味着视频和社交的成功叠加，相当于建立了以移动视频内容为中心的一个小型社交网络，视频在社交网络的催化下，通过用户分层帮助完成筛选，用户自主的分发易于发挥病毒传播优势，使自传播激增，传播效果大大增加。同时，对移动视频内容的变现也起到直接的推动作用，如简单的道具系统就能够通过移动视频用户评论相关内容或通过赠送虚拟礼物形成互动社交，实现直接变现。移动视频 UGC 就是典型的用户创造视频内

---

① 艾媒报告.2018 年中国社交类短视频平台专题报告［R/OL］.艾媒网，2018 -
05 - 17.

容并社区化的范例，在形成用户使用风潮的同时，显著地提升了移动视频媒体的用户黏性。

移动视频的社交化利于移动视频内容生产的多元化。移动视频用户的社交碰撞能够启发并传播视频创意，有效推动移动视频的内容生产。这种社交碰撞同时也使移动视频用户能够深度参与视频创作，并进一步以创作者的身份成为种子用户，作为移动互联节点发挥作用。在社交的连接下，要求移动视频内容既有广度，又有深度，内容主题广泛，以便让用户轻松探索并发现其感兴趣的特定内容。移动视频的社交化进一步促使移动视频生产者拥有个性鲜明的人格特征，打造人格化的内容，以便能够在和粉丝的交流中包含足够的情感情绪色彩，形成有效互动。

移动视频的社交化将视频和社交交融，有利于移动视频的发展和社交的价值体现，对二者将产生双赢的正向叠加效应。移动视频平台加入社交元素，使得移动视频内容在策划阶段即可以考虑与某一社交主题契合，从而使视频内容能够更便利地找到目标用户，通过社会化网络把用户凝聚成一个整体，并从中获取更大的商业价值。而基于兴趣的视频内容聚合在一起的必然是志同道合的高黏性用户，这种上游视频制作环节精准内容的定位，也便于广告主针对目标用户精准投放广告。同时，移动视频的社交化极大地丰富了社交的形式，利于构建独特的社交地图，于无形中增强社交的深度和广度，充分展现社交的价值。在移动视频社交化趋势下，开发操作便捷的客户端以利于多任务并行，提供配乐、故事板等深化用户自制视频的功能，强化评论及一键分享功能，打通与社交媒体的链接入口，构建以移动视频为核心的全新专业化社交网络等，使用户可以随时随地拍摄、上传、分享视频。专业团队及专业用户的视频制作将充分考虑移动视频媒体的传播特点，逐渐形成新型的视频应用模式。移动视频的社交化和社交平台的视频化分别基于视频和社交的起点，正跨向二者交融的中间地带。目前，YouTube 已发展出强大的社交功能，Facebook 已成为全球第三大的视频提供商，优酷土豆的社区建设日新月异，腾讯视频也步入国内主流视频平台的行列，这些都是依托已有的强大平台，逐步走向视频社交交融的成功案例。

随着技术的进步和硬件设备的创新，移动视频社交化将与可穿戴设备相结合，人们的身体将成为移动视频智能终端的载体。人机交互的频率从以天为单位、以小时为单位，变为以分、秒为单位，移动视频和社交将更为便利，人们的行为模式将为之改变，行动效率大大提升，接入互联网的方式和入口更加多样和人性化。随着移动视频社交化的进一步深入，移动视频媒体对人们的视频应用和社交方式进一步改变，移动视频社交将有可能酝酿一场席卷全球的社交革命。

二、本地化

由于移动视频媒体的日常化及伴随性特征，移动视频的本地化显得顺理成章。本地功能的添加使得移动视频能够更好地进行线上线下的链接，便利用户对本地资源的汇集与甄选，对媒介社交和产品推广有极大的推动作用。

移动视频的本地化即实现视频的 LBS 功能。LBS 是英文词语 Location Based Service 的缩写，可译为基于位置的服务，即帮助用户在移动网络之中实现地理位置定位以及由定位所带来的相关服务。LBS

在很多移动互联产品中已经被广泛应用。大众点评移动客户端植入了 LBS 属性，用户提交自己的位置即可获得其所在位置周边的生活服务信息及优惠政策，从而便利用户选择，促进用户进店消费；高德地图是一款基于 LBS 功能而构建的互联网产品，利用自身定位方面的先天优越条件，整合了丰富的生活信息，力求将线下场景的突发需求全面覆盖，为用户提供各个方面有效的解决方案。谷歌从 Android 4.1 开始，上线服务 "Google Now"，可以全面了解用户各种习惯和正在进行的活动，通过默认获取用户位置信息，与其地图上庞大的现实数据进行比对计算，从而获知用户需求并提供相应服务。由此可知，LBS 功能应用以具体的产品为基点，需要与产品有机地结合，使定位功能贴合产品本身的需求并发展形成新的服务型功能以提升用户体验。

移动视频媒体的本地化至少有两条最基本的路径。一是联合本地各种视频内容提供方，将视频资源上传，形成本地视频资源的集合，以便更有针对性地获取本地网民的关注，从而促成本地资源变现。这种本地化视频服务还可以结合订阅功能，让用户在地图上找到自己的居住地，并通过自己的兴趣构建个人主页，形成个性化的本地视频杂志。在此过程中，可以在通过建设区域移动视频自媒体联盟综合各种移动视频力量，提供平台推广资源的同时，开展移动视频的系列孵化扶持服务，从而强化移动视频媒体的集体生产力。此外，将本地电视台播出的内容短视频化、移动互联网化，可以对已有视频内容进行二次利用，提升传统媒体在移动互联网阵地的影响力和话语权，有效促进移动视频媒体的本地化。另一条基本路径是针对 UGC 用户发挥 LBS 功能，用户上传的视频同步显示位置信息，也可查询已上传视频所处的地理位置，使用户能够轻松分享和发现周围的视频。移动视频媒体的本地化可以同步 GPS 定位功能，从添加视频位置标签的基本应用做起。以视频制作者在上传分享视频时的基本地理位置信息为基点，通过"附近的视频"链接周边的视频用户，从而找到有共同兴趣的视频用户，形成新的社交网络。LBS 功能使得线上线下产生更为胶着的黏性，线上的视频分享成为线下应用的引擎，线下的活动由于即时定位服务可随时演化为移动网络的流量。通过线上线下的互动，轻松实现网络社交与现实社交的融合，进而发展出更为稳定的社群，在满足用户深度链接需求的同时，增加广告的精准投放度。毕竟，本地化的优势就是更好的亲和力以及由此带来的更多有效用户。

此外，移动视频的本地化可以结合本地的区域资源形成更加细分化的本地传播。通过视频内容的针对性策划，推出与区域内某一领域匹配的视频。如与地方政治结合形成区域性移动视频政治传播，与区域文化连接推动区域文化的移动视频化，与公益组织合作扩大公益主题活动的影响力，与科普部门携手促进日常科学知识的普及等。

随着移动互联网技术和产品的深入发展以及移动互联网用户的持续下沉，内容消费在区域化发展中表现出强大的潜力，越来越多的区域性优秀内容创作者和内容不断涌现。在本地化趋势下，移动视频媒体纷纷启动区域化布局。一下科技依托秒拍、一直播、小咖秀积聚的人气，以内容创作者集中、文化氛围浓重、双创环境成熟为筛选条件，在全国建立移动视频孵化基地。腾讯企鹅新媒体学院以培育区域性自媒体为核心使命，依托腾讯网地方站等资源，由地方政府主管部门指导、高校合作的模式推动区域性新媒体培训和挖掘。通过区域化布局，一方面深度挖掘更多区域性内容创作者及内容；另一方面为推动腾讯"大内容"战略的布局和内容生态的完善助力。二更建立了华北、华东、华南、西南四大区域公司，更北京、更杭州、更上海等多个城市站，迅速形成全国性视频网络，构建了覆盖全国的完整视频服务体系、视频发行体系和视频营销体系。区域新媒体能够融合当地的风土人情，为区域用户去做更个性化的服务，生产更多接地气的内容，进一步拓展用户群体，更好地服务当地的品牌客户和影视制作团队，创作更符合当地特色的内容，以及拓展当地的视频发行媒介和渠道。

移动互联网所提供的信息服务，因为人的移动而渗透到现实世界，与真实的社会形成的互动更及时也更强烈。SoLoMo 所涵盖的本地化、社交化与移动化三者相互交织，密切联系，移动化是实现本地化与社交化的基础，本地化又能帮助进一步实现社交化。SoLoMo 指出了同一地区能够延展线上线下社交的细分群体，这一群体的线下活动和线上交流成为社交沟通的时间、空间方向的延伸，形成了更加紧密的社会化交流沟通。移动视频媒体社交属性的强化和地理位置的添加应用能够更好地获取用户资源、服务本地项目，在满足用户需求的基础之上增强用户黏性，对移动视频平台、用户及本地的发展均有促进，是借助移动互联实现多方共赢的发展去向。

三、智能化

随着移动互联网技术逐步成熟，智能化的新技术不断融入视频行业，有望为移动视频媒体带来创新性的改变，在智能化内容创作与剪辑、智能视频分发、优化用户体验等方面提供更多便利。

机器智能算法的应用使得内容的分发逐渐脱离依靠资深媒体从业者的人工时代，机器从辅助分发逐渐开始担当分发主角。Facebook、YouTube、Instagram 等平台均引入智能算法进行视频内容精准分发，视频浏览时长持续增长。依托于今日头条的头条视频，从上线开始就采用成熟的算法分发技术为用户提供精准服务，快速帮助用户找到感兴趣的视频内容，帮助视频上传者准确找到喜欢他们内容的用户，实现视频内容和用户的精准匹配，使得用户黏性更强。通过智能分发，将内容供需渠道从点对点的两极传播升级至一个点对多个点的中心辐射型集束传播，极大地扩大了内容的辐射范围和曝光次数，提升了用户体验及短视频分发效率。

闻视频旗下的美食媒体"好好吃"开发出了内容优化及传播数字系统 COS，在热点预测、主题抓取、内容策略、用户互动上，形成了智能化的大数据支撑体系。通过对大数据的分析、评估和解读，闻视频可以根据不同地区、不同年龄、不同性别用户的兴趣、偏好进行研究，提取相关的标签并进行分类，然后生成相应的内容推荐给不同类别的用户。

360 旗下快视频提出了"探索引擎"概念。从搜索引擎到推荐引擎再到探索引擎，对用户需求及兴趣的探索向智能化方向发展。搜索引擎的核心是人找信息；推荐引擎的核心是信息找人，或者是被动获取信息；而智能探索引擎则是比搜索引擎、推荐引擎更高阶的形态，它在兴趣推荐的同时，特别强化了情绪感知和自由探索，克服了推荐引擎"信息茧房"的弊端，突破了单纯兴趣推荐带来的牢笼，给用户提供了更新奇和惊喜的内容。快视频"探索引擎"的价值就在于拓展了人工智能对于用户情绪的感知能力，从而对用户的兴趣迁移实现更好的跟随和把握。以前信息与人的连接方式是搜索和主动表达，但有时用户并不知道自己真正的兴趣，社交推荐在一定程度上弥补了搜索的不足，人工智能下的个性化推荐真正把信息推荐到了每个关注的人，不断地通过机器学习，提升消费体验。

除视频内容分发之外，人工智能还开始涉足内容创作领域。应用人工智能，基于海量用户数据进行智能化分析，并将分析结果运用到内容制作上，从而起到指导内容生产的作用。Netflix 的《纸牌屋》使用大数据作为重要资源和生产要素，开启了大数据在影视产业应用的成功之路。爱奇艺创始人、CEO 龚宇认为："现象级内容的产生，既得益于顶级内容人才的创作才能，又得益于隐于幕后展开工作的数千名工程师。"①智能算法已经贯穿爱奇艺剧本创作、角色选择、流量预测、在线交互等诸多环节，每一个爆款视频的背后都有海量数据在支撑。人工智能赋予了视频生产数据算法的理性判断，利于更精准地预测和打造潜在爆款内容。对移动视频媒体来说，短小的体量及碎片化的阅读习惯使得对用户需求的把握更加重要，短暂的注意力停留需要更加贴合的内容和服务。应用人工智能抓取、分析、解读数据，根据用户需求定制视频内容，探索一条为用户提供分众化服务和体验的发展之路已迫在眉睫。

运用人工智能能够显著提升剪辑视频的效率，实现批量生产。在编辑软件方面，Adobe 开发了 Adobe Sensei，这是其首个基于深度学习和机器学习的底层技术开发平台。它能够自动完成视频编辑过

---

① 爱奇艺发布 2018 年内容策略：内容投入将超过 100 亿［EB/OL］. 新浪网，2017 - 10 - 31.

程，同时还能够根据用户的意愿对人工智能的剪辑风格进行控制。系统可以按照用户设置的脚本找到指定内容组织镜头，并利用面部识别和情绪识别系统，对每一帧画面进行分析，然后按照不同的风格和习惯对视频进行剪辑和处理。巴西 Graava 公司定位于运动爱好者和视频分享者，推出了智能运动相机和配套的移动端应用。该相机内置了智能感应模块，并且支持 GPS 定位以及 Apple Watch 心率监测数据读取，可以通过辨别人体心跳频率来识别出拍摄者激动瞬间。当拍摄完成后，用户只需设置视频时长、选好背景音乐，Graava 即自动调出其感应到的有用片段，进行智能化剪辑。梨视频引进了智能化的视频剪刀手，在媒智库里输入关键词，只需 15 分钟，视频就自动完成剪辑制作成片。正是借助智能化剪辑和拍客运营系统，面对日益增长的拍客基数，梨视频才能持续保有高效的运营能力，并通过大数据分析，给拍客提供更专业的业务指导，从而节约了大量的人力物力，从容实现资讯众包式生产。

移动视频媒体的特点决定了其必须以短视频为主填补用户的碎片化时间。智能化剪辑用于长视频的规模化精切，应用智能算法自动生成视频集锦，可以有效调动现有的长视频资源，把它变成适合在移动视频分发平台上传播的形式，手淘等生活服务平台对移动视频更加工业化与工具化的需求也能够得到满足。门牙视频在与淘宝短视频合作之后，门牙针对有营销需求但价格、时间都较为敏感的中小品牌，推出了"自助式"的短视频制作工具包。希望利用已有素材库，通过图片识别和机器学习，形成多品类的视频模板。

智能化剪辑在提升移动视频平台等批量生产者内容产出效率的同时，也为普通视频用户降低了剪辑的难度，之前被视为视频应用难点的剪辑变得轻松起来智能化剪辑能够帮助更多用户使用视频工具更好地表达自己，从而大大优化了用户体验，增加了用户媒介使用的深度及频率。

将技术注入文化产业公司，符合文化产业革新与发展的要求。智能化新技术融入视频行业，促进了移动视频媒体的快速发展。计算机视觉技术使得从视频中提取信息像从图像中提取信息一样简单，让视频智能化不断升级，并让视频成为移动互联网应用的一个超级入口。2017 年，我国人工智能领域在技术研发和产业应用层面均取得突出成果。截至 2017 年 6 月，全球人工智能企业总数达到 2542家。其中美国拥有 1078 家，占据 42.4%；中国其次，拥有 592 家，占据 23.3%。① 随着人工智能的发展与逐步引入，视频行业内容将实现进化，为用户提供新奇的场景体验，并大大解放移动视频的生产力，重构整个视频行业的结构和协作方式。

第三节　移动视频媒体的商业出口：版权化、原生广告、衍生品开发

目前，移动视频的商业化探索集中于广告售卖、电商流量和打赏订阅，成熟、完整的商业化路径还没有真正显现，良性商业化生态尚未形成。版权化、原生广告、衍生品的开发有望成为移动视频商业创新的未来出口。

① 中国互联网络信息中心 . 2018 年第 41 次中国互联网络发展状况统计报告［R/OL］. 199IT，2018 - 01 - 31.

一、版权与付费

移动互联网的快速发展为视频作品的创作和传播提供了极大的便利，移动视频逐渐成为社交媒体、资讯信息更为主流和直观的表达方式，为内容创业者和投资者所关注。同时，网络侵权问题日益严重，视频作品未经许可被随意转发、下载，或者被使用和改编。随意窃取内容的营销号、搬运工以及"剪刀手"也随之大量滋生，他们虽然对视频作品进行了二次传播，但也使原创视频深受版权被侵犯的困扰。和国外向来重视版权的市场环境不同，国内在线作品版权保护薄弱，用户版权概念淡薄，版权保护亟待加强。目前，移动视频的商业模式主要来源于广告和电商，随着版权意识与版权保护的提升，通过版权获得收益有望成为未来视频变现的重要方式。

2017 年 2 月 22 日，中国版权服务年会在北京举行，中国版权保护中心自主创新推出了 DCI（Digital Copyright Identifier）体系，为加强互联网线上版权保护提供了基础建设。2 月 28 日，中国版权保护中心与 MF + 妹夫家于 2017 年 2 月 28 日共同主办了"首届中国自媒体视音频版权高峰论坛"，MF + 妹夫家成为国内第一家可以进行版权登记资质的第三方平台，并同时为自媒体视音频创作机构提供版权、发行、维权的全链条服务。在论坛上，箭厂获得了国内第一张短视频版权登记证书。之后，箭厂所上传的原创视频作品会有一个 DCI 原创码，以及防止盗版识别的追踪码，并具备版权交易功能。在接入 DCI 这套监测系统之后，原创视频无论流传多久，无论被拆成几段都可以被追踪到。

2017 年 12 月 1 日，在第五届全国网络视听大会短视频高峰论坛上，阿里巴巴文化娱乐集团联合阿里巴巴达摩院共同发布鲸观全链路数字版权服务平台，在视频智能编目、版权保护和商业变现各个环节上，盘活行业存量，创造行业增量，为从产到销的整个链条赋能。具体到版权应用上有两个核心功能：一个是帮助全网监测视频素材的盗用情况；另一个是建立视频素材版权交易市场，盘活存量视频素材价值，帮助创作者实现内容变现。鲸观平台搭载的达摩院 iDST 人工智能技术实现了视频智能编辑，通过对视频内容各个维度的分析，打上两万余种标签，同时利用知识图谱对标签进行多维度编目。这就让视频自动分解成可检索、可被再利用的短素材。智能编辑在打标的同时，还在音视频素材上抽取"指纹"，让音视频素材在全网范围可追诉，且实现毫秒级速度支持百亿级指纹检索，侵权盗版无处可逃。阿里鲸观平台致力于解决视频盗用和版权交易问题，结合阿里的电商能力，上线视频素材交易平台。

版权保护和交易的探索让创作者的利益得到切实的保护，开启了移动视频版权价值发掘的探索之路，之前被各种侵权行为困扰已久的视频制作者终于有了有效解决版权问题的出口，而且，移动视频 IP 价值最大化的命题也同时提上了日程。确定版权、开发 IP 并围绕 IP 构建系列产品，未来的移动视频市场可能演变为一场 IP 之战。

切实便捷的版权行动不仅为移动视频的渠道分发和版权售卖提供了更多可能，也为视频创作者开拓了素材售卖的增值服务。在视频录制、剪辑过程中，会有一些最终成品没有采用的视频素材，通过确定版权、搭建售卖平台，多余素材可以发掘出更大的价值。素材交易为内容变现增加了新模式，让视频价值最大化，同时也降低了内容生产成本，高成本镜头可以以买代拍，为更多优质创作创新提供原料。

互联网创造了信息时代，也造成了信息版权人的利益缺失，版权保护能够为视频创作者营造良好的市场环境，也利于移动视频媒体的布局。随着视频化的内容生产和需求场景越来越多元，只有为市场建立规则，净化移动视频版权环境，保护创作者的合法权益，让视频内容在版权登记之后进入市场，才能促进移动视频行业的持续健康发展，让原创作品更繁荣，也更有市场价值。版权化助力移动视频扬帆远航，建立完善的保护机制才可能让版权价值最大化。同时，市场必须要有基础的行业保障，需要全社会去推动素材付费意识的觉醒，同时还需要国家立法、执法、行业自律等各方共同努力，建立起良性的版权环境，推进全产业的升级。移动视频的版权保护才刚刚开始，但良性的版权生态未来可期。

二、原生 + 视频

技术赋权使得受众参与信息的生产、传播与共享成为可能，受众中心成为广告传播的逻辑起点。主体意识从未如此彰显的受众，迫使广告传播形态必须发生与其行为变化相适应的颠覆性变革，传者单独生产广告内容向受众参与创造广告内容转变，单向传播显性广告向互动共享隐性广告演进。[1] 对于移动视频媒体来说，已有的广告植入、电商流量变现等商业化探索均有一定的局限性，随着用户黏性的增加，视频原生广告将拓展出更大的商业空间。

"原生"概念在 2011 年 9 月第一次出现在广告领域，联合广场

---

[1]　陈丽娟. 受众中心的网络广告呈现 [J]. 新闻大学，2013（4）.

（Union Square）风险投资公司的创始人弗雷德·威尔逊在 OM – MA 全球会议上提出：新的广告形式将存在于网站的"原生变现系统（Native Monetization Systems）"当中。2013 年 6 月，美国互动广告局（IAB）召集了一个由 164 位专家组成的特别小组，讨论原生广告的定义和标准问题，经过半年的努力，该小组发布了《原生广告手册》（The Native Advertising Playbook），提出了极具代表性的观点："原生广告是与页面内容紧密关联，融入于整体设计，且与平台行为一致的广告，以至于用户感觉广告属于产品的一部分。"①

　　传统广告对用户较强的打扰是影响广告效果的重要因素，广告的到达率和展露频次远远低于刊播平台。原生广告通过融入用户所在媒体环境和内容上下文环境，提供对用户有价值的信息，避免破坏用户体验，改变了传统广告打扰性强的弱点，模糊了内容与广告的边界，因而用户更容易接受。移动视频媒体由于视频画面的多义性而对原生广告有更多的包容性。"一个优秀的原生广告应该具备三大特点：首先，跟产品和内容高度相关和融合（位置原生）；其次，符合用户的使用期望，进入用户的使用流程（形式原生）；最后，带给用户符合逻辑的价值（内容原生）。"② 视频内容在与产品的融合和与用户期望的契合方面有天然的优势。以视频形式展示产品是在自然的讲述中把产品故事娓娓道来，对于用户来说，在享用故事的过程中获知服务信息，不存在分裂的违和感。PC 端粗暴的广告投放模式对移动端已不适用，原生广告则可以凸显移动端的优势，有效

---

① Internet Architecture Board（IAB）. *The Native Advertising Playbook*［EB/OL］. IAB, 2013 – 12 – 04.

② 赵正. 原生广告：大咖进场［EB/OL］. 新浪网，2014 – 03 – 08.

利用移动视频媒体的媒体特性。在移动设备上，屏幕空间非常有限，传统横幅广告、旗帜广告、按钮广告等形式很难显示，弹窗等广告形式对用户形成致命的打扰，而贴片广告和中插广告显得更加漫长，令人无法容忍。移动端用户行为模式是滑动式的阅读，通过左右、上下的滑动来切换内容，视频用户在平台内部徜徉，视频平台希望用户在自己的 App 内停留尽可能长的时间。在一体化的体验模式下，原生广告强调产品与视频内容本身的有机融合，既不会打断用户与移动 App 的交互，又能最大限度地维护用户体验。同时，也使得广告的资源和容量变得无限大，对于移动视频媒体广告来说具有极大的发展潜力。

对移动视频媒体和广告主来说，原生广告改变了现有的合作模式，让媒体与广告主的关系更加密切。媒体不再是单纯的广告推送平台，广告主也不再简单地制作广告交给媒体推广，二者信息在视频内容中融合表现浑然一体。这种内容呈现的方式实现了去广告化。一方面避免了传统的广告形式对用户体验的影响，使广告信息更为隐蔽，消除了用户的抵触情绪；另一方面又保证了广告信息的精准推送，用户在使用视频时潜移默化地接受了广告信息，解决了长期以来广告主与媒体在广告效果与用户体验上的分歧，实现了媒体与广告主之间的无缝对接。

定制微电影和微纪录片的出现，即是对视频原生广告的拓展，为内容营销起到了新鲜的示范作用。凤凰视频自 2011 年主打视频资讯，并注重视频原生广告的开发，直接变身为广告创意、生产、传播的主体。其以凤凰集团的"名主播、名记者、名评论员"三名优势为依托，基于视频用户的收看习惯、结合广告客户的需求进行主题设计，将影像生产与品牌理念、愿景融合，生产微电影、微纪录片等原生视频广告，兼顾了内容可看性和品牌曝光度，获得了良好的传播效果。

原生广告通过融入用户体验使品牌化内容成为对目标用户有价值的信息，最基本的需求就是要提升用户的使用价值，符合用户的逻辑需求，而不是强制性灌输。因此，移动视频媒体中原生广告的投放应遵循基本的规则，要以用户为核心来考虑品牌传播、策略、营销的问题，让原生广告成为产品、内容、功能的一部分，融入用户的使用过程当中。原生广告的背后逻辑就是大数据分析，用户可能因为广告与他们兴趣相投，或者广告创意新奇有趣，而获得内在的愉悦、满足，或者在社交过程中的成就感。智能化时代，用户群体产生的庞大数据流量背后存在着巨大的商业价值。以用户大数据的积累支撑，准确发现用户的兴趣，在不影响用户体验的前提下，向用户推送有价值的、符合用户需求的原生广告。移动视频媒体后台的数据挖掘和前台展现的创意同样重要，精准的推送和有趣的内容为目标视频用户提供价值，激发用户参与移动视频的分享甚至创作，提升广告主营销效果并带动移动视频媒体营销价值的升级，增强媒体变现能力。

在大数据时代的多维度传播当中，只有用好大数据，使用户、平台、广告三方形成共赢，才能实现良好的用户体验和用户影响。随着越来越多的原生视频广告进入大众视线，想要为品牌创造营销引爆点，单纯的内容融合将渐显平淡，更需要以数据挖掘和技术驱动为基础，进行内容深度聚合，优化用户体验，只有这样才能最大化地展现视频原生广告的优势。原生广告让广告的呈现形式越来越多元，但同时也变得标准模糊。如何通过对用户的研究、内容的分析、效果的统计，实现目标视频用户与传播内容、营销效果的科学匹配，如何在保证个性化内容的前提下节约视频成本，如何达到用户、平台、广告三者的平衡点，如何为原生广告的效果进行有效监测，只有对这些进行积极的探索，移动视频媒体的原生广告才会更加趋于完善。

三、衍生品的开发

原生广告作为一种广告形式，虽然在内容与产品的结合方面有所创新，但一般也仅仅止于广告。对于移动视频媒体来说，其伴随性、即时性与视听一体性对线上促进线下交易极为有利。线上线下的结合应成为移动视频媒体商业创新的重要出口，即通过移动视频媒体的信息传播来辅助现实的商业活动，甚至直接参与真实世界商品交易的过程。

视听产业惯用的商业模式一般是通过影视作品的宣发放映达到一定的品牌知名度，然后借助品牌的力量开发影视衍生品。如迪士尼乐园即是借助迪士尼动画品牌成功开发的衍生项目。网络视频紧随传统影视之后，其衍生品开发已经提上日程。网络影视巨头 Net-flix 在海量付费用户的基础上，进军衍生品的开发。Netflix 联手英国品牌 Topshop 推出了一系列《怪奇物语》的衍生品，包括服装、双肩包、卡车帽、手提箱，以及剧中主人公的 Q 版公仔等。Netflix CEO 里德·哈斯廷斯穿上基于《怪奇物语》设计的圣诞毛衣，亲自担当"服装模特"，希望吸引到这部热播剧的粉丝。国内视频网站的衍生品开发也开展得有声有色。大优酷事业群总裁杨伟东提出了视频网站的三种变现方式——会员付费、免费广告和播后衍生品模式，并致力于将三种盈利模式做深做透。爱奇艺围绕《中国有嘻哈》这一热门爆款 IP 整合娱乐生活服务，开创了 IP 与衍生品联动服务的创新模式，实现了通过衍生产品授权，与平台方、内容方、用户方、广告主等各方更紧密的结合。

移动视频媒体衍生品的开发尚在起步阶段，除前文提到的版权付费路径之外，移动视频媒体可以辟出免费的部分。线上免费视频内容为线下产品的推广而制作，但它又不是广告，其内容与线下销售产品相互诠释、紧密结合、牢不可分。移动视频内容为线下庞大的衍生品资源生态系统服务，线上线下结合，共同构建了复合态的商业模式。

和电商导流的商业模式不同，线上线下结合的模式不拘泥于线上成交，而是把交易的热度转移到线下，挖掘广阔的现实资源。线上的虚拟内容具有极大的衍生商品潜在价值，衍生品市场的商业开发把线上流量直接导入线下，促进交易迅速变现。

衍生品的开发也可采用视链技术等实现衍生品的直接导入，用户点击视频中出现的物品，即可进入电商环节直接购买。视链功能打通了移动视频和电子商务，实现了从流量到销售的精准转化，拓展了移动视频媒体的盈利模式。

利用 AI 技术把视频内容结构化，实现衍生品牌与视频内容的无缝对接，可以在视频中完成品牌曝光、商品介绍、一键购买等功能，以丰富立体的形式多维度满足用户，进而把用户可能感兴趣的场景、物体等和商品进行关联，以特定的视频场景引起用户的情感共鸣，自然激发用户的购买冲动，最大化地做到转换率的有效提升。移动视频中 AI 技术的应用，还可以通过创意互动形式的添加，连接品牌和用户，形成多样式的互动广告、场景营销，让用户在参与中完成商业价值的转化。AI 可以让机器拥有人的思维，对视频进行识别分析，识别出明星、物体、品牌、手机、场景等，并像人类一样理解视频的内容，发现其中有趣的点。将机器识别出的结构化数据作为投放点，应用到衍生品电商的场景中，进行商业化的变现。

衍生品的开发离不开有广泛受众的 IP，离不开 IP 的品牌化以及可持续化运营。移动视频媒体要在开发 IP 的基础上，达到对 IP 内容的多维度的消化、多层次的消费，增加内容变现方式，提高内容整体效益，形成良性循环和健康模式。

目前，国内衍生品市场还处于起步阶段，随着内容品质、系列化、品牌化程度越来越高以及年轻人对衍生品的消费需求越来越大，衍生品市场会逐渐成熟。移动视频媒体的商业发展必须在充分考虑媒介特性的基础上进行创新，实现视频内容的垂直深耕和相关产品的精准变现，在商业创新中形成良性生态，开发潜在的商业空间，撬动更大的商业价值。

第四节　案例分析：微纪录片的内容营销

新媒体语境下，内容营销掀起了新的热潮，互联网、微博、微信等新的媒介形式的介入使内容营销花样翻新，传播势头迅猛。2011 年《关于进一步加强广播电视广告播出管理的通知》的出台，使 2012 年的电视剧插播广告受到极大的限制，每集电视剧中间不得

再以任何形式插播广告的规定使得传统电视广告失去了一半以上的
播出时间。此后微电影以其微时长、微制作、微投资的三微特性成
为商家青睐的传播载体，在内容营销上大行其道，一时间，众声喧
哗，大有席卷商界之势。但对广告品牌的强调使微电影甚至成为拉
长的广告，学界对微电影过度商业化多有讨论，甚至业界也表达了
微电影可能死于广告的隐忧①。同为轻小便捷的微视频家族成员，
微纪录片同具其微，且以其真实的底色弥补了微电影为广告品牌而
打造的"为文造情"的接受阻抗，成为新媒体语境下内容营销的生
力军。

一、微纪录片内容营销的几种形式

所谓内容营销，指的是以图片、文字、动画等介质传达有关企
业的相关内容来给客户信心，促进销售。微纪录片以纪实内容对受
众形成了独特的吸引力，其与内容营销的结合主要有以下几种形式。

1. 对营销内容的直接表述

把营销内容作为微纪录片的纪录对象，通过对其历史人文、品
牌故事、相关活动的纪录达到宣传品牌的目的是当下商业定制微纪
录片的主流。如 MINI PACEMAN 微纪录片、奥利奥 100 年童真微纪
录片、《人再囧途之泰囧》系列微纪录片、凤凰卫视的系列定制微纪
录片等。

《MINI PACEMAN 城市微旅行》是其中精品制作和策划纪录的
典型代表。通过三位"步调引领者"，去发现朝夕相处的城市不为人

---

① 灵思沸点影业总经理刘卉：微电影生于恶搞死于广告［EB/OL］. 新浪爱问，
2017 - 11 - 15.

知的美，而在这次发现之旅中，MINI PACEMAN 是最好的旅伴。这部纪录片不仅是一次城市的发现之旅，更是作为一种行走方式、一种发现的概念命名："城市微旅行"，从而标示一种 MINI PACEMAN 式的城市生活。

《人再囧途之泰囧》系列微纪录片与电影一起套拍，电影宣传期间在各大视频网站播出，成为 2012 年电影营销的一个亮点。该纪录片一反传统电影纪录片的长篇叙事，以短小的篇幅形成系列，通过对演员、情节、导演等的纪录展现电影的幕后故事，对电影进行分门别类的细致宣传，既满足了观众先睹为快的心理期待，又顺应了新媒体时代观众的碎片化需求。

凤凰视频则依托凤凰卫视的深厚纪录片根基，打造商业定制微纪录片的专业阵营，摒弃了商业定制微纪录片散兵游勇的状态，以"成熟的微纪录片操作体系下的七大微纪录片品系，使这些微纪录片产生了超越常规广告宣传的价值"[1]。以其对品牌宣传的细分优势，拓展对高端广告主的吸引力。同时，凤凰视频也借此在各网站的视频大战中崭露头角，实现差异化优势传播。

2. 对营销内容的间接表述

同为商业定制，有些微纪录片却避开了对商品品牌的直接关注，而是从某一相关点出发，形成对营销内容的间接表述。如淘宝母亲节话题微纪录片《母爱 37 度》，通过三位背奶妈妈的亲身经历讲述当下职业女性工作和家庭的两难，从而以母爱为切入点，在传递感动的同时，传达淘宝网"8 亿商品，支持你的爱"的情感形象，而

---

① 凤凰视频首创微纪录片概念 [EB/OL]. 腾讯网，2011 – 11 – 11.

母亲节推出的时间节点使该片兼顾商业和公益，在 2012 年母亲节众多母爱微电影中脱颖而出。

此外，一些微纪录片注重与品牌的精神契合，纪录片内容看似与商品品牌无任何直接关联，但其主旨却与品牌精神高度契合。如由贾樟柯监制的青春励志微纪录片《语路》，贾樟柯与 6 位年轻导演一同纪录中国当代文化、社会公益、财经等领域的 12 位追梦人士，用 12 部微纪录片展示达成理想的激情与话语，用正能量给予大家信心，鼓励大家珍视自己的经验和梦想，同时契合尊尼获加"永远向前"的品牌精神。《语路》也因此为一个纯粹的商业广告带上了公益色彩。

3. 出资赞助

赞助方只是出资赞助或冠名，微纪录片的内容与品牌并无直接关联。如康美药业和《资本的故事》、联想集团和《爱的联想》等。

中央电视台财经频道和康美药业联手打造的系列微纪录片《资本的故事》，康美药业的信息只是在片头字幕中出现，微纪录片对资本故事的讲述与康美药业的资本运作只存在概念和类别的内在关联：康美药业"不仅在关注着社会大众的健康，同时也在关注着上市公司发展，关注着资本市场发展的健康"①。通过《资本的故事》系列微纪录片的播出，康美药业在中央电视台和中国网络电视台的媒介平台上同时展露，其对中国资本成长密切关注的信息得以传播，品牌形象得到提升。

除行业的内在关联之外，一些微纪录片还以对公益活动的纪录

---

① 康美药业携手 CCTV 财经频道打造《资本的故事》［EB/OL］．康美药业，2012
－12－20.

为内容，同时打造赞助方（或主办方）积极美好的公益形象。如联想集团的三支公益微纪录片《爱的联想》，纪录了曾经由联想给予支持的草根公益团队——多背一公斤、科学松鼠会和十二邻社区发展中心的公益历程，和联想微公益大赛共同倡导"微公益，做不凡"的公益理念。

二、微纪录片与内容营销的契合点

作为新媒体时代应运而生的纪录片新样态，微纪录片符合新媒体的传播特点，在内容传达方面有其独特性与便利性，与内容营销深度契合。

1. 信源明确：真实的力量

信源的可信度对传播接受效果有显著的影响，而微纪录片则以真实的人物事件提供明确可信的信息来源，受众对其传递的信息具有足够的安全感和接受度。在传统广告的表现方法中，证用证言是一种常用的有效方法。无论是名人的证用证言，还是普通人的证用证言，均具有较强的说服力，其归根结底都是运用真实的力量：名人以光环笼罩下的真实示范，普通人以亲近的真实说服。在传统广告中，也不乏对真实人物生活记录的纪实型广告。如由岩井俊二拍摄、展示明星淀塚洋介的生活的 life card 广告，广告中，摇晃的镜头、明星凌乱的家给人日常感和说服力，再加上淀塚洋介轻松自然的话语"这是我的城堡，第一次给这么多人看到"，亲近感、安全感油然而生。当下，社会浮躁，虚假广告频现，微纪录片以真实为介入点过滤了受众的质疑，减弱了广告和受众天然的对立感。

2. 精准定位：到达率高

稳定的受众群体是任何媒体得以存在的基础，也是其能够持续发展的原动力。微纪录片受众由纪录片受众群细分而来，除保有纪录片"观众主体呈现出'高学历、高职业、高收入'的高端人群特征"① 外，还有新媒体受众普遍的年轻化、时尚化趋势。而和其他网络视频如微电影、网络娱乐节目相比，微纪录片的受众又相对年长和沉稳，正是具有较高消费能力和较强消费意识的消费中坚层。纪录片在国内相对小众的受众状况使微纪录片受众定位具体、集中，新媒体的精准投放促使微纪录片获得高到达率。随着技术的发展、移动平台的广泛使用和节目订制收看习惯的养成，商业订制微纪录片将以精准的定位迅速填充受众的碎片时间。

3. 体量轻小：利于传播

"体量轻小是微纪录片的显在特征，也是纪录片适应新媒体时代受众碎片化需求的调整和转变。"② 和体量轻小相匹配，微纪录片主旨的单义性和内容的当下性也十分突出。体量轻小使微纪录片从制作到传播方便快捷，利于对营销内容的快速宣传；单义性使微纪录片在传达品牌理念时目标单纯，火力集中；而当下性则使微纪录片以有个性、有态度的定位给受众耳目一新的接受观感。"微纪录片可以迅速完成对社会热点事件的关注与记录，产生独立于传统媒体的个性表达。"③ 这对培养受众的忠诚度、提升视频转发率极为有益，

① 张同道，许乔，李敏.2011年纪录片网络新媒体传播研究报告［J］.南方电视学刊，2012（2）.
② 王春枝.微纪录片：新媒体语境下纪录片的新样态［J］.电视研究，2013（10）.
③ 何苏六，李宁.2012中国纪录片行业盘点.［J］.电视研究，2013（4）.

并利于产生热点话题，形成自媒体传播效应。

三、商业定制微纪录片的发展思考

在新媒体语境下，商业定制微纪录片应运而生并保持了良好的发展势头。但作为一个新兴载体，微纪录片尚显稚嫩，其成长轨迹和发展路向值得思考。

1. 关于叙事形式

微纪录片体量轻小，其叙事必须迅速展开才能够在较短的时长内表达完整的主题；而商业定制的身份又使微纪录片增加了额外的限制和要求。这使商业定制微纪录片的叙事表达显得仓促，叙事形式相对单一，往往是在讲述人的引导下，纪录才得以完成。可以说，对人声语言的关注是当下商业微纪录片的共同特征。

商业微纪录片的叙事形式可以从传统广告和纪录片中获得扩展。传统广告的真实感是一种虚拟的真实。台湾统一企业的左岸咖啡品牌策划是一个极其成功的以虚拟求真实的范例：一个女子的虚拟旅行营造了极强的真实感，她的旅行摘记成功捕获了受众。和虚拟的真实相比，微纪录片在真实感表达上有得天独厚的条件，随机的纪录和策划的记录结合应该是值得尝试的形式。

而从纪实型广告到微纪录片，真实的特质更是一脉相承。微纪录片可以从纪实型广告的延伸中获得一些启发，同时结合纪录片的故事讲述，发展丰富的叙事形式，如对证用证言形式的开发。已有客户的真实经历对潜在客户是一个刺激和引导，也是一种富有吸引力的借鉴范本。以微纪录片出现的客户实录将已有客户的经历转化为潜在客户的体验，别人的经历成为使他人身临其境的场景，在观看的过程中，形成一种基于真实经验的替代性满足，值得回味和记忆，并引发指示性和导引性。

2. 关于传播平台

在策划阶段，商业定制微纪录片即应选好合适的传播平台。投放有影响力的视频网站并以推荐链接等形式加推置顶会形成首轮传播效应。向电视等传统媒体的反向输出则可以结合品牌本身选择合适的频道与时段。而随着媒体个人化的发展，手机等移动媒体、微博、微信等社交媒体会成为商家抢占的投放热点。还可以与时令、时事、客户偏好等话题结合，形成病毒视频传播，实现口碑热议和传播效果的倍增。

此外，企业也可以借新媒体发展机缘打造自身的网站平台，以形成标识品牌内涵的企业品牌媒体，而不是现在大多数企业网站在做的与企业直接相关的浅层宣传。通过品牌媒体，企业来传达自己的价值观，并且和品牌自媒体结合，形成为品牌服务、诠释品牌精神的内容生产媒体。在这个和客户沟通交流的长期渠道中，传统广告将失去用武之地，而微纪录片则有机会大展宏图。

3. 关于商业表达

商业定制微纪录片是对广告形式的一个有效的拓展，在新媒体时代碎片营销的大潮中，通过纪实的表述传达品牌精神，通过丰富的输出终端渗透，使传播的信息更容易被受众获取。但如果单纯从广告的角度考量、要求微纪录片，则会导致其过度商业化，受众接受的心理抗拒程度会大幅提升。动画版微纪录片《我的抗战 II》以动画形式表现口述历史，其创新形式和严肃内容的结合获得如潮好评，但荣威汽车在总片名和单集片名之间的广告画面，虽然以全国巡映专用车的名义插入，还是让观众很难接受，在如此严肃的题材中的广告植入尤其令人愤懑。微纪录片应该以微电影为前车之鉴，避免过度商业化，同时，还应与公益行动结合，在提升微纪录片公益效果的同时，打造企业的公益形象，以取得商业与公益的双赢。

作为新媒体语境下纪录片的时代之变，商业微纪录片在已有的纪录片接受群体中以新鲜的形式实现体例的突破，但其商业表达应以纪录片本身的内容表达为基准，应该遵循内容导向而非产品（商品品牌）导向，这样才可能在纪录内容的表述之余自然传达品牌精神，从而达到润物无声的传播效果。适合的媒介载体和传播平台只是放大传播效应，使传播内容获得较高的到达率和吸引力，而优势传播的原动力仍应是优势内容。只有平衡了内容表达和商业表达，微纪录片才能够化锁链为动力，真正成为新媒体语境下内容营销的生力军。

第七章

移动视频媒体对区域文化发展的支撑策略

一直以来，区域文化传播被冠以公益传播的名号，在政府的引领下按部就班地发展。但长期积聚的民间传播潜力并没有得到重视和发掘。区域文化传播立足于本土，向周边辐射，在后视频时代强大的自传播动力下，综合本地功能的社区化移动视频媒体是其必经的媒介路向。

在后视频时代，互联网的发展趋势使 SoLoMo 经由移动视频媒体和区域文化传播紧密结合，成就了区域文化发展的新契机。受分享心理驱动和礼物经济的影响，"Social"即社交化已成为视频应用的明显趋势，而"Local"即本土化和区域文化传播的区域起点高度贴合，"Mobile"即移动化则是移动视频媒体的天然属性。区域文化传播的意义系统由官方的公益传播和服务地方迅速扩散，在个性化的基础上拓展出明显的社交含义。在后视频时代，受众对视频的应用需求激增，无论是对下行视频的评论、分享、转发，还是利用移动端便利的摄录设备制作上传，均以社交化的面目出现，这对区域文化的人际传播是一个效应倍增的切入点。基于地理位置的本土化则使区域文化传播有线下的根基并便于线上的互动和形成强烈的现实身份归属感。区域文化传播身份属性的添加和社交含义引领使得参与者获得显在的身份标签，并通过社交平台的进一步推演扩大成一种日常生活不可或缺的时尚元素，从而实现从官方向民间、由被动到主动的成功转化。

当下，移动视频媒体获得前所未有的发展良机，而与区域文化的结合，则使之刻印上文化的内涵；移动视频媒体对区域文化的传播，则能够借助新兴媒体的力量实现对区域文化的重新建构，甚至形成引领社会时尚的文化潮流。

第一节　区域文化传播的媒体建构

在后视频时代，区域文化传播需要结合时代需求凝练区域文化发展的新内涵，充分发掘区域文化的核心价值，在此基础上，区域特征鲜明的移动视频媒体积极介入，形成区域文化服务连接和社交强化，有效组织区域文化的媒介转化与传播。

一、凝练区域文化发展的新内涵

区域文化传播的媒体建构，首先要凝练区域文化发展的新内涵。区域文化发展的新内涵应能够充分展现该区域的精神文明状况，蕴含区域发展的精神源泉，能够助力区域文化实现更好的传播。在后视频时代，区域文化的发展应与时代同步，对历史的挖掘和向当下的演进齐头并进。应以开放、平等、共享的移动互联精神为引领，用移动互联网思维以及生活、文化新理念植入区域文化，对区域文化精髓进行加工整理，不断创新形式，凝练区域文化发展的新内涵，并将文化内涵转变为文化自信，外化为文化气场，对区域文化进行保护传承与开发，同时，与现代文化创意产业对接，以具体的文化创意实现区域文化的日常传播。

移动互联的去中心化使每一个节点都具有极大的潜力与非凡的意义，多维网状的连接使得大小不同的生态圈逐渐聚合成更大的生态系统，每一个移动用户都可能作为临时中心发挥作用。区域文化发展新内涵的凝练，应与后视频时代的用户特点相呼应，以平民化、日常化为旨归，使移动用户深度参与文化活动，并将这种文化活动打造成日常生活不可分割的一部分。平民化与日常化易于在移动用户间形成连接，并逐渐扩大与强化，最终形成良性循环的文化生态圈层与系统。文化传播只有获得了普泛的平民意义、最广泛的民间参与和日常的生活覆盖，才能行之恒久，延续强大的生命力。移动用户的临时中心作用易于发掘文化传播的民间力量，区域文化发展新内涵的凝练，应打破文化发展的区域局限，以整体性的视野布局文化传播，以更加开放的态度调动多方力量形成文化合力。

同时，后视频时代来临，用户不再满足于信息的获取，移动视频媒体的媒体属性下降，服务属性上升，以用户为中心、最大限度地把用户和其所需的文化服务精准地连接到一起，才能适应时代发展的需求。区域文化的发展应以服务为基点，摒弃精英式的高高在上的说教与灌输，充分发掘用户的文化需求，运用新技术新方法，在传统的信息服务之外，积极拓展新的服务范畴，最终实现人与服务的连接。

二、区域文化核心价值的发掘

区域文化传播的媒体建构，要充分发掘区域文化的核心价值，使优秀的区域文化得以展示传播，充分发挥文化价值的导向功能。近年，在新媒体的推动下，我国注重区域文化的挖掘和传播，区域文化取得了较快的发展，但内容同质化现象日趋明显。此外，区域文化产业发展以市场为导向，区域文化传播注重追求经济价值，低俗、浮夸的文化大肆传播，各区域文化产业趋同。发掘区域文化的核心价值，利于形成具有清晰品牌辨识度的区域文化核心竞争力。这是媒体建构的起点和前提，也是基于差异化的市场占有率和竞争力形成的关键。在文化全球化的趋势下，越具有明显的区域特征，越具有独特性和民族性，就越具有强大的吸引力和蓬勃的生命力。只有充分发掘区域文化的核心价值，才能在和国外强势文化对抗、在和国内区域文化间的竞争中有足够的定力，才能取得文化传播的主动权。

区域文化的核心价值是某一区域在长期的发展过程中积聚的蕴含于该文化内部的独特的质，支撑区域文化的历史发展并形成独特的文化竞争优势。这一核心价值有赖于自然资源和社会资源的合力：丰富的地产资源，独特的自然景观，历史人文的积淀，政治、经济的发展……无论是区位优势还是历史积淀，都是其他区域无法转移、无法替代的。区域文化核心价值是区域文化品牌的核心力量，发掘区域文化的核心价值，应树立品牌意识，形成独有文化品牌，进而开拓文化市场，提高区域文化影响力，让更多人关注区域文化产业，从而带动区域经济增长。

在后视频时代，区域文化核心价值的发掘要结合移动视频的特点，对区域文化进行可视化研发，结合各种视频传播形式，对能够体现核心价值的区域文化进行全方位的积极传播。同时，充分利用区域优势，突出区域特色，有策略、可持续地开发现有的文化资源和自然资源，使其成为区域文化传播的动力源，并进一步发展差异化的文化产品，形成新的文化发展平台和经济增长点。

三、区域特征鲜明的移动视频媒体介入

区域文化发展的新内涵凝练和区域文化核心价值的发掘完成之后，区域特征鲜明的移动视频媒体积极介入，形成区域文化的媒介转化与传播。移动视频媒体的影像呈现赋予区域文化丰富直观的媒介形象，使之广为传播和易于接受。同时，还可以借助媒介事件形成文化仪式感，唤起区域民众的集体记忆，强化其文化身份的认同。

在后视频时代，人们的移动视频应用日渐普遍，与此相呼应，区域文化传播也应开发相应的 App，并强化其社交特征，构建综合本地功能的社区化移动视频媒体。区域文化传播的移动视频媒体以视频短片为基本文化产品，在纪实的基础上推出多类型视频，可包括记录文化样貌的纪录片、以动画还原呈现的文化故事、以网络地图为基础集现实场景和文化历史于一体的虚拟街景、以文化活动为核心的互动式视频游戏等。

移动视频媒体有着明显而强烈的社交属性，其推出的文化视频短片也应以开放的形式强化受众的参与和互动。UGC 作为一个不可

或缺的版块给用户自制尽情发挥的空间，评论及一键分享打通与其他社交媒体之间的入口，它们共同构建了以移动视频为核心的全新专业化社交网络平台。

此外，发起媒介事件、连接线上线下的活动也是有效的媒介策略。媒介事件具有仪式性的特征，通过媒介活动，区域文化以仪式化的形态呈现，文化记忆定格在媒介文本上并经由传播放大形成倍增效应。具体来说，移动视频媒体可通过区域文化话题征集等形式展开媒介活动，媒体率先推出开放式文化视频短片引领用户参与，区域文化话题以个人体验视角即时上传 UGC 视频并展开分享和讨论，通过多角度多方面的用户参与进行对文化记忆的演示，最终形成席卷线上线下的媒介事件。在此过程中，自然涌现出高居榜首的热门视频，其视频形象成为文化记忆得以固定的附着物，片名则成为区域文化的一种标签。

大众参与的媒介活动，可以使文化区域群体成员的文化记忆被激活，区域文化形态得以彰显，文化溯源的历史感满足文化审美的现实需求，实现区域文化共鸣，媒介仪式形成的文化符号迅速传播，强化区域文化核心价值的认同感，并形成文化身份的凝结和归属，从而使区域文化的魅力和价值得以自然展现。同时，经由移动视频媒体建构并广为传播的区域文化符号形成反作用力，促进媒体自身的成长和媒体品牌的确立，从而形成媒体发展和文化传播的良性互动。

第二节　区域文化传播的内容建构

一、短视频生产：PGC、UGC 并重

区域文化的短视频生产需要 PGC 保证内容质量、提升内容的专业化。PGC 拥有专业知识和资质，在短视频创作领域具有相当的知识背景和工作经历，能够从更加专业和理性的角度去创作、分享和评论：选题能够从全局考虑，可以从整体上把控区域文化传播的内涵和核心价值；专业团队编创有序、制作精良，利于形成区域文化的品牌效应；PGC 团队的分享和评论具有专业水准，在一定程度上扮演着网络舆论领袖的角色，能够适当运用民间话语体系引导区域文化的热点形成和理性表达。

移动视频媒体对区域文化的内容建构，应以专业制作的 PGC 为主，在纪实的基础上推出多类型视频；以 5 分钟以下的短视频为基本文化产品，并延伸至相关图文，形成多向性阅读。短片容量小的缺点可以通过系列化解决，记录文化样貌的系列微纪录片、以区域文化为背景的系列网剧、以动画还原形式呈现的系列文化故事等均可以专项项目进行，以单视频为传播点、系列视频为面的延伸，形成点面结合的内容建构。系列化短视频和区域文化以相互关联的群组存在的文化生态相契合，也有助于借此形成视频用户的心理期待和约会意识。在此过程中，吸引视频用户的深层参与和互动也非常必要，征集选题、编织故事、参与演出、设置开放结局等均是有效的互动形式。

　　除 PGC 之外，UGC 版块也必不可少。UGC 模式的去中心化和无门槛的特质使移动视频用户的内容生产和传播潜能被释放，在 UGC 模式下，获知权和接近权得以实现，因此，UGC 聚合的不仅仅是内容，更是具有相同特质的内容提供用户。在这种内容生产模式中，个人可以迅速找到具有共同特质的群体，参与者的数量及其所孕育出的某种公共空间使群体的关系本身价值凸显。这一群体中的用户既是内容的生产者，也是内容的消费者。从单纯的评论、跟帖方式到制作视频，这种深度参与的媒介使用方式能够更有力地聚合同质用户，激发其参与的主动性，培养其身份归属感，并利用平台优势对用户的区域文化需求充分了解，提供移动视频的定制化内容。

　　充分发挥 UGC 的草根力量，能够扩大区域文化的覆盖面和到达率，强化区域文化的传播效果。UGC 版块作为视频用户自行构建传播区域文化的移动视频平台，可提供创作、记录、自我展示的特色区域供上传使用。同时，可设置专门的讨论区以强化移动视频媒体的社交属性，并以评论及一键分享链接其他社交媒体，实现区域文化视频的社区化传播。

二、借助视频游戏进行拟态传播

　　游戏是人类的天性，游戏的愉悦能够有效缓解当下的社会压力、释放压抑的情感情绪，使参与者获得娱乐和享受。移动互联时代，电子科技和人工智能将人们从巨大的物质生活压力中解放出来，移动互联网和智能终端的发展使手机网络游戏成为许多网民的日常娱乐休闲方式。从接受的角度来看，人们对短视频的观看、制作、转发、分享即带有浓重的游戏色彩。而借助移动视频游戏进行区域文化的拟态传播，视频游戏在发挥娱乐功能的同时成为区域文化传播的重要载体。

区域文化＋移动视频游戏是一种表现力丰富的内容传播形式，以区域文化热点、公众议题为原型制作的移动视频游戏，在完成区域文化传播的同时，也向玩家提供了具有娱乐性、强交互性的虚构体验场景。通过视频游戏，用户在接收信息的同时获得与区域文化相关的切身体验。游戏提供了互动式参与，加强了玩家对区域文化的理解与反馈。玩家不但通过选择性理解接受游戏中传达的内容和意义，更通过游戏的操作将自己对于区域文化的理解和选择展现出来，形成反馈和互动。

通过游戏的设计，让图文、音频、视频等传播符号之间更紧密地融合，使形式更加生动具体，将玩家带入场景，沉浸于游戏提供的情节、氛围、角色情绪，忽视外界干扰，专注于游戏情节，促使人们设身处地地思考区域文化的意义和价值，增强了区域文化的场景代入感，提升了传播效果，从而实现区域文化传播价值和效用的最大化。

开辟专门的视频游戏版块作为移动视频媒体的标配，既符合移动视频媒体自身发展的一致性，又能够提供以区域文化活动为核心的互动式视频游戏，使用户在游戏中实现替代性满足，在愉悦的氛围中推演游戏，并自然形成区域文化的传播。在这方面，陈翔六点半的多视频平台可资借鉴。陈翔六点半不仅推送搞笑真人短视频，还同时制作发布漫画短片、开发互动式视频游戏、发起游戏比拼，其内容风格则统一为娱乐搞笑。移动视频媒体也可以做成相似的多视频平台，并在各视频形式间形成互动。

　　区域文化场景游戏以真实的区域文化场景建构游戏，形成区域文化的拟态传播。参与者在游戏中体验区域文化，在虚拟世界中体会身临其境的感觉。这种虚拟的参与可使虚拟世界和真实世界结合，并可通过线上线下的连接，使游戏参与者向真实的区域文化场景过渡。

　　区域文化的游戏设置以区域文化活动作为核心进程，以真实的相关区域文化场景作为游戏情境，虚拟世界和真实世界在游戏中互联，参与者通过角色扮演、实景升级等方式在游戏世界中体验区域文化的魅力。这种虚拟参与也同时提供线上线下的互动，向真实文化场景进行引导，使游戏参与者进一步成为区域文化的现场参与者。此外，可借助日益完善的 AR（Augmented Reality）技术实现区域文化的现场游戏扮演。在真实的文化场景中，植入虚拟的区域文化信息并通过手机扫码等方式作为工具性通道，以网络地图为基础，打造集现实场景和文化历史相融合的虚拟街景，实现真实环境与虚拟物体的同时空叠加，使用户能够随时自由地穿越，提升身临其境的游戏体验。

第三节　区域文化的多向度传播

一、线上线下资源互换

　　除构建自身的媒体样态之外，移动视频媒体还可以展开多线程的资源互换，以形成线上线下的共同传播。可以面向视频用户征集文化话题，以高人气话题相号召推出互动文化短片，发动用户上传UGC视频展示入选话题的个人制作并在线分享体验。同时，通过多角度、多方面的用户参与进行对文化记忆的当下复原与演示，最终形成席卷线上线下的媒介事件。从传播学角度看，媒介事件具有典型的仪式性特征，通过媒介活动，文化记忆定格在媒介文本上，区域文化以仪式化的形态呈现并经由传播放大形成倍增效应。媒介事件中，媒介仪式形成的文化符号在事件主体中发酵并形成从媒介向人际的迅速扩散。

打造文化产业链、开发文化衍生品，可以实现移动视频媒体的自我造血功能，并通过移动视频媒体对日常生活的现实延展形成区域文化的实物传播。通过文化产品凸显文化内涵对日常生活的影响，甚至形成引领社会时尚的潮流，提升大众文化品位，同时达成区域文化的日常化传播。在前期聚集大量用户的基础上，移动视频媒体从区域文化中挖掘具有传播潜力的文化符号，开发相关文化衍生品，在具体的文化产品中灌注区域文化的精神品质，使这些文化产品走入大众的日常生活，并作为充满艺术气息的商品，代表本区域向外输出文化产品。

与旅游、演出、地产等项目结合，形成文化资源的统一组合与共享。移动视频媒体可以作为文化旅游、文艺演出、文化地产等的分享平台，在提供基本信息与本地服务的同时，以其便利的视频传输形成即时分享。例如，以"主题游"的形式聚集特定区域、特定时令的文化分享，以"话题游"的形式发掘文化话题的深化与延展，并在此基础上形成开放的区域文化传播圈层，从而实现文化和旅游的深度结合。可以利用线上、线下两个平台，凝聚文化消费理念，创造文化消费热点，通过线上宣传活动信息、培育参与者、扩大活动影响力，线下开展具体的文化交流活动，让参与者切身感受区域文化的魅力，从而激发持久的文化消费欲望，成为线上平台的忠实用户。通过线上、线下两个平台的建设，汇聚不同空间的文化消费者，使移动用户能够在线上进行文化消费，在线下参与体验式的文化活动，使区域文化的传播具有通畅的跨地域渠道，从而为区域文化产业聚集具有高黏性的消费群体。

跨区域互动，推动区域文化的共建共享。随着现代媒介的发展，地球成为一个村落，在电子媒介构筑的空间里，距离正失去意义。作为人的延伸的各种沟通媒介，使人的视觉和触觉伸向了更为遥远的外部世界，逐渐将个人空间与社会空间、乡村与城市、民族与国家之间的区隔消除。移动视频媒体对区域文化的传播和建构，使地理意义上的地方区域空间为媒介空间所打破，开放、平等、共享的移动互联精神要求文化打破区域藩篱，实现跨区域互动。文化必须从区域中走出，在更广阔的范畴里进行交流碰撞，从而达成区域文化的共建共享。实现区域文化共享是文化发展互动的最终目标，要坚持文化资源共享、文化消费市场共享，实现文化资源的最优配置，促进更多文化的竞争与合作，最终在更高的层次和更大的平台上提升区域文化的影响力。

对移动视频媒体而言，区域文化的独特性、本土性使移动视频媒体形成了区域内文化聚合力，同时，因其异质性和新奇性而在本区域之外具有文化吸引力。聚焦区域文化的移动视频媒体横向互联，形成跨区域合作，区域媒体互相推广支撑，可有效促进区域间文化交流。例如，可以设置专门的版块，推介其他区域文化移动视频媒体，提供文化交流的平台；还可以集中多家媒体力量，共同筹划网络大电影，使移动视频媒体实现跨越式发展。当下，有限的院线渠道往往向愉悦感官的电影倾斜，而网络电影必然需要与院线电影相异的特质与方向，对文化内容的关注可作为其差异化发展的一个出口。各区域的移动视频媒体互相合作，集多家之力联合推出系列网络电影，各区域的区域文化可以作为其中一部分出现。

二、设置区域文化的具体传播场景

20 世纪 80 年代，梅罗维茨从社会学家戈夫曼的"拟剧理论"获得灵感，提出了"场景"概念，研究"媒介场景"对人的行为及心理影响。罗伯特·斯考伯则最先提出了有别于传统媒体时代的"场景概念"，他在《即将到来的场景时代》中指出，移动设备、社交媒体、大数据、传感器和定位系统是移动互联网的"场景五力"，其所营造的内容场景将帮助每个个体获得前所未有的在场感。① 胡正荣将 web 3.0 定义为"场景细分时代",② 彭兰则指出："与 PC 时代的互联网传播相比，移动时代场景的意义大大强化，移动传播的本质是基于场景的服务，即对场景（情境）的感知及信息（服务）适配。场景成了继内容、形式、社交之后媒体的另一种核心要素。"③

移动互联网络的发展使网络和现实开始实现无缝对接，人们进

---

① 〔美〕罗伯特·斯考伯、谢尔，伊斯雷尔. 即将到来的场景时代 [M]. 赵乾坤，周宝曜，译. 北京：北京联合出版公司，2014：11.
② 胡正荣. 移动互联时代传统媒体的融合战略 [J]. 传媒评论，2015（4）.
③ 彭兰. 场景：移动时代媒体的新要素 [J]. 新闻记者. 2015（3）.

入了便利而丰富的立体场景传播。据中国互联网络信息中心（CNN-IC）第 41 次《中国互联网络发展状况统计报告》显示，以手机为中心的智能设备已成为"万物互联"的基础，车联网、智能家电促进"住行"体验升级，构筑个性化、智能化应用场景。移动互联网服务场景不断丰富、移动终端规模加速提升、移动数据量持续扩大，为移动互联网产业创造了更多价值挖掘空间。① 移动互联时代，场景的设置对于区域文化的发展与传播有着举足轻重的意义。运用场景传播理论，结合特有的地域特点，设置区域文化的具体传播场景，有望达成区域文化与日常生活的有效链接，推进区域文化的普遍的传播。

　　区域文化传播的场景化应基于文化的线下场景设置与开发，在此基础上，通过智能设备理解人们在线下的行为，将线上与线下的服务结合起来，使线上与线下空间融为一体。后视频时代媒介的日常化与文化的日常化呼应，文化艺术的场景设置应融入日常生活，成为人们生活中不可分割的一部分。从发展趋势来看，只有将文化的发展与人的发展密切联系，才可能取得可持续的发展空间。文化发展的日常化有赖于人们生活的文化仪式的日常化，移动互联可通过线上的强化使线上线下无缝链接，形成文化传播的密集覆盖。

　　场景传播的要义是将实际空间和虚拟空间结合、将用户的行为与心理结合，共同形成适配的文化传播环境氛围。基于地理位置的移动互联服务可以有效放大文化传播的具体空间，生发出虚拟时空的文化意义。用户的文化心理需求驱动用户的行为，在设置的具体

---

① CNNIC. 第 41 次《中国互联网络发展状况统计报告》[R/OL] . 199IT，2018 - 01 - 31.

文化场景中形成文化仪式的具体执行。利用地理位置信息把文化信息与地图产品结合，与用户在各个动态地理位置的需求相匹配。每一场景所蕴含的文化信息经过数字化处理，在地图上进行标示，通过信息发射技术覆盖这一场景的移动用户，并与移动搜索、移动社交、移动视频等紧密结合，实现心理所需与场景所见有效适配，更好地匹配用户动态化的情景需求，促进文化信息的实际到达率。

文化的场景传播应兼顾用户的共性和个性，形成标准化适配与个性化适配互补的多元格局。既要有对移动用户文化共性的理解与满足，即针对用户群体在特定文化场景中的普遍性、一般性需求，进行文化信息、服务等的提供，使不同的用户都可以获得这一场景中的基本满足，又要把个体用户的当下状态及既往习惯纳入考虑范围，达成对个性文化需求的把握与满足。

从技术发展的趋势来看，可穿戴设备等将逐步实现人与环境的智能感知与信息同步，文化的场景传播有望在移动用户表现出兴趣与需求时自动推送相关文化信息，并通过图文、音视频等用户希望的形式实现最终的文化传播。同时，通过调整内容和用户界面等，实现形式优化，使文化信息在便利到达的同时，与用户更相关、更个性化。

三、打造多层面的区域文化品牌的移动互联传播

后视频时代，传统媒体虽然延续了其长期形成的公信力与权威性，但到达率与覆盖面已远不如过去，亟须与新媒体融合共进。只有构建立体化的文化传播体系，展开多层面的区域文化品牌传播，让文化变得鲜活可感，融入生活，才能使区域文化产生强大的覆盖

力和穿透力。传统媒体的两微一端应摒弃直接平移原媒体内容的被动应对，打造接地气、有用户针对性的移动互联语态。自媒体则应积极发挥民间的草根性，最大限度地聚合兴趣用户群体，形成自己的文化媒体特色。

移动媒体的出现给图文音视频的共在性提供了便利，图文并茂的推文、感染人心的音乐、短平快的视频、承载文化内容的游戏、即时交流的直播等多种呈现形态给文化传播提供了多元的样貌。"文化＋视频""文化＋音乐""文化＋电竞"等可以推动文化的多向拓展，达成区域文化的多形态呈现，共同促进区域文化的传播与推广。如在游戏里加入文化元素，把文化场景嵌入游戏之中，让人们可以通过游戏去体验和感受文化的故事。同时，以文化为背景，进行不同文化形态的再创作，形成不同类型的文化产品。通过线上线下的联动效应，对区域文化进行深度挖掘，开展更深层次、更多形式的开发和合作。而随着全产业链上下游之间配合度和默契度的增强，以及文化产业开发运营模式的进一步优化升级，文化传播的质量和效益也将大幅提升。届时，借助成熟的移动互联的多圈层生态，可以水到渠成地打造区域文化 IP。

利用移动社交网络媒体的平台作用，丰富拓展各种文化网络交流形式，强化用户的文化参与意识，以互动的形式形成身份认同，提升区域文化在网络价值观中的主体地位，凸显区域文化的地域认同感及文化凝聚力。如针对移动互联传播的特点，开发区域文化表情包，使文化渗透在移动社交的每个角落。同时，打造区域文化移动社区，展开线上线下多渠道、多类型的社群活动。移动社交媒体平台可通过向用户征集议题、组织文化秀场等形式使用户积极参与其中，使文化传播和移动社交共生共融。

当下，区域文化传播还停留在相对初级的阶段，新技术应用不足。应该有效应用新技术，为区域文化的移动传播开拓多种途径。如利用新兴的 VR 技术，推进体验式、沉浸式的文化传播。采用 VR 技术对文化景观、文化遗存等进行三维仿真建构，将文化空间向网络空间延展。以故事的形式勾连文化场景，通过角色扮演的方式，突破用户年龄和知识结构的制约，使用户在虚拟空间中游历，以视觉、听觉、触觉、味觉等多感官体味区域文化的独特，带给用户全新的视觉享受和互动体验，使人们走进区域文化之中，体验文化场景的生活，从而引起对区域文化的关注、响应、参与和分享。

四、发展高校移动视频

随着科技的发展，新媒体已渗透到社会生活的各个方面，传统的传播格局发生巨大改变，同时，也给高校发展带来了新的机遇。中国移动视频用户的激增，使新媒体平台对影音创作人员产生了大量需求，高校培养有相关媒介素养的人才的专业教育迅速升温。

在此语境下，高校影视制作专业取得了长足的发展。这种短时间内爆发式的发展态势，是新媒体时代的专业需求所致，同时，时代需求下专业过度发展的危机也逐渐萌生。只有在专业发展上形成自己的特色并获得社会的认可，才可能脱颖而出。各高校在专业发展上各取所长，依托便利的移动媒体传播平台，着力于适合移动端传播的短视频的创作，以往由电视垄断性承担的视频传播功能经由新媒体得以快速放大，形成了短视频创作热潮。同时，社会各方逐渐认识到青年学子创作的内蕴力量，相关赛事此起彼伏。专业学生之外，非专业学生对视频制作也抱有极大的热情。在各大赛事上，非专业组的视频制作量大质优，令专业人员眼前一亮又倍感压力的作品时常涌现。

可以借力青年人群聚集的大学校园打造区域文化移动传播的中坚力量。高校相关专业准媒体人易于激起创作意愿、涉及人群较广且所需资金较少，其移动视频媒体实践有较多的和区域文化结合的可行性。"社会文化团体发起合作＋少量政府文化基金扶助＋奖项证书"等精神鼓励，基本上可以达成高校移动视频实践与区域文化合作的目标。从实际情况看，虽然高校专业短视频创作足以成为区域文化传播的重要力量，但当下二者的结合式发展仍处于零星和自发的状态。虽然高校有着天然的文化基因和文化氛围，各种视频比赛也大多以"文化""精神"相号召，但整体来看，高校短视频创作的文化价值尚未得到充分的认识，其文化传播功能的开掘尚未提上日程。应把蓬勃发展的高校视频创作和区域文化发展结合，探究高校移动视频创作文化群体化和规模化的策略，从而有效利用新的媒介力量，使高校移动视频与区域文化形成良性互动：区域文化的发展为高校移动视频提供文化平台和话语出口；高校移动视频从自发到自觉，成为区域文化软实力提升的有效途径。

在这方面，二更的高校导演扶持计划可以作为参照。二更面向全国高校招募、吸纳、扶持导演人才，扶持计划包括广泛招募、吸纳在影像拍摄、制作、生产等方面具有专业技能、爱好的高校学生群体，以签约注册的方式，进入二更导演生态系统；二更给予后续专业指导和资金扶持，帮助学生导演更好地进行作品创作。同时，二更还与各大影视公司、影视院校、海内外电影节等，建立战略合作并输送人才，形成人才共享的生态模式。

借鉴二更模式，发展高校移动视频，找寻其与区域文化传播的结合点，能够将二者结合形成优势互补，双向放大内容创造力和传播力。这种模式的特点在于不限定于对高校青年导演的扶持，而专注于对区域文化的视频制作和移动传播。和本土高校相关专业及社团深度合作，组织以区域文化为话题的短视频创作。高校区域文化短视频创作可以作为课程设计被纳入教学计划的实践环节，也可以工作室或创意公司的形式和移动视频媒体对接，形成片源供应地，或者共建实践教学基地，实现媒体与高校的合作发展和双向连接。当下，影视制作类专业培养计划或强调影视艺术，或强调技术应用，着眼于对本地经济文化的服务者寥寥，这致使毕业生或执着于影视艺术的高雅而曲高和寡，或埋头于应用技术的钻研而忽视传播。可在培养计划中专门辟出本地服务版块，以区域文化为引领，强调学生的文化理念和服务意识，并在相关的实践类课程中以文化短片的形式落实。在具体体裁上，可鼓励青年学子大胆创新，摒弃传统文化片的表现形式，而以青年亚文化特有的方式呈现，甚至鼓励在对区域文化的解构中达到有效传播的积极目的。

在日常化合作的基础上，也可以学科竞赛促进区域文化的传播。通过赛事推动的平台形式，建立专门移动公号推广，并和企业发展结合形成公益与商业互文的区域文化场。同时，大赛组委会起到"把关人"的作用，通过引入议程设置，在发现、奖掖优秀视频制作者的同时，使高校移动视频由个人传播向群体拓展，实现个体性到公共性的转变，从而达到自发传播和自觉传播合一，形成文化多元和一元的和谐共生。相关文化企业以冠名支持或合作赞助的形式介入，一方面解决了大赛的经费运营，另一方面也提升了企业的文化形象和公信力。从专业组视频选拔出精品视频短片作为宣传介质，而非专业组视频则可通过沉浸式的媒介参与提升人气，扩大区域文化影响力。同时，还可以通过高校视频创作联盟实现对高校的覆盖，组织创作者实地考察拍摄，现场体验区域文化，并以项目式运作形成对接，参与高校以子项目的形式进入，专业实践与文化实践并行。

第四节　区域文化传播的受众参与

一、参与式文化：区域文化的共建共享

参与式文化是一种自由、平等、公开、包容、共享的新型媒介文化样式，以全体网民为主题，通过某种身份认同，以积极主动地创作媒介文本、传播媒介内容、加强网络交往为主要形式。这一概念由亨利·詹金斯提出，他指出，当今不断发展的媒介技术使普通公民也能参与到媒介内容的存档、评论、挪用、转换和再传播中来，媒介消费者通过对媒介内容的积极参与而一跃成为媒介生产者。[①]随着移动互联网的普及，其本身所具备的低门槛、交互性强、文化信息的多样性和非专业性等特征，使参与式文化成长为一种不可忽视和回避的文化力量。当下，这种参与式文化形成的媒介文本逐渐

---

① 〔美〕亨利·詹金斯. 昆汀·塔伦蒂诺的星球大战——数码电影、媒介融合和参与性文化［M］//陶东风. 粉丝文化读本. 北京：北京大学出版社，2009：101 - 113.

由图文扩展到短视频，移动用户已成为主动的消费者与熟练的参与者。同时，由受众积极互动形成的参与式文化天然地排斥商业性，而区域文化的公益性与参与式文化的公众精神正相契合，区域文化给予参与者充足的身份自豪和归属感，自发式的创意分享和行为互动则给区域文化带来无尽的活力。通过区域文化的身份认同，参与者积极主动地创作与传播区域文化的媒介内容，人际联系突破了时间、空间的限制，真实社区和虚拟社区交织并行，现实生活与网络生活彼此融合，形成区域文化的充分共建共享。

区域文化传播的共建共享要强化用户参与，使参与式文化内化为一种能力，让移动用户借助新技术接收、解读、创作并主动传播区域文化。移动视频媒体应积极为用户创建区域文化内容创作平台，让有意愿的用户都能参与到交换与分享的环境之中，并成为内容的生产者和消费者。参与式文化本质上是一种技术催生的新型媒介文化，对新的传播技术有一种与生俱来的依赖性。区域文化以移动互联网为依托，以移动视频通过直播、VR、AR、人工智能、大数据、云计算等新技术的应用，在优化信息呈现方式的同时，不断扩展用户参与区域文化视频创作的空间，开辟用户参与的新途径，通过用户生产内容不断强化其归属感，增强用户黏性。

参与式文化强化了网络社区活动，注重参与式文化的运用，为移动视频用户提供平台、构建社群，通过参与和互动，创建属于自己的传播空间，并以兴趣爱好细分用户，组建高黏度社区，使区域文化与社群文化共生，形成自己独特的社群文化。

区域文化与参与式文化的结合，能够调动移动用户高度的自主参与性和全新的互动体验感。通过移动平台可以更便捷、更即时地参与区域文化视频节目，投入票选、转发评论、弹幕评论、利用已有移动视频素材制作表情包和鬼畜视频等多样的参与方式、即时的参与回馈带来身临其境的满足和互动体验的快感。

区域文化传播和参与式文化的结合，使基于社交化网络的分享心理得以彰显，经由媒介活动、传媒机构与公民共同构建媒介事件，区域文化的传播不再是传媒机构的单向行为，公民之间的密切媒介联系也使得区域文化的传播成为一个集体性过程，在此过程中产生大量的集体智慧，区域文化在众声呐喊的集体摇曳中迅速传播。

二、众包：区域文化传播的基本形式

"众包"（crowdsourcing）一词由《连线》（Wired）杂志编辑杰夫·豪（Jeff Hawe）在 2006 年发表的《众包崛起》中首次提出，他认为"众包"是一个公司或机构把过去由员工执行的工作任务，公开外包给非特定的大众网络的做法，众包（crowdsourcing）是 crowd（群体）和 outsourcing（外包）的结合体，即群体性的外包行为。外包意味着借助外部力量，而众包则重在"众"字，强调的是多人的资源的整合。Brabham 进一步对"众包"概念做了拓展，他提出应当将"众包"视作一种调动在线大众的群体智慧为特定组织机构服务的问题解决模式。众包是一种新的商业模式，即企业利用互联网将工作分配出去，以发现创意或解决问题。这个概念后来对互联网商业组织的发展模式产生了广泛影响。

移动互联网时代，随着应用社交网站和客户端等新媒介技术产品的出现，网络用户拥有了深度媒介参与的多种途径，承担、完成任务也更加便利，同城效应和个人特色更加明显，众包模式提供的大规模业余化给予人们在多种框架内实现个人价值的机会。具有碎片化时间的移动用户，借助移动互联平台参与众包，获得价值的体现和精神的满足。当下的参与式文化决定了区域文化传播的多样性。众人的参与使区域文化传播焕发出新的生机和活力，集中体现公众参与式文化的众包成为区域文化传播的基本形式。区域文化可以借助众包模式，通过奖励机制的设置刺激用户直接参与传播环节并利用社交网络进行扩散，使得区域文化信息迅速传播。

作为大众媒介，移动视频媒体承担着专业生产的重任，同时，也作为众包视频的发起者和组织者出现。移动视频媒体通过众包传播的技术手段，把区域文化视频等任务分包给平台聚集的活跃用户，通过奖励机制刺激这些用户进行创意设计、短片创作，在微信、微博、QQ 等渠道中扩散传播。在后视频时代，区域文化的影像传播更大程度上有赖于用户生成视频。参与者主动添加个性化内容，其虽对区域文化传播的整体信息并不清晰，但能够作为其中的一环发挥作用。这一媒介权力的让渡，使 PGC 和 UGC 形成交织互补，专业生产的精致和用户生产的活力共同组成区域文化传播的多样性。移动用户的智慧在文化参与中得以发挥和应用，并通过自我组织凝聚成一股高效的生产力。用户是阅听者也是生产者，不仅在参与和互动中培养和发展才华，其媒介行为更进一步促成媒介共同体的建构。

区域文化传播的众包可以采取创意与素材征集的方式进行，调动移动视频用户的群体智慧，实现区域文化的众创式传播。移动视频媒体拟定选题之后发布征集通知，组织移动用户投稿参赛，把创意或素材上传到移动视频媒体平台和社交网络，然后收集创意方案与素材择优选用，并给予参与者相应的奖励。通过创意与素材征集，移动视频媒体获得了新鲜的创意，参与者将创意在社交网络的发布则使征集活动在每个环节都具有了众包的意义，从而形成发起者与响应者共同完成区域文化传播环节的良性循环。

在设置众包任务时，要充分考虑移动用户的参与动机。动机理论认为，人们的某个行为都是出于一定的动机。用户参与区域文化众包的行为，同样是受到动机的驱使。在设置众包任务时，基于兴趣爱好、自我肯定等内部动机应与基于物质奖励等外部动机并重。虽然区域文化传播本身具有天然的公益性，利他而非利己的动机驱动可能更为主流，但自身的参与行为可以促进公共利益的利他动机与自我价值实现等利己动机并不对立，如关注度是用户参与众包的一个重要动机，而对关注度的重视既有自我满足的达成，又有扩大传播的效应。众包任务的设置把双重动机作为主要驱动，更利于促进移动视频用户的参与与区域文化的广泛传播。

众包的加入创新了民众参与区域文化传播的方式，促进了民众、政府和社会组织的交流互动，政府和社会组织的文化工作能够借助群体的智慧高效完成，民众的文化需求和文化参与意识越来越强烈，并自觉地肩负起更多的文化传播的责任，实现了各方的共赢。

三、文化反哺：区域文化传播的代际分享

玛格丽特·米德（Margaret Mead）在《文化与承诺》一书中，将整个人类文化按时序划分为三种基本类型：前喻文化、并喻文化和后喻文化，在前喻文化中，晚辈主要向长辈学习；并喻文化中晚辈和长辈的学习发生在同辈间；而后喻文化，则是指长辈反过来向

晚辈学习。① 自人类进入文明社会以来，文化传承的方向总是由上一代人向下一代人传承，社会教化过程中的"父为子纲"称得上是一切文明社会文化传承的基本法则。随着社会的变迁，上述法则及其天经地义的合理性自近代以来开始面临挑战，亲子两代的适应能力不同，对新事物的理解和吸收快慢不同，在亲代丧失教化的绝对权力的同时，子代却获得了前所未有的反哺能力。中国的文化反哺现象出现于改革开放之后的 20 世纪 80 年代，周晓虹是国内最早关注这一现象的研究者，也是"文化反哺"这一本土概念的创用者，他将文化反哺定义为"在急速的文化变迁时代所发生的年长一代向年轻一代进行广泛的文化吸收的过程"，并指出文化反哺现象广泛地存在于一个变迁剧烈的社会的年轻一代和年长一代之间。②

移动互联网络兴起之后，新产品、新服务应运而生，强烈冲击着社会文化与生活，传统社会单向的文化传承模式加速向现代社会双向的乃至多向的文化传承模式转变。科技的蓬勃发展带来了颠覆性的社会变迁，在日新月异的环境中，长辈们曾经肩负的文化传喻功能大大削弱，年轻一代则因对新信息技术的敏锐领悟而成为移动视频媒体的引领者。他们有天然的禀赋和年龄的优势，受旧有的价值观和行为模式的束缚较少，对新事物具有较高的敏锐性和接受能力，更符合信息时代的发展要求。作为移动互联技术的坚定使用者、追随者和推动者，后视频时代的主力军非年轻人莫属。

新的媒介环境下，青年群体成为长辈们使用移动视频媒体的向

---

① 〔美〕玛格丽特·米德. 文化与承诺［M］. 周晓虹，周怡，译. 石家庄：河北人民出版社，1987：27.

② 周晓虹. 试论当代中国青年文化的反哺意义［J］. 青年研究，1988（11）：23

导。年长者倍感复杂的视频应用和操作流程，通过晚辈的指导变得轻松简单，长辈紧跟晚辈身后获取新鲜资讯、展开自己的网络社交，以青年反哺老年为标志的后喻文化在后视频时代变得更加迫切和显在。因此，以后喻文化为切入点，形成青年亚文化社群对长者的文化反哺，在赋予青年一代自信、知识和力量的同时，也开阔了长者的眼界，提升了他们对新新世界的应对能力与文化自信，有效助推了区域文化传播的代际分享与自然流动。

"场景是青年亚文化社群形成的助推力，新的媒介技术发展了新形式的青年亚文化部落，使得部落群体的形成更加便捷，也改变着青年亚文化存在和表达的符号系统，造成青年亚文化符号身份的流动性和不确定性。"① 后视频时代，借助新技术的便利，青年亚文化社群进一步扩大，并表现出极大的流动性和兼容性。区域文化的移动互联传播应基于青年用户的接受特点，不仅打造内容丰富的文化营养大餐，而且注重用户的交互体验，以活泼亲民的叙事格调，多媒体融合的媒介形式呈现区域文化，对接青年亚文化社群的特征进行个性化设置和精准化传播。如以动漫的形式构建二次元文化社群，以鬼畜视频聚合鬼畜文化社群，使区域文化的传播与青年亚文化形成合流之势，并通过媒介议程，设置青年对长者的文化议题，自然形成青年对长者的文化反哺。

从另一角度来看，青年人虽然有着接受新技术、新事物的优势，但他们同时也是网络综合征和网络伦理失范的高发群体。青年对长者的文化反哺有助于区域文化传播的代际分享。"这一文化传承模式

---

① 蒋晓丽，梁旭艳. 场景：移动互联时代的新生力量——场景传播的符号学解读 [J]. 现代传播，2016（3）.

的出现，不仅为年长一代顺应社会生活、继续追赶历史潮流提供了可能，同时也加重了年轻一代的历史责任感。一般社会化和反向社会化或'文化反哺'的共生互补说明，社会的发展所赖以借助的文化延续，从来没有像今天这样明显地存在于年长一代和年轻一代的沉浮与共之中。"① 这其中，有青年向长者的新鲜文化形式的普及，有长者对青年的历史文化传统的引导，双向的交流沟通是文化传播、情感传递和规则建立的多赢。

四、游戏化思维：区域文化传播的介入点

游戏化思维是指用游戏设计方法和游戏元素来重新设计并进行非游戏类事务的思维方式。这一思维方式能够有效缓解社会压力、释放压抑的情感情绪，使参与者获得娱乐和享受。在游戏中人们总是能够获得乐趣，这种乐趣使人们深深地卷入其中，不断地在游戏中进行探索或者重复着某一样事情。在非游戏情境中添加游戏元素能够促进用户更加乐意去完成某些任务。游戏化正是通过创造乐趣来实现更多的现实目标，即以一种有计划、有方向的方式去获取乐趣。

游戏化思维未必是在表现形式上做得很像游戏，而是一种系统设计的思维方式。在设计领域中，游戏化思维是一个基于用户体验衍生出的革命性理念，它通过把游戏中对于人的欲望不断强化并带来的机理引入到产品服务或营销活动中，将平凡的体验变得有趣进而牢牢俘获用户的心，促成交易以达到设计目的。在区域文化传播

---

① 周晓虹. 文化反哺：变迁社会中的亲子传承 [J]. 社会学研究，2000（2）.

中，游戏化思维不仅包括狭义的区域文化相关游戏的开发推广，更着重在区域文化传播中添加契合的游戏元素。

运用游戏化思维进行区域文化传播，关键在于以趣味化的思维方式打破传授的常态，为区域文化传播带来新的可能性。移动视频媒体把趣味及娱乐元素应用到区域文化传播中，使移动视频用户沉浸在有趣有料的游戏情境中，从而达到轻松自然地传播区域文化的目的。如以躲猫猫的形式在藏与找的游戏氛围中显现区域文化的关键元素，以人格化的方式处理区域文化间的关系，选择不同的身份进入区域文化场景，体验区域文化因接受环境相异而带来的不同影响等。

在进行区域文化传播设计时要尽量以用户的内在动机来引导其进行相关任务的执行，挖掘用户内心的渴望，激发其区域文化传播的内在动力，并设置合理的难度，应用新技术强化体验感，使用户能够快速收获成长的喜悦。通过游戏化设计可以使移动视频用户倾向于选择团队作战，从而建立更强大的社会联系，强化身份归属感，带来积极的情绪体验。

在移动视频媒体的社交化趋势下，移动视频使用和分享本身即带有明显的游戏化色彩，区域文化的传播可通过添加游戏元素进一步强化其游戏特征。虚拟街景、互动式视频，文化角色扮演等均可被纳入这场大型游戏之中，用户在讨论社区分享真实体验并由移动视频应用上传个人视频，在参与文化活动的同时进行一场游戏的狂欢。区域文化传播应以更加开放的心态展现其核心价值，这样才能形成强大的吸引力和包容性，从而在交流碰撞中实现区域文化的优势互补和壮大繁荣。

第五节　寻找文化传播与文化产业的结合点

我国文化产业发展经历了三个时代：1998 年以前，文化只是一个观念；1998 年文化部（今文化和旅游部）成立文化产业司，中国正式进入文化产业时代，开始通过市场力量来发展文化产业和文化事业；2012 年以后，随着十八届三中全会的召开，中国进入了文化产业融合时代，这种融合包括文化产业内部的融合，以及通过媒体传播、设计创意和相关产业的融合。以产业形式推动文化发展是打造区域文化高地的必然要求。后视频时代，文化的日常传播与即时传播变得可能，寻找文化传播与文化产业的结合点、推动文化的产业化，可以在有效促进区域文化的传播的同时，实现文化的经济价值。

一、挖掘移动视频用户的文化创意能力

利用移动互联网络的即时性，充分挖掘移动视频用户的文化创意能力，调动用户的参与积极性，拓展文化产业的创新能力，进行文化资源的有效整合和开发利用。移动视频用户的深度参与也利于用户成为区域文化的忠实粉丝，在文化传播中担当临时中心的重任。

以互联网为代表的新媒介的兴起，为人类社会提供了空前便捷、自由、富有创意的交流空间，移动互联网络的即时性使得移动视频媒体的互动变得极为便利，移动视频用户的文化创意能力得以展现与发挥。移动视频媒体用户通过互动参与创意内容的创作，从文化

消费者转变为创意者，丰富了文化创意内容。普通的用户其创意虽然很难具备专业水准与完备性，但同时也因很少受限而具备天马行空的创新意义。移动视频媒体通过对其闪光点的捕捉与整合，为文化产业提供区域文化创意新的原点，赋予文化创意内容生产的新模式。

移动视频用户文化创意的深度参与紧密了粉丝与文化创意内容的交互，有利于提高粉丝忠诚度，建立供需双方的信任机制。这种基于信任的交互参与人数众多且富于身份归属感，造就了文化创意的共享模式，使得移动视频用户乐于积极分享，从而形成多圈层文化传播。

二、开发区域文化 IP

开发区域文化 IP，以优质内容形成独特文化资源。不断挖掘区域文化的独特价值，结合移动互联时代的传播特点进行宣发，充分利用媒体平台发挥 IP 资源的经济价值。打造区域文化 IP，不仅可以进行图文音视频等多元媒介形式的同步开发，还可以通过原生广告、电商链接等方式实现变现，使内容资源不仅转化为文化产品，更打造成融合创新的平台。同时，拓展内容资源的体验价值进行创新设计，成功把文化内容转化为社交型产品，通过移动社交媒体进行扩散式传播。

开发区域文化 IP，应对区域文化资源进行深度加工。区域文化中的故事资源丰富，但故事本身大多只具有简单的轮廓，需要二次创作进行想象和补足。对人物形象、人文地理、时间空间、故事情节等进行设定，对区域文化所代表的价值审美和移动用户所处的文化身份、心理期待进行交织融合，使区域文化故事既保有原色，又引人入胜、广为传播。这种经过深度加工后更接近移动用户理解的核心故事，其文化 IP 在移动视频、生活衍生品等领域的转化具有更强的黏性和可持续的品牌意义。

同时，利用新技术优化增强文化产品的体验价值，如基于移动视频的角色扮演与情节替换等，既可以在产品体验中深度植入原生广告、加入商品视链，又可以强化移动用户的个性，使其转化为社交型产品，进一步拓展其传播圈层。

打破文化产品之间的界限与壁垒，挖掘不同文化产品之间的关联和共性，运用跨界思维把可能进行整合的要素进行融合、延伸，在 IP 的开发过程中进行创新，充分开发优质区域文化 IP 的经济价值和文化价值，进行全产业链的深度整合。如手游和动漫的结合，二者可以共享区域文化故事的主线剧情，并在此基础上分别发展网络游戏元素和二次元场景，从而形成手游和动漫、文化传播和经济效益的共赢。手游和动漫本身具有较强的基因关联，为 IP 的协同开发提供了可能性；二者各自积累的粉丝因为共同的 IP 利于互相转化，增强粉丝的聚集；区域文化故事的共享式开发可以迅速形成品牌效应，使得区域文化得到强化传播。

三、构建区域文化传播、文化产业的共享平台

文化产业的流行原则"文化搭台，经济唱戏"并不适合区域文化的产业化。以经济目的为出发点、市场标准第一，势必弱化区域文化的内容传承，使区域文化的发展趋向娱乐化。以凸显区域文化的内涵特性与核心价值为旨归，以经济价值为辅助，才应该是区域

文化产业化的原则和前提。

　　充分发挥移动互联网伴随性强、传播面广、方便快捷、易于互动等特点，构建区域文化传播、文化产业的共享平台，让文化和大众之间能够形成良性互动，确保能够满足最广大受众的文化需求，让区域文化具备良好的传播环境，有效推动文化产业与文化传播的融合创新发展。依托区域文化的厚重资源，一方面充分发挥移动视频媒体短平快的媒介优势，大力发展新的网络文化业态，培育大众喜闻乐见的文化新时尚和新风尚；一方面打造生产、流通、消费一体化文化交易平台，将区域文化与创意产业相结合，从而形成文化资源，进行孵化式培育与一体化管理，并通过移动视频媒体形成文化媒介仪式，融入人们的日常生活，甚至经由病毒式传播，把区域文化演绎成流行元素。

　　构建区域文化传播、文化产业的共享平台，应充分利用移动视频媒体的跨地域性打破区域所限，实现区域文化的全域传播。区域文化保持独特的内涵特性，在全国乃至世界范围均能散发独特的审美价值。传统观念中，区域文化几乎只是区域内的文化，传播范围仅限于区域内部，对区域内的人产生影响。随着交通的便利与通信技术的进步，传播环境发生了颠覆性的改变，区域之间人员、资讯、产品的自由流动成为可能，文化传播、文化产业的共享平台不囿于区域，才能实现区域文化的发展壮大与区域文化产业的共享共荣。

　　积极发挥民间组织的强大粘合力，凸显共享平台的共享意义。区域文化因根植于区域的历史人文，其传承一直以来带有明显的民间性与自发性。民间组织在传播区域文化方面有着深沉的根亲情结，移动视频媒体的发展使民间组织的交流运作变得方便快捷，并进一

246

步强化了这一根亲元素。以移动视频的媒介手段加强民间组织的线上交流，以移动社区的建设与民间组织的传统联谊方式互为补充，线上线下的多种活动共同激发民间组织的强大粘合力。在此基础上，鼓励其主动寻找文化传播与文化产业的结合点，以文化传播带动文化产业走出去，为区域文化的发展做出积极的贡献。

蓬勃扩张的移动视频媒体给区域文化带来了前所未有的发展机遇，政府部门宜抓住机会加大投入，为区域文化的视频化建构多样化的媒介途径和产业平台。毕竟，大众目前的娱乐需求更为突出，从资本运营的角度看，文化内容传播变现的难度较大，出于发展的考虑，对区域文化传播的投入必定以经济利益为前提，而坚持自己的文化传播立场不受限制就很难得到资本的青睐。这也是移动视频媒体关注区域文化甚少的根本原因之所在，因为视频的制作成本相对于图文更大。但从移动互联媒体的发展趋势看，移动视频必是重要的趋向，政府专项资金或社会文化资本的大量注入才可能形成二者的紧密结合。在此基础上，构建区域文化传播、文化产业的共享平台才有现实意义。

参考文献

一、著作

[1]〔德〕瓦尔特·本雅明. 机械复制时代的艺术作品［M］. 王才勇，译. 杭州：浙江摄影出版社，1993.

[2]〔美〕弗雷德里克·詹姆逊. 晚期资本主义的文化逻辑［M］. 陈清侨，译. 北京：生活·读书·新知三联书店，1997.

[3]〔美〕弗雷德里克·詹姆逊. 文化转向［M］. 胡亚敏等，译. 北京：中国社会科学出版社，2000.

[4]〔美〕W. J. T. 米歇尔. 图像转向［M］. 文化研究（第 3 辑）. 范静晔，译. 天津：天津社会科学院出版社，2002.

[5]〔加〕马歇尔·麦克卢汉. 理解媒介——论人的延伸［M］. 何道宽，译. 北京：商务印书馆，2000.

[6]〔加〕埃里克·麦克卢汉，弗兰克·秦格龙. 麦克卢汉精粹［M］. 何道宽，译. 南京：南京大学出版社，2000.

[7]〔美〕尼古拉斯·米尔佐夫. 视觉文化导论［M］. 倪伟，译. 南京：江苏人民出版社，2006.

［8］〔美〕亨利·詹金斯. 融合文化：新媒体和旧媒体的冲突地带［M］. 杜永明，译. 北京：商务印书馆，2015.

［9］〔美〕道格拉斯·凯尔纳，斯蒂文·贝斯特. 后现代转向［M］. 陈刚，译. 南京：南京大学出版社，2002.

［10］〔美〕道格拉斯·凯尔纳. 媒体奇观：当代美国社会文化透视［M］. 史安斌，译. 北京：清华大学出版社，2003.

［11］〔美〕道格拉斯·凯尔纳. 媒介文化——介于现代与后现代之间的文化研究、认同性与政治［M］. 丁宁，译. 北京：商务印书馆，2013.

［12］〔英〕丹尼斯·麦奎尔. 受众分析［M］. 刘燕南，等，译. 北京：中国人民大学出版社，2006.

［13］〔美〕沃尔特·李普曼. 公众舆论［M］. 阎克文，江红，译. 上海：上海人民出版社，2006.

［14］〔美〕威尔伯·施拉姆. 大众传播媒介与社会发展［M］. 金燕宁，译. 北京：华夏出版社，1990.

［15］〔美〕哈罗德·拉斯韦尔. 社会传播的结构与功能［M］. 何道宽，译. 北京：中国传媒大学出版社，2013.

［16］〔美〕卡尔·霍夫兰，欧文·贾尼斯，哈罗德·凯利. 传播与劝服：关于态度转变的心理学研究［M］. 张建中，李雪晴，曾苑，等，译. 北京：中国人民大学出版社，2015.

［17］〔美〕保罗·莱文森. 人类历程回放：媒介进化论［M］. 邬建中，译. 重庆：西南师范大学出版社，2017.

［18］〔美〕保罗·莱文森. 莱文森精粹［M］. 何道宽，译. 北京：中国人民大学出版社，2007.

[19]〔美〕保罗·莱文森. 思想无羁：技术时代的认识论[M]. 何道宽, 译. 南京：南京大学出版社, 2003.

[20]〔美〕保罗·莱文森. 软边缘：信息革命的历史与未来[M]. 熊澄宇, 译. 北京：清华大学出版社, 2002.

[21]〔美〕保罗·莱文森. 手机：挡不住的呼唤[M]. 何道宽, 译. 北京：中国人民大学出版社, 2004.

[22]〔美〕保罗·莱文森. 新新媒介[M]. 何道宽, 译. 上海：复旦大学出版社, 2011.

[23]〔美〕罗伯特·斯考伯, 谢尔·伊斯雷尔. 即将到来的场景时代[M]. 赵乾坤, 周宝曜, 译. 北京：北京联合出版公司, 2014.

[24]〔英〕马克思. H. 布瓦索. 信息空间——认识组织、制度和文化的一种框架[M]. 王寅通, 译. 上海：上海译文出版社, 2007.

[25]〔法〕居伊·德波. 景观社会[M]. 王昭凤, 译. 南京：南京大学出版社, 2007.

[26]〔德〕尤尔根·哈贝马斯. 公共领域的结构转型[M]. 曹卫东, 王晓珏, 刘北城, 等, 译. 上海：学林出版社, 1999.

[27]〔美〕约翰·费斯克. 关键概念——传播与文化研究辞典[M]. 李彬, 译注. 北京：新华出版社, 2004.

[28]〔英〕曼纽尔·卡斯特. 网络社会的崛起[M]. 夏铸九, 王志弘, 等, 译. 北京：社会科学文献出版社, 2001.

[29]〔英〕安迪·班尼特, 基恩·哈恩－哈里斯. 亚文化之后：对于当代青年文化的批判研究[M]. 中国青年政治学院青年文

化译介小组，译．北京：中国青年出版社，2012.

[30]〔美〕尼尔·波兹曼．技术垄断：文化向技术投降［M］.何道宽，译．北京：北京大学出版社，2007.

[31]〔美〕尼尔·波兹曼．娱乐至死·童年的消逝［M］．章艳，吴燕莛，译．桂林：广西师范大学出版社，2009.

[32]〔美〕尼古拉斯·尼葛洛庞帝．数字化生存［M］．胡泳，范海燕，译．海口：海南出版社，1997.

[33]〔美〕阿瑟·阿萨·伯格．通俗文化、媒介和日常生活中的叙事［M］.姚媛，译．南京：南京大学出版社，2000

[34]〔美〕约翰·费斯克．理解大众文化［M］.王晓珏，译．北京：中央编译出版社，2001.

[35]〔美〕保罗·M．莱斯特．视觉传播：形象载动信息［M］.霍文利，译．北京：北京广播学院出版社，2003.

[36]〔美〕约翰·帕夫利克．新媒体技术——文化和商业前景［M］.周勇，译．北京：清华大学出版社，2005.

[37]〔美〕丹·吉摩尔．草根媒体［M］.陈建勋，译．南京：南京大学出版社，2010.

[38]〔美〕哈莜盈，理查德·甘那，全球网播：新媒介商业运营模式［M］.杭敏，刘丽群，译．北京：清华大学出版社，2009.

[39]〔美〕玛格丽特·米德．文化与承诺［M］.周晓虹，周怡，译．石家庄：河北人民出版社，1987.

[40]陶东风．粉丝文化读本［C］.北京：北京大学出版社，2009.

[41]周宪．视觉文化的转向［M］.北京：北京大学出版

社，2008.

[42] 蒋原伦. 媒介文化十二讲 ［M］. 北京：北京大学出版社，2010.

[43] 陈龙. 传媒文化研究 ［M］. 北京：中国人民大学出版社，2009.

[44] 王建磊. 草根报道与视频见证：公民视频新闻研究 ［M］. 北京：中国书籍出版社，2012.

[45] 陈一. 拍客：炫目与自恋 ［M］. 苏州：苏州大学出版社，2012.

[46] 雷建军，视频互动媒介 ［M］. 北京：清华大学出版社，2007.

[47] 田智辉. 新媒体传播——基于用户制作内容的研究 ［M］. 北京：中国传媒大学出版社，2008.

[48] 刘琼. 网络大众的影像书写：中国网络微视频生产研究 ［M］. 武汉：华中师范大学出版社，2014.

[49] 田青毅，张小琴. 手机：个人移动多媒体 ［M］. 北京：清华大学出版社，2009.

[50] 刘滢. 手机：个性化的大众媒体 ［M］. 北京：人民出版社，2012.

[51] 匡文波. 手机媒体：新媒体中的新革命 ［M］. 北京：华夏出版社，2010.

[52] 张斌. 新媒体微视频 ［M］. 北京：中华工商联合出版社，2015.

[53] 景义新. 传统媒体与新媒体融合下的人性化媒介研究：以

移动互联网终端 ipad 为例［M］.北京：中国社会科学出版社，2015.

二、期刊及论文

［1］喻国明.互联网是高维媒介：一种社会传播构造的全新范式——关于现阶段传媒发展若干理论与实践问题的辩正［J］.编辑学刊，2015（4）.

［2］周俊.从英国媒体转型谈地市党报的融合发展［J］.新闻战线，2016（20）.

［3］周笑.移动视频新媒体的消费偏好研究［J］.电视研究，2010（9）.

［4］钟书平.移动视频媒体所具有的十大广告价值［J］.视听，2015（3）.

［5］闵大洪.新视频时代来临——传统电视媒体的挑战与机遇［J］.电视研究，2007（3）.

［6］孙宝传."新视频时代"向我们走来——CES 的观察和思考［J］.中国传媒科技，2007（2）.

［7］姚林.多屏融合的大视频时代［J］.电视研究，2014（12）.

［8］郑维东.大视频时代的五个关键词［J］.电视研究，2014（12）.

［9］许浚.美国电信产业的复苏与视频时代的来临（下）［J］.通信企业管理，2007（11）.

［10］王毅."后时代"的形成及其特征［J］.国际问题研究，2012（4）.

[11] 赵大朋. 中国语境下的文化软实力研究：概念、进展与展望 [J]. 武汉科技大学学报（社会科学版），2010（12）.

[12] 王小拥. 试论区域文化软实力概念的提出背景 [J]. 河南工业大学学报（社会科学版），2010（2）.

[13] 沈昕，凌宏彬. 提升区域文化软实力研究：概念、构成、路径 [J]. 理论建设，2012（4）.

[14] 张彪，张守信. 社会化分享：网络视频的着力点 [J]. 新闻战线，2013（3）.

[15] 蔡雯，王学文. 角度·视野·轨迹——试析有关"媒介融合"的研究 [J]. 国际新闻界，2009（11）.

[16] 彭兰. 圈地运动—产品革命—支点设置：媒介融合三步曲解析 [J]. 新闻与写作，2010（2）.

[17] 丁柏铨. 媒介融合：概念、动因及利弊 [J]. 南京社会科学，2011（11）.

[18] 彭兰. 社会化媒体：媒介融合的深层影响力量 [J]. 江淮论坛，2015（1）.

[19] 南长森，石义彬. 媒介融合的中国释义及其本土化致思与评骘 [J]. 陕西师范大学学报（哲学社会科学版），2012（5）.

[20] 陈昌凤. 媒体融合的核心：传播关系转型 [J]. 中国记者，2014（3）.

[21] 庞井君. 媒介融合背景下的视听转型 [J]. 东岳论丛，2012（10）.

[22] 付晓光，田维钢. 未来的媒介产品特性：放进口袋里——美国著名媒介理论家保罗·莱文森谈媒介融合 [J]. 视听界，2012（1）.

[23] 陈功.保罗·莱文森的人性化趋势媒介进化理论 [J].湖南科技大学学报（社会科学版），2016（1）.

[24] 周笑，傅丰敏.从大众媒介到公用媒介：媒体权力的转移与扩张 [J].新闻与传播研究，2009（5）.

[25] 陈权.互动仪式链理论在传播研究中的应用 [J].新闻世界，2012（10）.

[26] 陈欣，朱庆华，赵宇翔.基于 YouTube 的视频网站用户生成内容的特性分析 [J].图书馆杂志，2009（9）.

[27] 张博，赵一铭.互联网环境下的 UGC 参与动机研究综述 [J].新闻界，2107（4）.

[28] 徐帆.从 UGC 到 PGC：中国视频网站内容生产的走势分析 [J].中国广告，2012（2）.

[29] 黄伟迪.再组织化：新媒体内容的生产实践——以梨视频为例 [J].现代传播，2017（11）.

[30] 史安斌.内容、信道和受众的竞争——从首部中国国家形象片看我国对外传播的挑战与前景 [J].对外传播，2011（9）.

[31] 李鹏，钱宗阳，王玉.一条视频何以震撼世界——中国军网2016年征兵宣传片《战斗宣言》的创作思考 [J].军事记者，2016（08）.

[32] 常江，王晓培.正视差异、尊重规则：中国共产党国际宣传片传播策略分析 [J].对外传播，2015（3）.

[33] 王岱.从"复兴路上工作室"的五部作品看国际传播话语体系的建构 [J].中国记者，2016（5）.

[34] 王蔚.媒体文化研究的进路——道格拉斯.凯尔纳访谈录

[J]. 文艺研究，2014（7）.

　　[35] 李剑宁. 手机端的微影使用动机与行为研究 [J]. 北京电影学院学报，2011（6）.

　　[36] 蒋建国. 符号景观、传媒消费主义与媒介文化向度 [J]. 新闻与传播研究，2008（4）.

　　[37] 陈霖，邢强. 微视频的青年亚文化论析 [J]. 国际新闻界，2010（3）.

　　[38] 陈丹丹，刘起林. 草根文化诉求的价值两面性及其民粹主义根基 [J]. 理论与创作，2007（5）.

　　[39] 王燕子. 微时代的光影言语——论微电影的叙事策略 [J]. 文艺评论，2012（11）.

　　[40] 暴占光，张向葵. 自我决定认知动机理论研究概述 [J]. 东北师大学报（哲学社会科学版），2005（6）.

　　[41] 何其聪，喻国明. 移动互联用户的媒介接触——行为特征及研究范式 [J]. 新闻记者，2014（12）.

　　[42] 陈丽娟. 受众中心的网络广告呈现 [J]. 新闻大学，2013（4）.

　　[43] 张同道，许乔，李敏. 2011年纪录片网络新媒体传播研究报告 [J]. 南方电视学刊，2012（2）.

　　[44] 何苏六，李宁. 2012中国纪录片行业盘点. [J]. 电视研究，2013（4）.

　　[45] 胡正荣. 移动互联时代传统媒体的融合战略 [J]. 传媒评论，2015（4）.

　　[46] 彭兰. 场景：移动时代媒体的新要素 [J]. 新闻记者. 2015（3）.

［47］周晓虹．试论当代中国青年文化的反哺意义［J］．青年研究，1988（11）．

［48］蒋晓丽，梁旭艳．场景：移动互联时代的新生力量——场景传播的符号学解读［J］．现代传播，2016（3）．

［49］周晓虹．文化反哺：变迁社会中的亲子传承［J］．社会学研究，2000（2）．

［50］甘春霖．浅析微时代背景下短视频分享应用对自媒体发展的助推作用［J］．视听，2014（9）．

［51］夏陈娟，谢天池．浅析移动短视频发展现状［J］．今传媒，2017（11）．

［52］王晓红，包圆圆，吕强．移动短视频的发展现状及趋势观察［J］．中国编辑，2015（3）．

［53］周笑．移动视频新媒体的消费偏好研究［J］．电视研究，2010（9）．

［54］陈积银，刘颖琪．移动互联时代3D视听新媒体的发展现状与趋势研究［J］．现代传播2016（10）．

［55］郭坤．社交媒体中的视频化倾向新媒体研究［J］．2017（3）．

［56］张梓轩，王海，徐丹．"移动短视频社交应用"的兴起及趋势［J］．中国记者，2014（2）．

［57］刘新业．新媒体传播对提升区域文化软实力的思考［J］．传媒，2013（6）．

［58］王倩．移动短视频社交应用的发展研究［D］．南昌：南昌大学新闻与传播学院，2016.

［59］腾云．移动短视频发展的传播学研究［D］．大连：大连理

工大学新闻与传播学系，2016.

［60］华洁．移动社交媒体微视频的即时传播研究［D］．天津：天津师范大学新闻传播学院，2015.

［61］任远远．地方政府提升区域文化软实力的对策研究——以安徽省亳州市为例［D］．合肥：安徽大学，2010.

三、报告

［1］中国社会科学院新闻与传播研究所．中国新媒体发展报告（2013－2018）［R］．北京：社会科学文献出版社．

［2］国家新闻出版广电总局发展研究中心．中国视听新媒体发展报告（2013－2016）［R］．北京：社会科学文献出版社．

［3］国家新闻出版广电总局发展研究中心．中国视听新媒体发展报告（2017）［R］．北京：中国广播影视出版社．

［4］CNNIC.中国互联网络发展状况统计报告［R/OL］．互联网数据资讯中心．

［5］Ooyala.全球视频指数报告［R/OL］．互联网数据资讯中心．

［6］易观．中国短视频市场季度盘点分析［EB/OL］．互联网数据资讯中心．

［7］秒拍．短视频内容生态白皮书［EB/OL］．互联网数据资讯中心．

［8］艾瑞咨询．中国短视频行业发展研究报告［R/OL］．互联网数据资讯中心．